人物叢書

新装版

# 西村茂樹

にしむらしげき

高橋昌郎



日本歴史学会編集

吉川弘文館

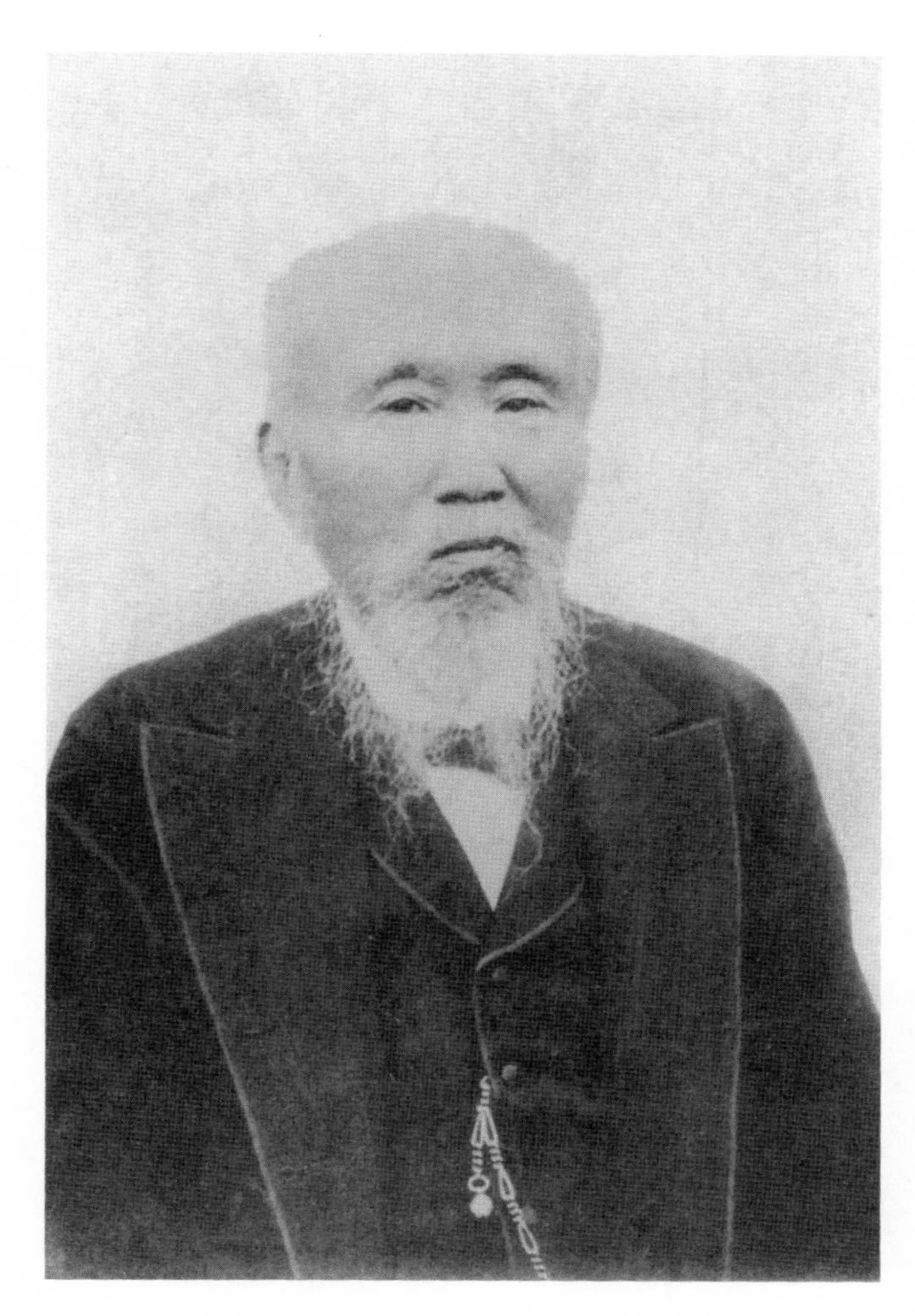

泊翁先生肖像（明治33年11月撮影，73歳）

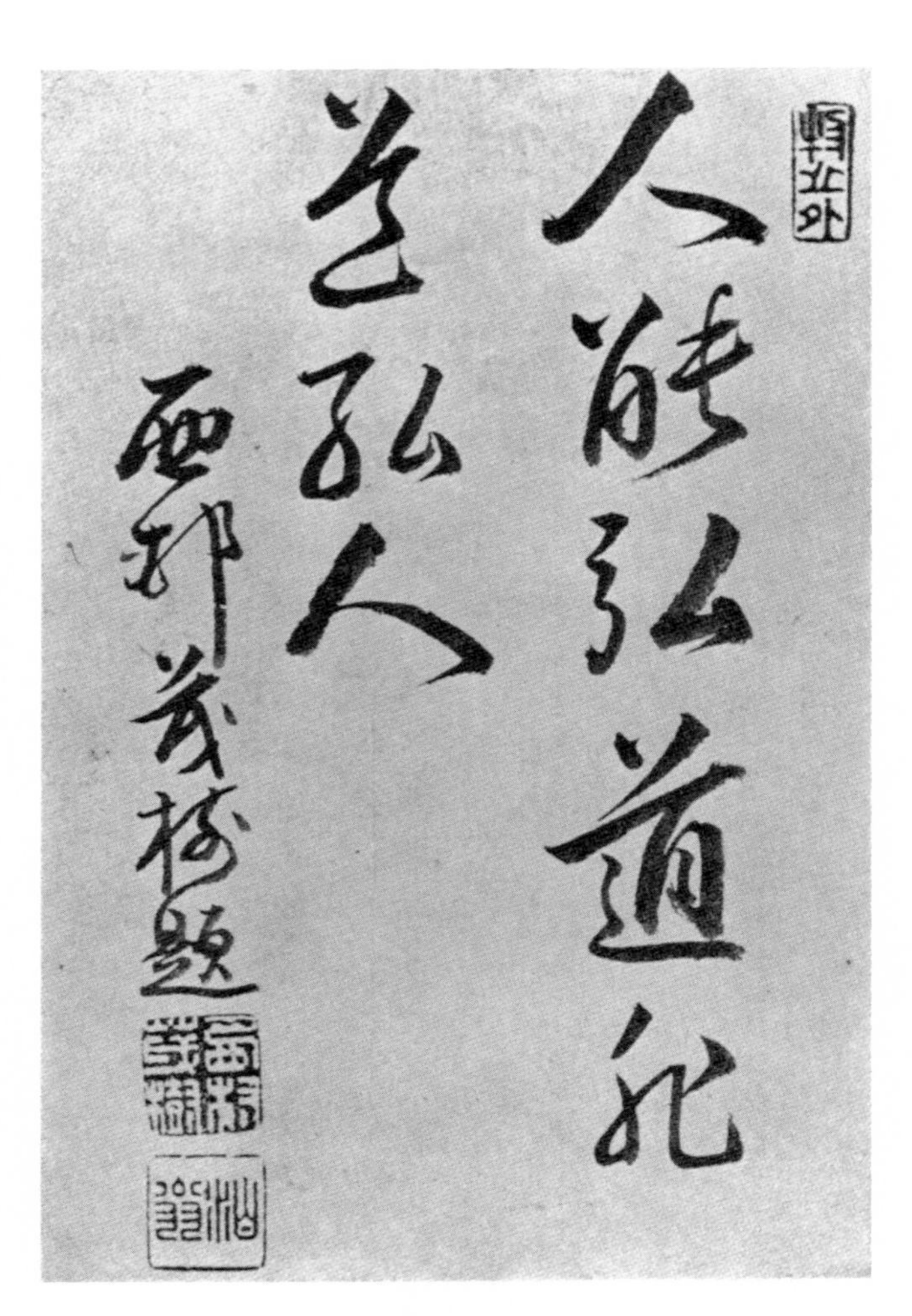

泊翁先生書影（明治35年１月頃）

# はしがき

明治初期の西村は、洋学者として活躍した人物で、森有礼に依頼されて明六社員の人選にあたり、また、文部省に編書課長として入省し、教育の西欧化を担当した官吏でもあった。その後、西洋哲学によって修正した儒教を基礎として、道徳教育運動を展開した生涯教育運動の先駆者であり、その点においては、洋学一辺倒を批判した人物である。

伊藤博文による明治十八年の内閣制度創設を第二の維新実現の機会と期待していたが、伊藤の欧化政策に失望し、道徳教育運動に一段と身を入れたのであり、そのために、伊藤から疎外された。

西村は現実に即して行動する人物であるが、それは、彼が、幕末に老中として外交を担当した堀田正睦を藩主に戴く佐倉藩の藩政担当者であった経歴に起因している。

西村の少年時代からの勉学は、洋学を尊重した佐倉藩のなかにあって、儒学・蘭学・英学と幅が広い。十四歳の時から、藩が招聘した海野石窓・安井息軒・海保漁村の三碩学について儒学を修め、十六歳の時には、息軒に称讃されて、文学をもって世に立つ決意をも示している。また、父の芳郁の禄高が二百石という上級武士の家に生まれ、父の死により二十三歳で家督をついで、俸百二十石、さらに新しく洋学を修める。藩命により、まず、大塚蜂郎（同庵）に西洋砲術を学び、ついで、佐久間象山の門に入り、西洋兵学の研究に着手するなど、新技術の方面で用いられてゆくうちに、海外に対する関心を深め、ついに二十六歳（嘉永六年）のときには、単身ヨーロッパに渡航しようとして、幕府へ提出する願書をしたためるほどになる。こうして、単なる新技術習得の枠をこえて、文久元年には、手塚律蔵に入門して蘭・英の両学を修めている。

そして早くも翌二年には、『数限通論』を訳述したのをはじめとして、明治に入る以前に、『防海要論』『万国史略』などを訳述するほどに語学が上達している。しかも、明治四年の廃藩のときには、佐倉藩大参事という重職にあり、藩知事の名代として勅諭を請け、藩の後事の処理にあたった。

廃藩後は、兵部省から招かれたのにこれを固辞し、印旛県権参事の職は、旧藩民のために尽力できると思って就任したが、これも間もなく辞任して、明治五年三月には、佐倉で著述に専念しようとしている。やがて東京に出て、旧主堀田氏の邸に寓居して塾を開き、のち、築地軽子橋畔に移転した。

明治六年、上記のように森有礼と明六社を興し、ついで文部省五等出仕、同省編書課長になる。こうして、公私両面において洋学者として活躍することになったが、その基礎に儒学・漢詩文の素養があった点において、中村正直と傾向を同じくするものであった。ただ中村と異なるところは、宗教嫌いであり、ことにキリスト教に対しては警戒心を抱き、条約改正にともなう「内地雑居」の問題に関連して、キリスト教に攻撃を加えた。

また、明治五年の「学制」については、一方では、それが日本の西欧化を推進する役割を認めながらも、その反面では「忠孝仁義」すなわち国民道徳について一言も触れていないことに疑いを抱き、これが原因で、道徳運動を展開するにいたる。

この道徳欠如の問題について、キリスト教嫌いの西村が、ヨーロッパにおいては、キリスト教が、道徳教育に大きな力を発揮していることに注目し、わが学校教育では、そのキリスト教を締め出したままで、それに代るものを採用しなかったところに重大な欠点が生じたと指摘していることは興味深い。

彼の道徳教育運動は、学校に通っていない者を対象とした点において、最近、必要が叫ばれている生涯教育を目ざすものであった。

西村が唱えた伝統文化の尊重は、それを修正保存しながら西欧文化を採用しようとしたもので、三宅雪嶺・陸羯南（くがかつなん）らの見解と共通するものである。その点では福沢諭吉が伝統文化の欠点をえぐり出し、これを全面的に除去することによって西欧化を進めようとした方法と対照的であったといえる。

西村の見解では、伝統文化が西欧文化と対決しながら新しい文化を築くべきであるのに、明治の知識人たちは、西欧文化に立ち向うどころか、「未だ彼より攻撃を受けざるに、国人先づ自ら之を廃棄せり」（明治二十年、「国民の道徳」）と嘆いている。西村は、中村正直と同じように、西欧文化を採用して新しい日本文化を創造しようとしていたのであるが、中村と比較すると、中村が、客観的に東西文化の一致を求めたのに対して、西村の場合は、東洋の文化を主体にし、それを西欧文化によって修正しようとしたものといってよいであろう。彼は、儒教を西洋哲学の方法で、修正することによって再生させようとしていたのである。

しかし、それ故に、単純に西村を守旧派とみるのは、当っていないと思う。さらにそれ以上に、西村を、その国家主義から連想して、軍国主義者、国家神道家の同類と見る人がいるかも知れないが、彼は、むしろ、軍備拡張を否定し、戦争を否定したのであり、国家神道をも批判している。日清戦争の勝利を単純に喜ばなかった点においては、福沢と対照的である。西村は、戦争はできる限り避けるべきであるといい、軍備が国家財政を圧迫し、ひいては国民生活を圧迫することを憂えている。彼の思考は、いつも経済を基礎にしている。だから、政府が、国民に対して、学校教育を強制したとき、彼は文部省の官吏でありながらそれに反対し、教育は、生活を安定させたあとで行うべしと主張したのである。そこには、儒教にもとづく発想、かつて藩政を担当した経世家としての体験が、基礎になっていたこと、それに、英学の影響が加わっていたことが知られる。

昭和六十二年十月二十日

高橋昌郎

# 目　次

口　絵



挿　図

# 第一　藩士の時代

## 一　生い立ち・修学の時代

江戸の佐倉藩邸で生まれる

西村茂樹は、文政十一年三月十三日(一八二八年四月二十六日)、江戸辰ノ口の佐倉藩邸に生まれた。父は、芳郁、通称平右衛門、禄高二百石。当時、佐倉藩は、十一万石、九世堀田正篤(まさあつ)の時代であった。茂樹の幼名は平太郎、のち、鼎と改める。諱は芳在、名は重器、さらに、茂樹と改めた。泊翁、樸堂、庸斎などはその号である。

八歳のころ、支藩佐野藩の師家について読書、習字に親しみ、十歳のとき本藩に帰り、藩邸内の学問所に入り、経史を修めた。ついで武技を修習し、槍剣の二術と馬術を学んだ。十四歳のとき、藩校内温故堂の生長となった。

温故堂の生長となる

天保十二年(一八四一)、藩では、海野石窓、安井息軒、海保漁村の三儒を招聘し、江戸藩邸内の校舎で藩の子弟を教授した。茂樹もここに学んでいる。

元服

天保十三年、十五歳、元服。翌年正月、はじめて本藩主正篤に見(まみ)えた。間もなく、温故堂佐授読手伝となる。

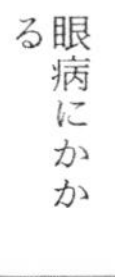


しかし、弘化元年春、十七歳のとき、眼病にかかり、なかなか回復しなかった。その間、学問に精勤し、御定の四書小学講義成就し藩主より賞銀を受け、翌二年、十八歳で、一時、近習となった。当時、ようやく国際情勢が切迫してきたときで、茂樹は、武技を以て国家に尽そうと決意した。すなわち、西洋の砲術を習練したのであるが、眼疾のために思うに任せなかった。そこで、小銃射撃のような武技でなく、銃隊の操練、大砲の製砲と発射の術を研究し、さらに東西の兵法を修めようとするにいたった。これより藩の師範大塚同庵について専心、学問に励んだ。

修静居跡（佐倉市）

大塚同庵について兵法を学ぶ

そもそも佐倉藩は、その領土が江戸湾に面していたので、天明・寛政の交、早くも幕府より房総沿岸の守備を命ぜられ、そのために西洋砲術を採用して軍隊操練の一科としたのである。とくに、のちに佐野藩主となった堀田正敦は、若年寄として幕閣に列し、文化年度ロシアが来たときには、責任者として北海に赴いた経歴がある。それで早くから蘭学の必要を認め、蘭医を幕府天文方の所属とし、同時に西洋砲術を採用した。こうして、当時その術に精通していた大塚同庵を佐野藩に招聘して藩士を訓練させたのである。

同庵は、本所西荒井町に住んで塾舎を開いていた。右の正敦が亡くなり、正衡がその跡をつぐと、ますます同庵を重用した。茂樹の父芳郁は、佐野藩の執政として文武の政務を執っていたから、その長男である茂樹も、早くから同庵の塾に通って、木村軍太郎らとともに、火技の習得に励んでいたのである。

家督を継ぐ

弘化三年（一八四六）三月、藩校温故堂正授読に進み、また、嘉永三年（一八五〇）には、眼疾も治癒した。嘉永三年正月父が亡くなり、三月家督を継いだ。俸百二十石、江戸馬廻勤方。ついで六月、藩校温故堂都講に進み、十二月、師の同庵から西洋砲術の免許を得た。こうして、ようやく藩の要路に立つことになる。ときに二十三歳。

高島流砲術員長となる

嘉永四年八月、高島流砲術員長となる。それと同時に、西洋学師範に招聘された手塚

—— 量数ニ同 | des niettemin

de gene die [illegible]

de een tegen den anderen —— [illegible]

des te grooter ...

D

dan ook —— [illegible]

dag na morgen —— 日後明

daar leid het aan —— [illegible]

daar komt het op aan —— [illegible]

daar valt aan hebben [illegible]

daar laten —— [illegible]

daar tegen overgestelde —— [illegible]

dan dat (zoo dat niet) zoo dat —— [illegible]

dat wil zeggen (dat is)

daar naar [illegible]

dat is waar —— [illegible]

daar al onder —— 内其

daar ook — 又尚

泊翁書写になるオランダ語辞書

律蔵とともに、西洋兵学の研究を命ぜられた。茂樹は、これよりさき、佐倉藩の斎藤弥一兵衛、木村軍太郎とともに、江戸木挽町の奥平邸内に住居する佐久間象山（一八一一～一八六四）の門に入り、西洋砲術を学んでいたのである。

**木村軍太郎について蘭書を学ぶ**

茂樹は、象山から、砲術は末であり、洋学は本であるから、洋学を修めるように勧められ、また親友の木村軍太郎にも説得されて、その先輩である木村について蘭書を学ぶようになった。翌五年、二十五歳の春のことである。当時は、テキストが少なく、蘭和対訳辞書「ヅーフ・ハルマ」の伝写から始めなければならず、学習は依然として苦学の有様であった。

嘉永六年（一八五三）二月、二十六歳。佐倉藩士奥年寄鈴木源太光尚（禄高二百石）の長女千賀と結婚。ついで三月、年来の功を以て、帳役に進められ、本藩主正篤の命をうけて、支藩佐野藩の附人となり、用人上席をもって藩政に参与し、とくに合力七人扶持を給せられることになった。これは、父祖の代以来の遺業を継承したものである。

# 二　佐野藩に執政となる

佐野藩に執政となる

佐野藩は、家士の数は、百余にすぎない小藩であり、藩主正衡が年老いてきたが、その世子は早く世を去り、嫡孫の正頌（せいしょう）はまだ十二歳にすぎなかった。そのために臣下による藩政が乱れてきたときに、茂樹が執政になったのである。彼は、この最初の問題を処理して藩主の信頼を得、翌安政元年（一八五四）八月、側用人となり、年寄役に進み、俸米三十石を増して百五十石を給せられ、さらに、年寄役上席、勝手主役兼勤となった。

安政二年の大地震に遭う

このころは、米艦四隻浦賀に来て、国内が大変なときであったのに、さらに安政元年十月、佐野藩主が亡くなり、わずか十三歳の嫡孫正頌が、跡を継ぐことになったので、茂樹の苦労も並大概ではなかった。その上、翌二年十月には大地震があり、江戸の町は、家屋の倒壊、火災で惨状を呈するにいたった。茂樹は、三番町の佐野藩邸にあり、藩主の無事を計るとともに藩士の救恤に尽力した。

米艦浦賀に来る

嘉永六年（一八五三）、米艦が浦賀に来て国論沸騰したとき茂樹は二十六歳であったが、大きな衝撃をうけたのであり、それは、「黒烟熏レ天々応レ灼　海城鞳々波上躍　百廿斤礮卅丈

檀　帆影圧レ岸勢欲レ攫」に始まる長詩となって表現された。

## 三　海防策・富国策を草す

佐倉藩主正篤に意見書を奉呈

このとき、幕府は列藩諸侯の意見を徴しているが、佐倉藩主正篤（まさあつ）(安政五年、正睦と改名する)は、溜詰格であったから、とくに時事を諮問されている。正篤は、茂樹に下問したので、茂樹は意見書を草し、七月某日、これを藩主に奉呈した。

その内容は要するに、まず、米使渡来の真意を「専ら利の一字」にありと断じ、無謀の戦争を始めて敗れること清国のようになったら国家の大辱であるから、時期を延してその間に守備を厳重にし、他日機会を見て外敵に当ろうとするものであった。この趣旨は、藩主正篤が幕府に提出した意見書に盛りこまれている。

海防策を草し閣老に呈す

茂樹は、右のような下問に応じての意見具申に満足できず、積極的に、海防策一篇を草して閣老阿部正弘の閲覧に供するようになる。

その手続きは慎重そのもので、彼の論策を佐野藩主正衡（まさひら）をへて佐倉藩主正篤に献じ、その承認を得てのち友人を介して阿部正弘の権臣に渡し、その手を経てはじめて嘉永六年（一八五三）の八月十七日、正弘の閲覧に供したのである。

その要点は次のようになる。海国第一の要務は海岸の防禦にあることは申上げるまでもない。その海防の論も数多あろうけれども、その要は、「明と断との二つ」にほかならない。

「明」と「断」

「明」というのは、「宇内の形成、天下の時勢」は勿論のこと、種々の成算を胸中に定めおくことである。「断」というのは、かならず為すべきことがあるときには、万難を排してこれを行い、為すべからざることは、たとえ百年来の仕来りでも、これを断じて廃止することである。

内政五ヶ条

目下の時勢について見れば、ヨーロッパ諸国は、土地の拡大をもって主としており、アジア、アフリカの地、大抵はその属国となっている。近世にいたってはさらに、アメリカ合衆国が独立し、各々四海を掌握しようとの志を抱いているという。これらに取り囲まれているわが国としては、兵備が必要である。それには、内政と外政の差別がある。まず、「内政五ヶ条」の断行をあげている。第一、人材を挙げること、第二、言路を開くこと、第三、奢侈を抑えること、第四、士気を振わすこと、第五、諸侯を強くすること。そして、これをさらに詳細に説明している。

外政八ヶ条

ついで、「外政八ヶ条」として次のようにいう。第一、巨礮（きょほう）を鋳ること、第二、戦艦を造ること、第三、砲台を築くこと、第四、海門を扼すること、第五、守備を分担させること、第六、冗兵を整理すること、すなわちヨーロッパ式の精兵主義である。第七、儲蓄を富ますこと、第八、農兵を興すこと。

第四の海門を扼するというのは、海上権を把握し、積極的に海洋で邀撃することの効力大なることを説いたものである。そして、江戸湾の富津観音崎の海門には、西洋で近年用いている「浮城」を作るがよいと説いているが、その実例を、フランスのツーロンの海に見ていることは、茂樹の西洋兵学の知識の優秀なのを見ることができる。

貿易に関する意見書

茂樹は、右の海防策の上書と同じころ、藩主正篤に対しても、外国貿易に関する意見をのべている。これは、貿易の利害を考究しているものであるが、また当然、海防策と関連している。ヨーロッパでは、いずれも交易を以て国を富ますの一大良法としており、イギリス、フランスなどの諸国は、交易を始めてから現在のような富強にもなった。ところが、それと逆に、インドまたは南米の諸国は、交易のために事件が起り、ついに国を亡してしまった。なぜ、そういうことになったのか。これは積極的にこちらから出かけて交易を行う「出交易」と、受身で交易を行う「居交易」との差別であるといって、

出貿易をすすめる

居交易の弊害として六損を挙出し、今後は、すすんで大船を製造して出交易を開始すべ

し と説いている。

洋行志願の書付

茂樹の右のような意見は、ついに、みずから洋行を願望するにいたった。すなわち彼は、外国行の願書を幕府に提出し、その許可を得ようとしたのである。しかし、直接提出すると藩主が責任を追求されることを恐れて、まず、この書を佐倉藩老渋井達徳に示して意見をきいたのであるが、ここで否定されて実際には提出しないで終ったものである。「乍恐以書付奉願上候」なる一文がそれである。嘉永六年十月のことである。

異賊を防禦する武備は、砲術を以て第一とします。そこで近来にいたり西洋砲術を御採用になったけれど、わが国で用いている西洋砲術というのは、多くは西洋の書物によって演習場において発射されているもので、西洋の戦場で現に行われている砲術ではないと推測されます。なかでも、台場の築法、それに関する巨砲の配合、器械の運送、弾薬の貯蔵などにいたっては、不分明のことが多い。これを、わが国で実地に施行するには危険なことが多いと思われます。西洋砲術者は勿論、蘭学者といっても、いまだ明了でないところが沢山あります。「右に付甚恐多き儀には候得共、三年の間御暇を頂戴仕、和蘭国へ罷越、砲術、築城の二術を修行仕、其上にも余日御座候はゞ西洋諸国を遍歴仕、其風土人情をも相察し候様仕度、此段偕に奉願上候」。

茂樹は、これを後年回顧して、このときの余の志望は極めて迂濶であり、その希望の漠然としていたことは、後年長州の吉田寅二郎が彼理（ペルリ）の船に乗りこんだのと大差ないと記しているが、その意気込は軒昂たるものであった。

佐野藩年寄役になる

安政元年（一八五四）八月、席側用人、佐野藩年寄役、為に足高三十石を賜い、都合百五十石となる。ついで、佐野藩において、年寄役上席勝手主役兼勤、御合力十人扶持。九月朔日、鼎と改名。十月八日、支藩主堀田正衡病死、嫡孫正頌（十三歳）相続。正衡の遺託をうけ、孤児を奉じて藩務を執る。

「時事策」を草し、まず富国を説く

安政三年（一八五六）は、大震災の事後処理のために奔走していたときであるが、この年九月「時事策」一篇を草して、本藩主堀田正篤に呈している。この論策は、諸閣老の一覧に供されたという。その内容は、富国強兵策であるが、国を富まさなくては兵を強くすることはできないという、富国が根本という見解である。富国強兵の道というものは、国貧しく兵弱くなった根本を討究し、その病源を改正することである。その病源というのは、武士がその本拠を離れて城下に集まっていることに起因するとして、武士の土着を主張する。それは、徂徠の土着論と同じく、武士がその本土を離れている間は、「旅宿の境界」と見ている。そこから、武士の生活が軽薄になる。私益を町人に吸取られる、物価は騰貴する、商人から借金して、ついには返せなくなる、こうして諸侯旗本は窮乏してゆくと指摘する。

弱兵の原因も「旅宿の境界」から生じてくる。城下住いから素朴の風を失い、その手足は婦人のように軟弱になる。寄合うときも、武道を研き合うようなことはない。武士が抱えている家来も、一季半季の出代り者であるから一旦事あるときには、主人を捨てて遁走するであろう。こうして武士は非常の用に立たず、ここに弱兵の状況が示されている。

また、武士が城下に住んでいると、城が攻落されたときは、その国の武士の種は、皆尽き果ててしまう。このように論じて、ついに幕府の窮乏した原因にゆきつく。

武士土着の効果を説く

その窮乏の原因として五ヵ条をあげているが、そのうちの二ヵ条を詳細に論じている。それは、「御仕来の不レ宜」と、「武士を土着に不レ仕」という二条である。前者は、幕府の必要とするものを、金銀で商工業者から買上げることを非難しているのである。後者については、さらに詳しく論じている。しかも、大震災の後始末と関連させて、急速に土着を実施すべきであるという。武士が土着すれば、生活は自給自足できる、それよりさらに積極的に武士が、農業・養蚕・炭瓦を焼くなど生産に従事し、平生、文武の芸を励み、身体を鍛錬し、交替で城を守り、江戸表へ勤番する。そうすれば、人数少なくて精兵のみであるから、糧食は少なくてすみ、事あるときは、物の用に立つこと、これまでの十倍も勝れているであろうとしている。

そして具体的に、旗本、御家人の土着は、八王子千人同心をもって手本とすればよいという。さらに進んで、従来の国替・村替の廃止を主張する。江戸の人口は不健全に膨脹していることを指摘し、土着の法が実施されれば、江戸の人口は半減するであろうという。

開国貿易、殖産興業の策

開国貿易、殖産興業は、大名・旗本・御家人を動員して地方の物産を造り出し、これを積極的に行うことによって、物産ますます多く、諸大名・旗本・御家人がますます富み、ひいては、幕府も多分の利益があることを期待している。そうすれば、国に蓄積もでき、諸物の値段は下がり、江戸で商売するものも国へもどって農業をするようになる、遊民も減少する、ひいては、盗賊も減り、火災も少なくなり、米銭の相場も安定する。そうすれば、江戸の守りも十分になるというのである。

強兵策

こうして、富国策を実現したのちに、強兵策に着手する。水陸軍の整備、西洋式学校を開いて人材を養成、人才を見立てて欧米へ留学させる、数百の大船を建造する、無人島や北海道の開拓、さらには、オーストラリアの開拓などを考えている。それには何よりも、土着の法に代表される富国を先に実施することである。この軍備よりも富国が先という考えは、西村の生涯を通じて変らないもので、明治政府の急激な軍備拡充に反対したのも、これによっている。

## 四　安政条約締結のころ

幕府の貿易取調御用掛に任命される

安政二年（一八五五）九月、佐倉藩主堀田正篤は、再び閣老首班となったが、翌三年、さらに外国掛専任を命ぜられた。そこで貿易取調御用掛を設置し、西村は、同藩士三名とともに、これに任命され、外交上の秘密文書を担当することになった。安政四年（一八五七）六月、老中福山藩主阿部正弘が病死すると、堀田正篤の任務は、いっそう重くなり、したがって西村らの果す役割も重要性を増すことになった。彼は、依然として支藩の執政を行いながら、兼ねて本藩主の事務に参与し、なお、幕府外交上の秘書役を担当することとなった。

閣老堀田正篤に建言

そこで、西村は、安政四年十月十二日、再び諸侯旗下の土着論を起草し、堀田閣老のもとに呈出したのである。この建言は、わが国内の情勢が、経済上風俗上、疲弊頽敗しきっているという現状認識にもとづいて書かれている。それは、尊攘の志士の立場と異なり、実際に政務を担当する者の視点から、そして、わが国外交上の秘密文書に接することのできる者の立場からなされたものであった。

病根は、武士が本土を離れているところから生ずるとしているのは、既述のとおりであるが、今回は、徂徠をはじめ熊沢蕃山（一六一九～一六九一）・中井積善（一七三〇～一八〇四）ら先人の言句をはっきりと引用し、その内容に重味をそえようとしている。参勤交代制度の負担軽減、旗本の土着による救済などまで論じており、末尾近くのところで、「昨年差上候書面と御引合御電覧被レ下候様奉レ願候」と記している。

さて、西村が本藩主堀田正篤の秘密文書を担当し、種々献策していた時期は、堀田正篤が外国掛専任として、米使ハリスと接衝し、開国通商の方向に進もうとして苦心しているときであった。安政五年（一八五八）正月、本藩主が京都の朝廷に勅許を仰ぐべく上京したとき、西村は秘書役並に藩士としてこれに随行した。西村はこれによって、京都の情勢を知ることができたが、公卿の凡庸にして頼りにならないことを知った。

### 堀田正睦老中罷免

堀田正睦（まさよし）（正篤、安政五年改名、将軍夫人の諱篤姫をさけたもの）は、将軍継嗣問題については一橋派であり、条約については、朝廷の承認を得たのち調印すべきであるとしていたが、大老井伊直弼（一八一五〜一八六〇）の出現により、この二事はともに否定され、条約の調印は勅許をまたないで強行された。六月十九日に安政仮条約調印、そして、条約の締結を諸大名・諸役人に布告した翌日の六月二十三日、正睦は、松平伊賀守とともに、老中御免になった。西村は、井伊直弼が条約締結の責任をかぶせるために正睦を退けたという風評に加担している。

佐倉藩主に「秋夢紀余」を献ず

堀田正睦が幕閣を去り、佐倉藩政に専念しようとしたとき、西村は、「秋夢紀余」の一篇を草して藩主正睦に献じ、平生の抱負を記して治国済民上の論議を開陳した。そこでは、諸侯、人材、任官、理財、学材、武備、付・世子輔導という風に分けて章を設け、その各章について詳細に説明している。

そこでは、経費節約、人材登用、行政整理が説かれ、武備の充実のためには、まず諸侯の窮状を救うことが必要としている。そして少数精鋭を主張する。世子輔導のところでは、輔導にあたる人も、また時勢にともなって「変通」する必要があるとしている。また、「当時世間の儒者は十に八九は陋儒なり」ときびしい批判を加えている。「必ず文武、官を分つべし」というように、封建社会では実現できないような批判も行っている。

井伊直弼による安政戊午（一八五八）の大獄は、堀田正睦にも及び、安政六年八月二十九日、正睦は、隠居願いを差出すよう命じられ、九月二日、病と称して致仕を願ったのである。こうして六日、家督は、嫡子鴻之丞（正頌）に相続された。これ正倫である。正睦は悠々自適の生活を過すこととなったが、元治元年（一八六四）三月二十一日、佐倉城中において亡くなった。年五十五。

堀田正睦の引退

正睦の引退は、西村の生活に転機をもたらすことになった。

## 五　洋学修業・訳述の時代

文久元年（一八六一）、三十四歳。時勢に感じ、洋学修習の必要を覚り、手塚律蔵の門に入り、蘭学ならびに英学を修めることになった。手塚の塾は、又新塾といい、本郷元町にあった。手塚は、周防国大島郡の出身であるが、その父が医師で、堀田正睦の侍医と知り合いであったところから、嘉永三年（一八五〇）、正睦は客礼をもって手塚を招聘し、江戸の藩邸で英学を教授させ、かねて砲術を研究させたのである。翌四年、西村は、高島流の砲術委員長に任命されたとき、手塚律蔵とともに西洋兵学を研究することとなった。この手塚の門下からは、多くの俊才有為の士を輩出したのであり、木戸孝允（一八三三〜一八七七）も手塚門下の一人であった。また、西周（あまね）（一八二九〜一八九七）・神田孝平（一八三〇〜一八九八）は、ほとんど門下同様であったといい、内田正雄や佐倉藩の大築尚忠も門下生であった。この手塚門下にあって、西村は、元治元年のころより、蘭学から英学に転じてゆく。

蘭書『数限通論』を訳述

文久二年（一八六二）四月には、蘭書『数限通論（すうげんつうろん）』を訳述している。これは、オランダのデルフト府学教授の蒲陳弗の著書で、政治科の一書である。西村は、当時、わが国は、富国強兵を大方針としてゆかねばならないということで、この書を訳述したものである。その「序」で西村は次のように記している。「当路の人此書に因て以て宇内の物産を悉し、工商の通法を知り、然る後、国勢に従い、人情に本き、以て富強の策を立つれば、則ち至る所、英仏を駕し峨米に軼ぐる、亦知るべからざるなり。」（原漢文）

蘭書『防海要論』を訳述

さらに、元治元年（一八六四）九月には、『防海要論』を訳述するにいたる。この書は、オランダの軍人エングルベルツが、一八三九年（天保十）に出版したものであり、それは机上の空論ではなく、実地経験の上より記されたものである。オランダ国海岸防御法のなかでも、もっとも精細なものであった。この書は、象山の塾において珍重していたものであり、また、江川坦庵（一八〇一～一八五五）が愛読していたものだという。ところが、このエングルベルツの著が未だ邦訳されないうちに、西村により『防海要論』としてまとめられたのである

### 『新論』を批判的に読む

ところで、右のように、西村は、早くから兵学を修め、西洋砲術を学び、ついで、蘭学・英学に志すようになったが、それと同時に、伝統的な古聖賢の道を学んだことは、いうまでもない。『往事録』にもそのことは記されているが、さらに、水藩の『大日本史』、頼山陽（一八七〇～一八三二）の『日本外史』からも学ぶところがあった。二十歳のとき、会沢正志斎（一七八一～一八六三）の『新論』が出て、「深く是を信」じたということであるが、それには但し書きがつくのであって、「欧羅巴は世界の足なれば、常に四方に奔走し、亜墨利加は背なれば、甚愚なりといへる説の如きは、初より之を信ぜず」と記している。西村が、『新論』を読んでも、排外思想に組しなかった点は重要である。アヘン戦争で清国が敗北したことに関しても、その清軍の敗因を追求し、わが国もそのようにならないためには、国力の充実、国民の元気の拡張を計るべしと主張している。この一文とは、「読道光二十二年檄文」であり、やはり、引化四年（一八四七）、西村二十歳のときであった。

こうして、西村は、経史の研鑽に勤めたが、一方において治心修養の工夫を積むと同時に、他方において、古今東西の史跡を明にし、もって、経世実用の資としようとしていたのである。こうして、西村は、終始、業務の余暇をもって、東西の諸学を修めたのである。

「征長機宜論」

堀田正睦が老中を免ぜられて佐倉へ帰り、その上、隠居を命ぜられたので、その秘書として多忙であった西村も、一時、暇を楽しむことができた。その期間というのは、万延元年（一八六〇）ころから慶応二年（一八六六）ころまでの六–七年間である。手塚律蔵の又新塾に入門したのも、『数限通論』や『防海要論』の訳述も、この間であった。しかしながら、この間に、幕府の勢力は急速に衰えていった。そこに西村は、慶応元年、一篇の書を草して、閣老稲葉長門守（正邦）に建白しようとして、結局、実現を見なかったことがある。西村は、のちにこれを「征長機宜論」と題し、『建言稿』に収められている。このときの感想は『往事録』に記されている。

余は幕府の征長の勝敗を聞き、其兵略の拙にして、将士の柔弱なるに憤慨せずばあらず、因て一篇の書を草して、是を閣老稲葉長門守（正邦）に上らんとす。然るに其後東軍連敗し、事復た成すべからざるを知り、上書することを止む。

と。そこには、西村の切ない感情が示されている。彼はいう。

今戦争已に起り、武備の縦弛を論ずるも益なし、宜しく此弱兵を以て強兵を破るの策を講ぜざるべからず。是れ頗る至難の事なりといへども、亦全く其術なしといふべからず。請ふ左に大略を述べん。

## 六　大政奉還前後

大政奉還対策

慶応三年（一八六七）十月十四日、大政奉還。朝廷はこれにともない、まず十万石以上の大名、ついで一万石以上の大名の上京を命じた。幕府では、十月二十日、江戸に在る東北の諸侯、およびその重臣を江戸城に召致し、大将軍政権返上のことについて、閣老から説明した。譜代十万石以上の藩の重臣は相談して、とりあえず重臣一人ずつを藩主の代理として上京させることになった。佐倉藩からは、平野縫殿、支藩の佐野藩からは西村が上京することになった。このとき、西村がもっとも心配したのは、徳川氏が朝敵という汚名を蒙るか否かの一点にあった。しかし現実に徳川氏は、「朝敵」となってしまったのである。鳥羽伏見の戦いが発生してからは、佐倉藩・佐野藩が「朝敵」とならないよ

『万国史略』訳述

岩倉具視に上書

うに、京都と佐野藩領江州堅田や大坂との間を往来して尽力した。この間にも、海外に関する知識慾はさかんであり、慶応三年十一月、京都の旅寓にあって『万国史略』を訳述し、翌明治元年（一八六八）閏四月には、その原稿を、京都の書肆山城屋勘介に托している。同じころ、友人神田孝平から『泰西史鑑』の原書（ドイツ人勿的耳（ウエルテル）の著）を贈られ、これに眼を通している。そして、このような知識を基礎にして戊辰戦争のさなか、明治元年四月、征討の軍をとどめるよう輔相岩倉具視（一八二五～一八八三）に上書したのである。それが、「乍レ恐以二書付一愚意奉二申上一候」である。

今や世界の要地・物産はヨーロッパ人に占領されている。その原因は、元来、人種の優劣に帰すべきも、なお、傍因としては、学術・高尚・着眼の三点にあるとする。「人種の優劣」に主因をおいたところに、西村の当時における悲しい判断を見ることができる。「学術」というのでは、「亜細亜洲学術の弊」であり、国際的視野に欠けていることを指摘している。そして、進歩史観の立場から「復古」を否定し、また、「実用」を軽視するの欠点をあげている。「着眼」も視野の拡大を説いたもので、「五大洲の大を洞観し、我国は全地球の一隅なることを知り」、志を遠大に期するようすすめている。もとより、実施順序としては、国内の政治を立てることが先きであるとなしている。「外事の要は富国

強兵の本は教育

佐倉藩の年寄役に任命される

「郡県議」を草し維新政府を批判

強兵の二件」にあるといっているが、その「強兵の本」は、教育をもって人心を固結するにあるという。「強兵」が、ただちに軍備充実に結びつかないところに注目する必要がある。

このような意見は、もとより岩倉の容れるところとはならなかった。しかし、西村としてみれば、もし外人の干渉があれば、まことに国家百年の禍として、沈黙していられなかったのである。

この間も、佐野藩のために尽力していたが、明治元年十一月、佐倉本藩の年寄役を命じられ、役高二百五十石で、合わせて三百五十石を賜わり、佐倉に住居することになった。これと同時に佐野藩政にも参与している。こうして、佐倉・佐野両藩の政治に同時に参与し、藩政改革を行ったが、維新政府の廃藩の意向に対しては、急激の施行をさけるように要望していた。「郡県議」という一篇の文がそれである。そこでは、「道は本にして、制度は末」、人君の天職は、「敬天愛民を本旨」とする。それを、現今の尊王論者は、その君を導いて堯舜の君たらしめることを求めず、ただ天下の力をつくして一君の欲望に供しようとしている、これは聖賢の旨趣にもとるものであるとして、維新政府の姿勢を批判している。

これより簡単に年表にして示せば次のとおりである。

明治二年（一八六九）七月「泰西史鑑」三十冊を脱稿し、ただちに官許をうけ、逐次出版。

維新政府より佐倉藩大参事に任命される

同年九月三日、太政官より佐倉藩大参事に任ずるの仮宣旨を授かる。これ、明治政府より官職を授かるの始めである。この夏、京師の書店により『万国史略』を刊行。

士族授産の政策

同三年九月「西史年表」を訳述、翌年十月出版。この年、士族受産の方法を講究し、土地払下の事を政府に願い許可をうけた。ついで士族受産のため、製茶・牧牛・造靴・織物などの業を興す。

名を茂樹と改める

同四年七月十四日、在京の藩知事を宮城に召し、天皇臨御、廃藩の旨勅諭あり、名代として参朝。翌十五日、在京の各藩大参事を召して同様の勅諭があって参朝。八月十五日、名を茂樹と改む。十月、『西史年表』出版。十一月十六日、印旛県権参事の宣下を受ける。

官を辞退

東京深川の堀田邸内に家塾を開く

同五年二月二十三日、印旛県権参事の辞表を呈し、三月五日、依願免本官の辞令下る。官を辞してのち佐倉に留まり著述に従事、書斎を修静居と名づく。この夏、『校正万国史略』（既刊のものに校訂を加えたもの）、五月、単身上京し、深川佐賀町堀田家邸に家塾を開き生徒に教授する。九月十八日、一旦、佐倉に帰り、家族をあげて東京に移る。はじめは堀

築地軽子橋に移る自修学舎

田邸に寓居していたが、明治六年五月、築地軽子橋に居宅を営み、家塾もここに移った。

西村は、自修学舎創設の願書を、明治六年七月に、東京府へ提出しているが、その場所は、深川佐賀町二丁目三十七番地、華族堀田正倫（まさとも）邸内となっている。学科はシナ学・英吉利（イギリス）学・日耳曼（ゲルマン）学の三学で、教則は学則に定める変則中学によるものであった。この学科は、すべて西村ひとりで担当していた。東京府に提出した教師履歴には、「若年ノ頃ヨリ漢学蘭学英学日耳曼学研究仕候得共定師無之」と記してあり、外国語は、蘭・英・独を、こなしていたことになる。当時の私塾で、ひとりで外国語の三学兼修はめずらしかった（手塚竜麿『日本近代の先駆者たち』所収、「西村茂樹と米医ハッホーン」による）。


こうして、いよいよ、新時代における啓蒙家としての西村の活動が始まることになる。

廃藩置県について西村は、やむを得ないことと認めながらも、このような大変革を急激に行ったことを批判している。そして没落した士族が、西洋渡来の民権の説をもって、政府に抵抗し、ついに国会開設の強願となったのであり、自由党、改進党の結合となったのであり、政府のために永久の仇敵となったとしている。民党のはじめは不平士族が首唱して、平民を煽動したものである。したがって、現今の民権家なるものは、政府みずから、これを作ったものであるとしている。

こういう見解から、西村は、士族救済のために、大参事として、奔走尽力したのである。また、不平を抱く士族が国家の禍の源となることを心配して、その不平を消散させる法として、立法院を開いて、士族の言論意気を発揚させるがよいと主張した。

# 第二　啓蒙活動の時代

## 一　明治初期の翻訳活動

はじめは仕官を辞退

西村は廃藩置県後は、明治政府に仕官することを好まなかった。明治四年（一八七一）八月二十八日は、兵部省に招聘されたが、これを辞退している。

その理由は、西村家は五代にわたって堀田氏に臣事してきたが、その堀田氏が土地人民を朝廷に奉還されたのであるから、自分が堀田氏に仕えることも、これで終りにしたい。今後は、清世の逸民となって太平を楽しむことにしたい。もはや再び政府に仕官して、新国家の功臣らとともに、この世において活躍するつもりはないというのであった。しかし、当時は新政府の命令を辞退すると、政府に叛意を抱いているのではないかと疑われ、身辺の危険さえあったのであるが、友人の西周（あまね）が兵部省に出仕していたので、これに依頼して、ようやく辞退することができた。

ところがさらに、同四年十一月十二日、印旛県権参事に任命されたのである。このときも辞退したのであるが結局認められなかった。

印旛県権参事に任命される

それに新しく成立した印旛県には、旧佐倉藩が含まれている。それで、佐倉士民のために尽力できることもあることと思い、これを請けることにした。しかしながら実際に行政に従事してみると、意にそわないことが多かった。大体、新県の方針は、幾つかの旧県すなわち旧藩という各々異なっている民政を、同一模型に入れようとするものである。そのため事務は非常に煩雑である。しかも、朝廷の旧藩の士民に対する姿勢は、降参してきた国民を処理するような風がある。その上、県令は、短期間に功を成そうとして、急激の変化を推進しようとする者が多い。こういう措置は、国家のために宜しくない。そういう県令の下にあって行政に従事するのは、自分の本意に反する。それに、薩長政府輩下の俗吏のもとに立って彼らの命令を奉ずるのは、堪えられないと思うにいたった。こうして、翌年二月、再び辞表を提出し、ついに依願免官の辞令を手にすることができた。こうして、流山の県庁を去って佐倉に帰ったのである。

急激な改革を批判

西村は、かならずしも新政を歓迎しないわけではなかったが、あまりにも急激な変化をおこしてゆくことに賛成できなかったのである。そこで、しばらく民間にあって、文章報国に従事しようとした。『泊翁巵言』(二―六十二)維新以来の改革)には、維新の改革に対する見解が示されている。「政府の当局者、西洋の富強に眩し、文明に酔ひ、徹頭徹尾、尽く西洋に模倣せんとし、本邦の国勢、人情、良法、美風を少しも顧みず、悉く旧弊なりとして、之を破壊したるに因る者是なし。」これこそ失政の根本であるとしている。そして結論として、「維新の改革は、利少くして害多しと断言することを得べし」と、断定する。

世界史を読むようにすすめる

西村がこのように断じたからといって、彼が排外思想の持主でなかったことは、上述のとおりであるが、すでに、慶応三年に、『万国史略』(スコットランド人フラサルタイトラル著)を翻訳し、これを校訂して明治五年に『校正万国史略』(アイルランド人ティロル、メリケン人イマウィラード、オランダ人ウインネの三著を参酌)を完成する。『泰西史鑑』は、明治二年に翻訳したが、出版は、明治八年十二月二十二日に着手し、同十四年八月十六日をもって、全三十冊の発行を完結する。これをもっても、西村の視野の広さを知ることができる。このような西村が、維新の改革を、害多しと断定するところに問題がある。

『万国史略』の序言においては、「万国の書を読むに非ざれば、以て学を言ふべからず」といい、「古の儒を以て称する者今より之を観るに、其見る所一偏に局し、而して其論ず

『校正万国史略』

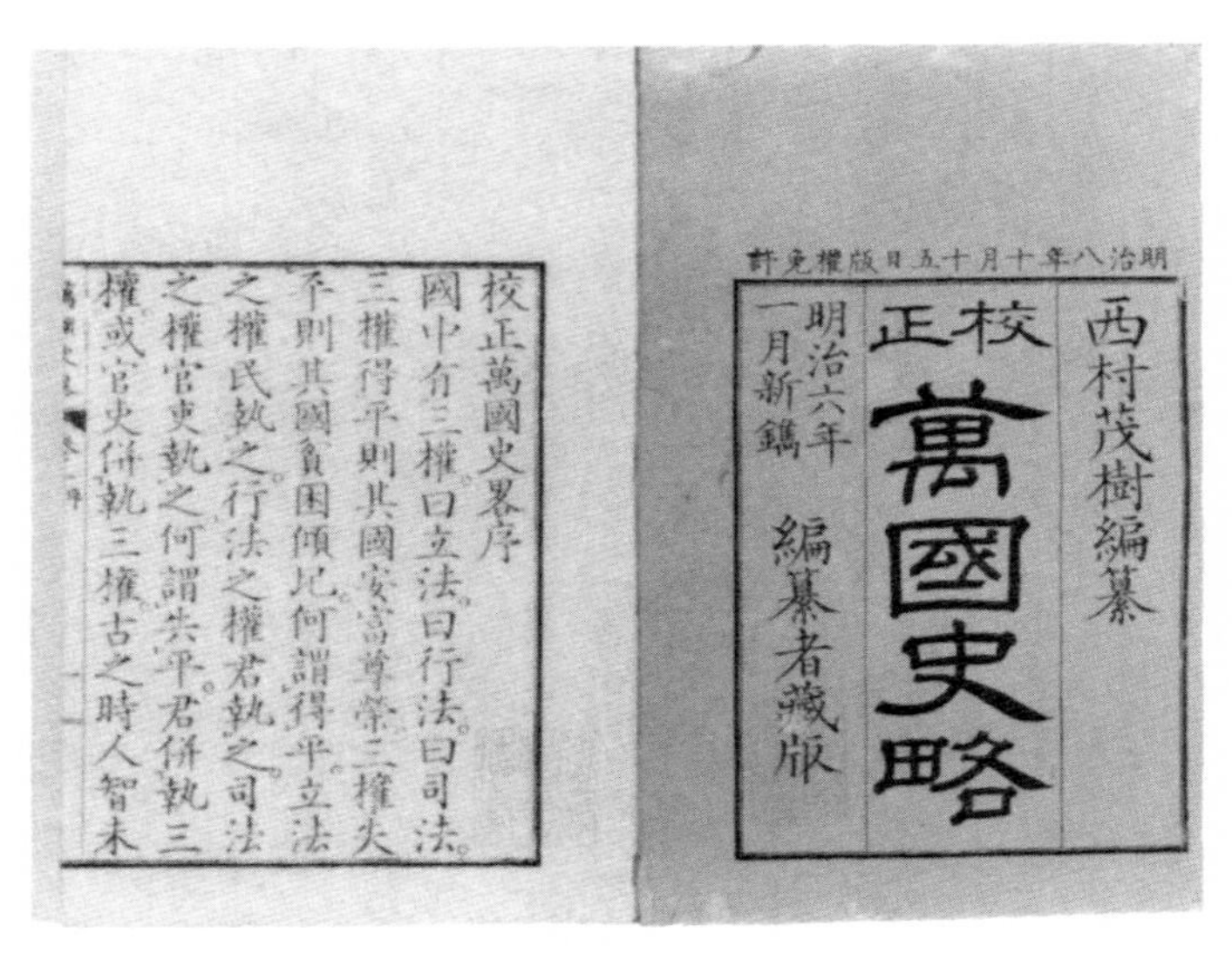
明治八年十月十五日版權免許

西村茂樹編纂

校正萬國史略

明治六年一月新鐫　編纂者藏版

校正萬國史畧序

國中有三權曰立法曰行法曰司法三權得平則其國安富尊榮三權失平則其國貧困傾圮何謂得平立法之權民執之行法之權君執之司法之權官吏執之何謂失平君併執三權或官吏併執三權古之時人智未

『校正万国史略』

る所固陋を免れざる者多し」と、古儒を批判する。かつて古儒が生きていた時代と現在は相異してきている、アメリカの合衆政治は古儒の政治常識を超えたものである。財政においても、「入るを量り出るを為す」という考えではなくなって、「出るを量り入るを為す」という財用に変化してきている。あらゆる部門においてこの種の変化が生じてきているから、もっとも泰西の書を読み、もっとも泰西の芸を学ばなくてはいけないという。

『校正万国史略』は、全篇を十巻に分けてあるが、アメリカの独立、普仏戦争の終局まで最新の知識がもりこんである。しかも、西村の著述の意図は、国民の知識開発を主としているものであるから、その序言（明治五年七月）において、国民の政治に対する自覚を促し、三権分立の説明がなされている。そして、泰西諸国は、皆三権を分執してその国を治めているが、そのなかでも、イギリスの法が最善であり、アメリカ合衆国の制は、まださらに徹底しているとする。それに比較すると、アジア諸国では、君主独裁でなければ、官吏が権を握っている。その富実隆盛のヨーロッパに及ばないのは、「立政」がその道を得ないからであるとしている。「全国の民をして其責に任ぜしめば、則ち力を用ふること少くして、功を収むること大なり。」

イギリスの法が最善

そして、「上之を与へずんば、則ち下必ず起て之を奪はん、是れ自然の勢なり」と革命の起るのも、やむを得ないというように記している。

『泰西史鑑』

次に『泰西史鑑』についてみよう。これは、全篇三十冊より成り、その内容は『万国史略』に比較し、さらに精密である。この訳述は重訳であり、巻頭には次のように記してある。「普魯斯、閔士得府学大教授勿的爾著　荷蘭、加拉弗府学教授　珀爾倔訳日本、佐倉藩大参事　西村鼎重訳」

西村の歴史書訳述の意図は、維新の直後であるだけに、単に国民に、海外の事情を知

禍福は循環する

弱肉強食を否定

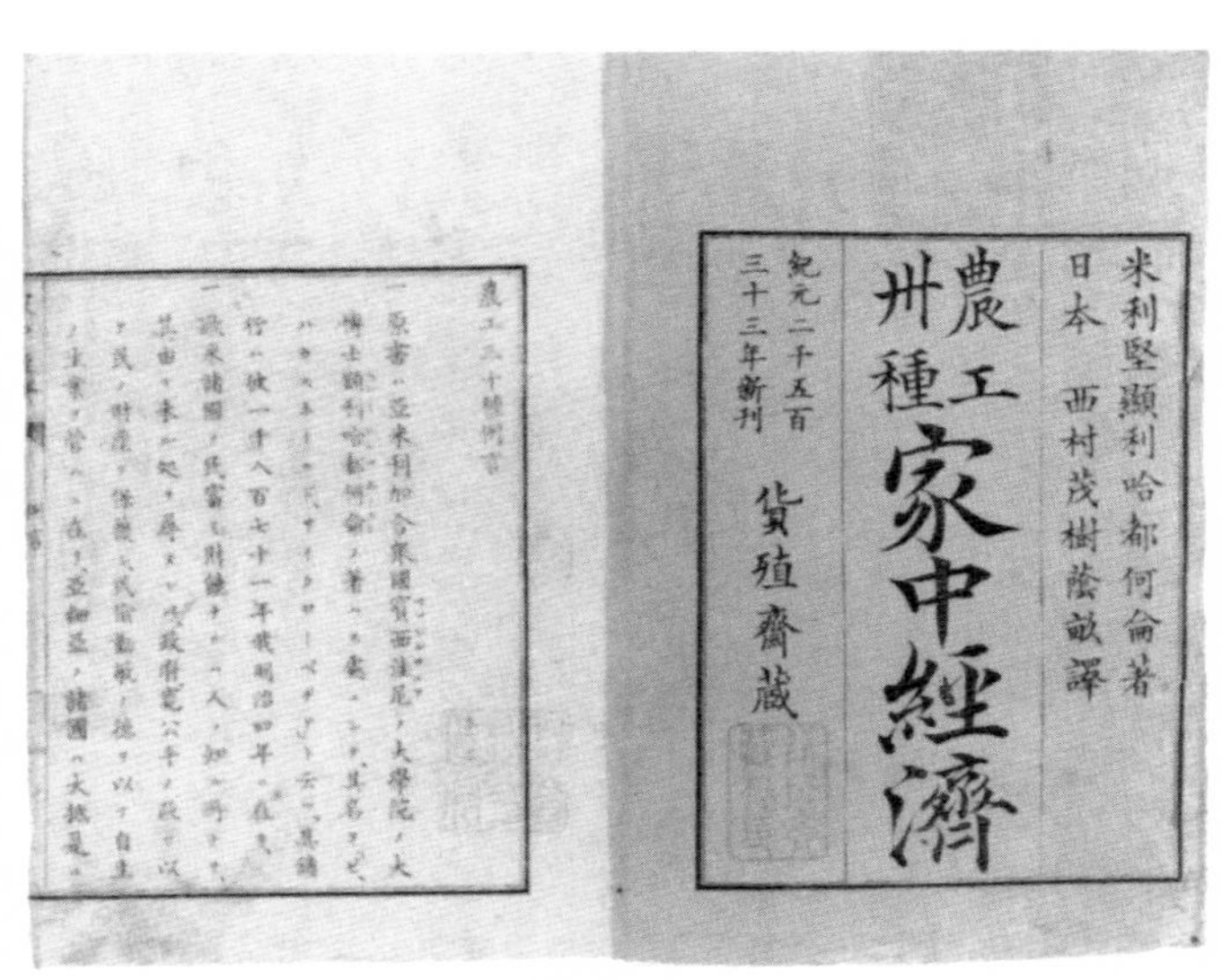
米利堅顯利哈都何侖著
日本　西村茂樹藍畝譯
農工卅種家中經濟
紀元二千五百三十三年新刊
貨殖齋藏

農工三十種例言

『農工卅種家中経済』

り、欧米諸国における学術技芸の進歩を見させようとするのではなく、さらに、欧米諸国の治乱興亡の跡を詳かにし、国民を戒めようとしたものであったと思われる。「然れども今日、人の滅す所たるの国、則ち昔年人を滅して自ら興れるの国なり。禍福循環窮極あるなし。曽子曰く、爾に出者は爾に反ると、特に其応報に遅速の斉しからざるあるのみ」と。そして、次のように儒教道徳的見地に立っている、弱肉強食を否定しているものである。「夫れ天既に我材を量り、而して之に貴賤貧富の分を与ふ。何を苦しんで、不足にして擾々人の有を奪はんと欲する、縦使、幸にして之を得るも、百年の性命、五尺の躯骸、楽む所既に多ければ則ち憂ふる所も亦多し、功名富貴其れ身に享くる者幾何ぞや」と。

『農工卅種家中経済』、国の繁栄のもとは一家の経済

少しあとになるが、明治六年十一月には、米人医師ヘンリー・ハッホーンの『ザ・ハウスホールド・サイクロペディア』を翻訳して『農工卅種家中経済』と題したものを出版している。直訳すれば「家政百科書」というのであろうが、この書は、西村と同じく佐倉藩の出身である津田仙がアメリカから持ち帰ったものと思われる。ハッホーンは、ペンシルバニア大学で医学を修め、のち、母校の教授となり、医学博士のほか、法学博士の学位もうけている。津田仙は、慶応三年、幕府の勘定吟味役小野友三郎の随員のひとりとして渡米したが、このとき、ハッホーンの新刊の医書を持ち帰り知人への、みやげにした。それが、明治五年、医師桑田衡平により和訳され『内科摘要』として改行され、好評を得て版を重ねた。西村は、この米人医師の著書ではあるが、医学書でないものを翻訳したわけである。この書の趣旨は、国の繁栄のもとは、一家の経済にあるというものであった。

上院会議開設の企図

西村はまた、征韓論争のころ士族が急激な改革のために生計を失ったことに同情するとともに、士族の不満が爆発して叛乱が起るのを心配した。その不平の気を消散させる

方法として考えたのが立法院であった。こうして、「君民同治は、我邦今日の急務にして、又我邦に最も適当するの政体なり」としている（『往事録』）。また、士族の知識に期待することも大きかった。

西村は、まず、福沢諭吉（一八三四〜一九〇一）、中村正直（一八三二〜一八九一）の両人に相談した。福沢は、華族のようなものに勢力を与えるのは国家のためにならないといい、中村は、助力しようと同意してくれた。西村は、さらに華族諸氏に働きかけようとしたが成果は得られなかった。それでも、友人の横山孫一郎を頼って木戸孝允に面会することができて、意見を開陳し、かねて起草してあった会議院の規則案を示している。欧米を巡遊してきたばかりの木戸は、西村の意見を聞いてくれたし、また木戸自身が急激の改革に批判的であったから、両者の話は気の合うところがあった。その後、木戸の紹介で、毛利邸で開かれた華族たちの集まりに出席して、「大日本会議上院創立案」なるものを示して、旧諸侯をもって議員として、会議上院を開こうという趣旨を説明した。この会議というのは、一個の私立院であるから政府の許可を得る必要もない。この会議で議事に熟し、政治法律の学にも通じ、ついには国家のために良善なる立法院となるであろうと、西村は説明している。その後も、西村は華族の集会に出席したが、これも結局成果はなかった。

## 二　明六社結成、洋々社結成

森有礼と知る

明六社は、長らく欧米諸国の文化に親しんできた駐米代理公使森有礼（一八四七〜一八八九）が、明治六年七月、任地から帰国早々、知人の横山孫一郎を介して、西村に会って、その設立を計ったのが契機となって、西村がこれに賛成し奔走したことによって、急速に実現したものである。

明治六年に発足したので、これを「明六社」と名づけた。この明六社創立の経緯を、西村は、その『往事録』に詳細に記している。そのほか、森が「明六社第一年回役員改選に付演説」で述べたものがある。

明六社員の人選に当る

明六社の創立が急速に進行したのは、森の急進論と西村の有志家肌とが、よく合った結果である。誘いをうけた福沢諭吉、中村正直、加藤弘之（一八三六〜一九一六）、津田真道（一八二九〜一九〇三）、西周、箕作秋坪らは、西村が人選した当時著名の洋学者であり、いずれも西洋社会の文化交流施設の発達には多大の関心をもっていた。それに、廃藩後の藩閥政府の開明政策に好意をもっていたので、政府に呼応して、民間において新しい文化運動のため

# 明六社創立の経緯

○明治六年の春、薩人森有礼氏（米国弁理公使）米国より帰り、横山孫一郎を介して余に面会を求む、時に森氏は木挽町六丁目高島徳右衛門の家に寓せり、森氏曰ふ、米国にては学者は各其学ぶ所に従ひ、学社を起して以て互に学術を研究し、且講談を為して世人を益す、本邦の学者は何れも孤立して、互に相往来せず、故に世の益をなすこと甚少なし、余は本邦の学者も、彼国の学者の如く互に学社を結び、集会講究せんことを望む、且本邦近年国民の道徳衰頽して、其底止する所をしらず、是を救済するは老学士を措きて他にあるべからず、故に今一社を結び、一は学問の高進を謀り、一は道徳の模範を立んと欲すと、余其事の可なるを賛す、因て両人相議して都市の名家に謀らんことを約す、則ち福沢諭吉氏、中村正直氏、加藤弘之氏、津田真道氏、西周氏、箕作秋坪氏に謀る、諸氏皆同意を表す、依て初めて相会して談話討論し、又政事学術等の談話を公衆に聴かしめんとし、一月に一回演説会を精養軒（洋食店）の楼上に開く、是本邦演説会の始なり、此会を名けて明六社といふ、明治六年に創設したるを以てなり、此頃まで本邦の学者は、其知識皆和漢の二学に限りて、西洋の事を知るものなし、明六社の説く所は多く西洋の新説なるを以て、官員学者来聴する者甚多し、尋で雑誌を発行し是を明六雑誌といふ、是本邦雑誌の始なり、此雑誌を発すること四十二号に至り、政府にて新聞条例、讒謗律の発布あり、雑誌等の論節を抑制すること甚厳なるを以て、社員相議して雑誌の発行を止む、明六社は其後社員も増加し、連続すること七八年に及びしが、学士会院の創立に及びて自然に消散す、

（『往事録』一六四〜一六六頁）

注　ただし右回想のうち、大久保利謙氏によると、「且本邦近年国民の道徳」云々より、「老学士を措きて他にあるべからず」の文は、西村の後年の思い入れであろうという。

最初の集会

の集会をおこすことに賛成であった。こうして、会議三-四回をへて、明六社の集会は始まったのである。この集会は、森のアメリカ駐在時代の日本文化改革論にもとづくものであり、彼の『日本における教育』(英文)の主張の具体化の第一歩であった。九月一日に、森の邸宅に、加藤、津田、西、中村、箕作、西村らが集まっているが、これが明六社集会の第一回らしい。この日に、明六社同人の顔ぶれがほぼ決定し、「学社」は事実上発足したとみられる。十一月からは、毎月二回の集会が定期的にはじまり、そして翌七年の二月十六日から、「明六社会議」と「明六社」の名称が、加藤弘之の日記に、はじめてあらわれてくる。「明六社」の名称は、このころに決定したものらしい。機関誌である『明六雑誌』の発刊は、三月九日の『郵便報知新聞』第二八六号の告知欄に予告されている。この『明六雑誌』と同時に「明六社制規」も発売された。明六社の主旨・機構などは、この「明六社制規」で定めている。それは、さらに、翌八年五月改定される。

明六社という名称

明六社制規

それによれば、社員は、定員・通信員・名誉員・格外員の四種がある。とくに通信員という地方運動員を設けて幅ひろい活動を行おうとしている。役員は、最初、社長一名・書記一名・会計一名である。社員は、明治六年発足当初は、西村、津田真道、西周、中村正直、加藤弘之、箕作秋坪、福沢諭吉、杉亨二、箕作麟祥、森有礼の十名である。その後、異動があって、七年十二月には、畠山義成、杉田玄端、清水卯三郎、阪谷素らが定員に加わっている。社長には、最初福沢諭吉が推されたが固持したので森有礼が就任した。八年二月一日、役員改選にあたって森の推した箕作秋坪が当選した。同年五月の「制規」改定で、従来の社長が廃止となり、新たに会幹六名をおき、合議制とした。そして、会幹に、西周、西村、福沢、箕作秋坪、清水卯三郎、森有礼が選ばれた。ほかに書記一名・会計一名をおいた。八年五月に改定した「制規」についている「明六社定員」には、二十七名の氏名が記してある。演説会公開以降は、客員として参加した者があって、古沢滋、沼間守一、松田道之らの政治家、亀井滋監、伊達宗城らの華族がいた。

明六社結成の目標

明六社結成の目標は、「我国ノ教育ヲ進メンカ為ニ有志ノ徒会同シテ其手段ヲ商議スルニ在リ」(「明六社制規」。八年五月の改定では、「教育云々」の文字を削った)としている。これは、国民啓蒙推進の有志者の団体ということになる。啓蒙の方向は、日本の知識社会の西洋化で、それも急進論であった。この森の急進論に、漸進主義の西村が参加したわけである。最初の数回の会合で、どのような具体的事業を行うかを討議して、月例集会、会同商議と機関雑誌の発刊となった。西洋の例に慣ったもので、わが国では初めての試みであった。その発足当初は、明六社としての建物などはなかった。最初の会合からしばらくは、築地木挽町の森の住居で行われた。その後、築地二橋の精養軒という有名な洋食店で会合している。洋食の晩餐をしながらであり、かなり高級な食事であったらしい。

この明六社については、大久保利謙『明六社考』に詳細に記されているので、ここではこのくらいに、とどめておきたい。

### 洋々社結成

西村は、このように明六社の創立に尽力し、その結成以後も同人として活躍するが、ここで一言注意を喚起しておきたいことは、漢学者の集まりである洋々社の創立にも尽力していることである。

この洋々社は、明治八年六月、西村が発起して結成されたもので、有志の者、数十人が会合し、毎月一回各自の論説・考証などを持ちよって議論をたたかわせ研究して、それを『洋々社談』という雑誌に掲載した。

会員は、明六社のとは傾向を異にする一流の学者で、大槻磐溪・阪谷朗廬・黒川真頼・那珂通高・榊原芳野・小永井小舟・木村正辞・依田百川・小中村清矩・島田重礼・伊藤圭介・平野知秋・大槻文彦などであり、阪谷がわずかに明六社の一員であったほかは、漢学者が多かった。この会合ならびに雑誌は、明治十六年（一八八三）まで継続したが、西村は、同一時期に、このように、文明開化の指導者のグループと、著名な漢学者のグループとに、同時に中心人物として関与していたところに、彼の傾向が示されている。

## 三 『明六雑誌』に示された近代化論

『明六雑誌』に掲載された西村の文章

つぎに漸進主義の西村が、時代の先端を切る明六社のなかで、どういう演説・投稿をしていたのか、『明六雑誌』によって考察してみたい。

同誌にのっている西村の文は、全部で次の十一である。「開化ノ度ニ因テ改文字ヲ発スベキノ論」(一)、「陳言一則」(三)、「政体三種説」(二八)、「自由交易論」(二九)、「修身治国非二途論」(三一)、「賊説」(三三)、「西語十二解」(三六)、「自主自由解」(三七)、「政府与人民異利害論」(三九)、「権理解」(四二)、「転換説」(四三)、以上、括弧内は、号数を示している。

「文明開化ノ解」

まず、文明開化の定義づけからみてゆくことにする。西村は、「西語十二解」(明治八年四月十六日演説)の最初で「〇文明開化ノ解」というのを演説している。キリスト教の嫌いな西村が、ここでは、西欧民族の開化の根本の一つとしてキリスト教を置いているのが注目される。開化を道徳的に解釈しているのである。

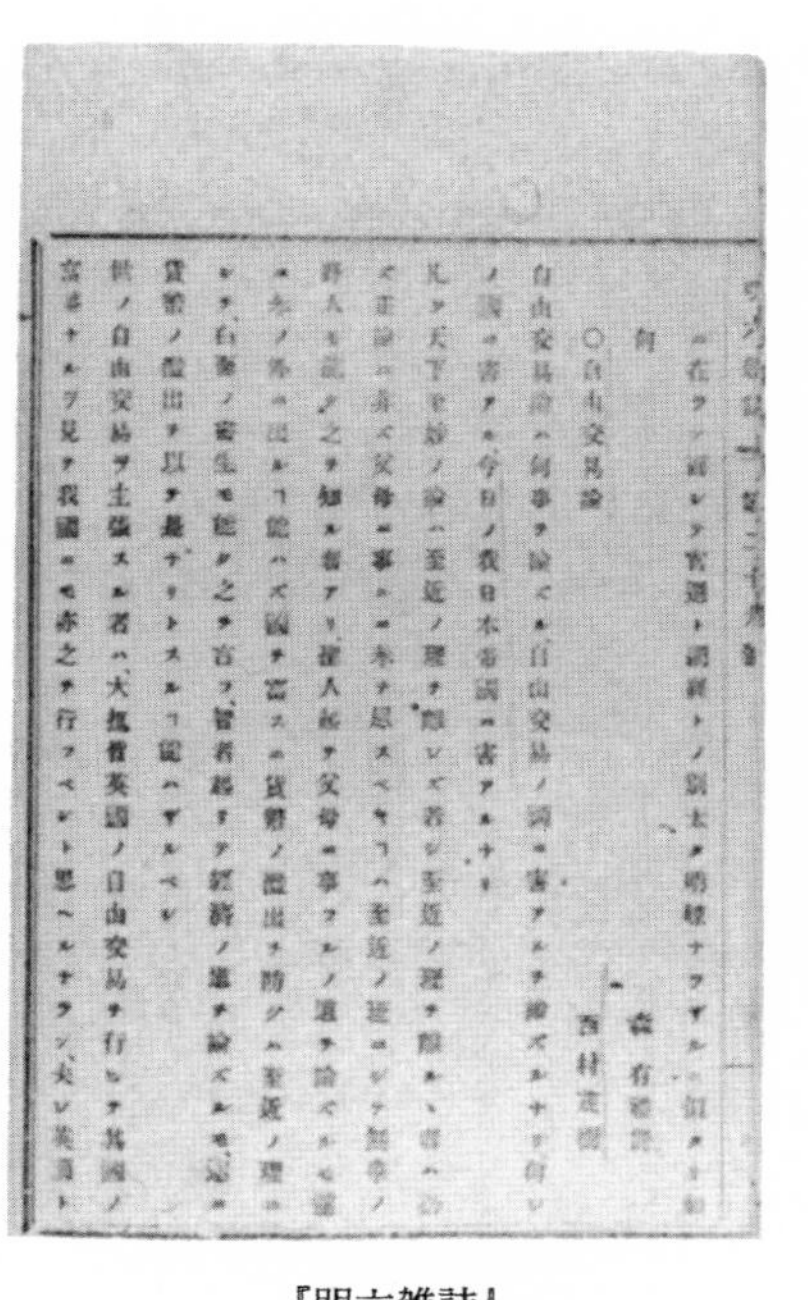

○自由交易論

『明六雑誌』

「文明開化トハ英国ノ語ニテ『シヴヰリゼーション』ト云ヘル語ノ訳ナリ。支那人ハ此語ヲ訳シテ礼儀ニ進ムト為ス。我邦ノ俗語ニ訳スレバ、人柄ノヨクナルト云フコトナリ。」「今『シヴヰリゼーション』ノ字ヲ拈出シテ其ノ義ヲ考フルニ、余輩ハ決シテ人民ノ威勢ヤ力量ヤ富貴ノコトニハ考へ到ラズ、唯人民ノ人柄ト人間相互ノ交際ノコトニノミ考へ

「良善ナル教育」の必要

ヨーロッパ系民族の開化した根本は二つ

到ルナリ」と。そして、ミルの言を引用して、「シヴヰリゼーション」は「サベージ」（野蛮）の反対であり、またギゾーの説によれば「一身ノ身持仲間ノ交際共ニ進ンデ十分ノ地位ニ至リタルヲ称シテ『シヴヰリゼーション』ト云フベシ」としている。右の両学者の言を綜合して、この言葉の意味するところは、「一ハ交際ノ品位段々ニ進ミテ其全体尽ク安昌幸福ヲ受ルコト、二ハ人民各個ノ品位段々ニ進ミテ同ク安昌幸福ヲ受ルコト是ナリ」ということになる。人民各個の身と交際の全体とがならんでその品位を進めることが必要なのであり、「各個」と「全体」は、別々のものではないのである。たとえ、「富饒」であっても、その民の智識が進まなければ、意味がない。それでは、いかなる方法によって一身の品位を高くすることができるかといえば、それは「良善ナル教育」しかない。現段階で、世界中で最も開化した民は、「欧羅巴ノ民ト、欧羅巴ヨリ分レタル民」である。それらの民の開化した根本をたずねると、それは二個の原質から出ている。その一は、「基督ノ教法」であり、その二は「羅馬ノ強大ナリシ時ノ交際ノ有様」であるとしている。しかし、世界の諸文化を、ヨーロッパ文化を頂点とする一直線にならべて考えているわけではない。そこには、一種の文化類型を想定しているようである。すなわち西村は、いうのである。「支那、印度、亜剌伯等ノ民ノ交際ノ根元ヲ考フルニ、全ク欧羅巴ノ民ノ交際ト其根元ヲ異ニスル者ナレバ、其開化ノ状欧羅巴ノ民ト大ニ其形ヲ異ニスルハ亦理ノ当ニ然ルベキ所ナリ」といっている。そして、歴史上、国の興廃、全世界の興廃があるから、現在トップに立っているヨーロッパが永久に栄えるとは限らない。全世界の興廃の迹を通観すれば、上古はアフリカ、次はアジア、そして今日は丁度ヨーロッパである。しかし、その次は、アメリカで、またその次は、オーストラリアであろう。これは、独断ではなく西哲の言によって、このようにいうのであると、西村は演説している。

次の世界の指導国はアメリカ

「自主自由解」

西村は、これにつづいて「自主自由解」というテーマで演説している。そこでは、古代における「自主自由」の語の用法を説明したあとで、近代における「自主自由」について説明する。その一つを「自然ノ自由又人身上ノ自由」その二つを、「交際上ノ自由又政治上ノ自由」という。「自然ノ自由ト云フ者ハ上帝ヨリ天下ノ人類ニ賜フ所ニシテ、人々生得固有ノ権理」である。しかし、人類は、かならず他人と相交わり相親しんで生活するものであるから、他人も自由を固有しているもので、「人々互ニ己ガ自由ノ一分ヲ屈シ以テ交際ノ道ヲ全フセザルべカラズ」としている。

交際上の自由

それでは、交際上の自由とは、どういうものか。「交際全体ノ幸福安全ヲ謀ル為ニ一人ノ自由ヲ少シク抑制シテ適当ノ地位ニ留住シタル者」をいう。交際上の自由は、「法度ノ力」によって擅横を抑制することによって保証されるとしている。この交際上の自由は、また政治上の自由ということができる。この自由とはどういうものであるのか、いかなる方法をもって、この自由を得ることができるのか。ヨーロッパで人民が自由を得たものは、イギリスが第一であるが、それは、その国の法律によって自由を得たものである。政体上からいえば、「君民同治ト共和政治ハ民ノ自由ヲ得ベキノ政体」である。「国ノ権柄ヲ配分」することが必要なのである。また逆に、人民が政治上の自由を得ていない国として、ロシアとプロシアをあげている。プロシアは、その民の知識が已に開けているのであるが、全国惣体の利害を考えるとき、自由を許さない方が、かえって全国人民のために利益が多いという見解によっているのである。プロシアに政治上の自由がないという指摘は興味深いものがある。西村は、イギリス派である。

イギリス人の自由は、法律によって保障されたもの

プロシアには政治上の自由がない

「権理解」

さらに、「西語十二解ノ三」として、「権理解」というのがある。彼は説明する。

「権理」は、イギリスの「ライト」の訳字であり、もと、「法律ト能幹」という二つの意味をもっていた。しかし、現在用いる「権理」すなわち「ライト」という語は、「法ニ協ヒタル言分」という意味である。また「法律ノ助ニ由リテ言分ンノ立タル筋」、また「若

シ他人ヨリ損害サル、トキハ法律ノ処分ニ由テ罪ヲ其人ニ与フベキ言分ン等ノ解ヲ下スベキ語」としている。そして、まず「権理ト義務トハ互ニ関係ヲ相為ス者ナリ。此一人ニ権理アレバ其人ニ対セル一人ニ義務アリ」。たとえば「人ノ父母タル者我子ノ尊敬ヲ受クベキノ権理アレバ、人ノ子タル者ハ其父母ヲ尊敬スベキノ義務アリ」といい、権利の主張は、一方的に成立するものではないことを前提としている。

権理と義務とは互いに関係する

「政体三種説」

次に「政体三種説」(明治八年一月十六日)についてみよう。西村はいう。「政体」といえば、一般に、人君独裁、君民同治、平民共和と分けるところであるが、自分はその説を異にし、因襲政治、因襲道理混合政治、道理政治の三種とすると。そして、それぞれ、人君独裁の政体、君民同治の政体、平民共和の政体の別名と考えてよいという。こうして、「因襲政治ハ蒙昧ノ政体」「混合政体ハ蒙昧ニ明智ヲ兼タル政体」「道理政治ハ純ニ明智ノ政体」というように見ている。ところが「因襲政治ヲ行フノ国、或ハ治平又安ニシテ、道理政ヲ行フノ国、或ハ動乱ナキヲ保ツコト能ハズ」。何故そういうことになるのか。これは、道理と功験とを分けて論じる必要があると西村は考える。

政治は、民の開化の程度と関連する

道理上より論ずれば、道理政治をもって第一とすべきことは、いうまでもない。しかし功験上より論ずれば、混合政治が道理政治にまさることがある。その理由は、「凡ソ政治ハ、民ノ開化ノ度ニ従フベキ者」だからである。その国の政体がその民の開化の度に適応すれば治まり、適応しなければ治まらない。因襲政治を行ってもその国が治平なのは、その民の智識が未開で、因襲政治に適応しているからである。道理政治を行っても、その民の幸福が混合政治の場合よりもすぐれていないのは、その民の智識が大いに開けていても、まだ道理政治に適応しないのである。

至善至美の民

近ごろ、欧米諸国の民は、その知識の開明について見るならば、世界中で最高の度に進んでいるように思われる。それでもなお道理政治に適応しないというのは、何故か。道理政治は、政体のうえでは「至善至美」なるものである。この政体に適応するものは、世界中で相対的に最高度に進んでいるというだけでは不十分であって、「至善至美ノ民」でなくてはいけない。それでは、そういう民とは、どういうものをいうのか。それは、次のようなものであるという。「其民国ヲ愛スルノ心深クシテ、能ク己ガ職分ヲ尽シ、妬忌ノ念ナク、驕傲ノ心ナク忠厚ヲ以テ相ケ公道ヲ以テ相交ハル」、このようなのをいうのである。しかし、全国民が皆この至善至美の民とならなければ、真に道理政治に適応することはできない。欧米諸国もまだそこまでは到達していない。故に道理政治は、今日の政治ではなくて未来の世の政治であると思う。しかも果して未来において、天下の民

道理政治は未来のもの

が果して、至善至美となるか否かは、自分としては、保証できない。道理上から論じれば、道理政治をもって上等となすべきである。しかし、功験上から論じれば、道理政治も混合政治も、ともに上等で優劣はない。ただ因襲政治だけは、道理上からも功験上からも、下等に属することは疑いない。

それでは、因襲政治を行う国において、すみやかにその政体を改めて、混合政治あるいは道理政治となすべきなのかというと、これは、「不可」である。それは、その民の開化の程度によって異なってくる。愚民であるならば因襲政治が適している。他の政体を行うと、かえって擾乱が起る。その民の智識が開け、因襲政治に安んじない兆を現わしてきたら、そのときには、すみやかに改めて、他の政治を行うべきである。因襲の固陋をもって、民の智識を束縛してはいけない。そのようなことをすれば、内乱が起ること必至である。

民の開化の度合に応じて政治を行うべし

ここには、為政者の立場が示されている。そして、民の開化の度合に応じて政治を行うべしというのは、社会進化論の主唱者であるスペンサーの説によっているとみてよいであろう。そして、政治の対応が適切ではないために起る内乱については、肯定も否定もしていないように思われる。彼は次のようにいっている。「此内乱靡テ国ノ幸福トナルヤ否ハ、吾儕ノ料リ知ル能ハザル所ナリ」と。

国家改良論
人民開化の
度による

西村の漸進論、すなわち開化の度合いによって異なる対策を執るべきであるという考え方に関連して、「開化ノ度ニ因テ改文字ヲ発スベキノ論」(明治七年三月)を、みてみよう。西村のこの論は、西周が、『明六雑誌』第一号に、率先して議論を起すために、国語綴字についての改良意見を発表し、「洋字ヲ以テ国語ヲ書スルノ論」と題して、同人の間に批評を求めたのに応じたものである。

西周の改良
論を批判

西は当時、急進的意見の持主であり、わが国語の綴字について、文章を読みやすくして急速に日本の文化を進めるためには、この際簡便なるローマ字に代えた方が宜いという主張である。そのために、その利点十ヵ条と、不便な点三ヵ条とを列挙し、同人の賛同を求めたのである。

これに対し、西村は、その事のいうに易くして、行うに困難であることを指摘し、西が、文字を改めて民の愚見を破ろうと主張したのに対して、西村は、「民ノ愚見破レザレバ文字ヲ改ムルコト能ハズ」といい、国民の智識が進まなければ、西のいう改良意見は、実際に行うことができないとしている。

西村があげた三つの不利というのは、まず第一に、川・革・側という字例をあげて、これをローマ字で記したときに、字義の区別が不可能であることを指摘している。第二に、現在使用している漢字・仮名字を共に棄て去って、専ら洋字を使用させようとするのは、かつて従来使用していた国字を廃して漢字を用いたのよりも、さらに困難である。第三に、もし現在使用されている和漢の文字を廃して、洋字のみを使用するときは、浅学の人の場合、今日より以前の書籍・文章は全く読むことができなくなり、過去二千年間の和漢の事迹は、「曖昧ナルコト暗夜ノ如クナルベシ」といっている。

国字改良の将来性

こうして次に国字改良の将来について、次のようにいうのである。

国字改良のための急務は、国民を学問を志すようにすること

然ラバ文字ヲ改ムルノコトハ竟ニ行ハル可ラザルカ。曰ク否、上文ニ所謂不利ハ方今我国ノ民ニ対シテ之ヲ云フ者ナリ。文化開明ノ民ヨリシテ之ヲ言ヘバ、此三不利一モ不利トスルニ足ル者ナシ。然ラバ方今我国ニ於テ文字ヲ改メントセバ、其手ヲ下スノ順序イカン。曰ク方今ノ急務ハ国学漢学洋学ノ差別ナク唯国民ヲシテ一人モ多ク学問ニ志サシムルニ在リ。已ニ学問ニ志ストキハ自ラ本朝文字言語ノ窒礙多キコトヲ知ル。已ニ之ヲ知レバ必ズ之ヲ改メントスルノ念ヲ生ズベシ。是ニ於テ和漢ノ文字ヲ廃シ洋字ヲ用フルノ説ヲ発セバ流ニ順テ舟ヲ下スガ如ク力ヲ労セズシテ其功ヲ奏スルコトヲ得ベシ。

政府と人民と利害を異にするという論

次に政治に関連して、「政府与人民異利害論」(明治八年六月一日演説)について、考えてみよう。ここには国家の公利の果す役割に期待が、かけられている。

これは、国は、政府と人民とから成立し、政府と人民とは、「私利」の上では利害を異にすることを認めながら、国の「公利」の上では、目標を同じうすることができるとするもので、「半化ノ国」においては、政府の「威権」は、つねに重く、政府の人材は、つねに多い。したがって、国力の平均を得るには、政府が二-三歩を退き、人民は、八-九歩を進めて、初めて平均を得ることができるとして、民権の主張の必要性を認めたものである。彼は、民権を「人民固有ノ至宝」といっている。

「公利」と「私利」

その「公利」と「私利」について彼は次のように説明している。「公利」とは、「己が一身ヲ利シテ兼テ他人ヲ利スル者」、「私利」とは、「己が一身ヲ利シテ他人ノ不利ヲ顧ミザル者」としている。そして、「交際」は、「人類ノ為サザルベカラザルノ道ナリ。已ニ交際ヲ為ス時ハ、一人ノ私利ヲ求メテ衆人ノ公利ヲ害スベカラズ」として、これを「国」に対応させている。すなわち、「我身」と「他人」とは利害が相反するけれども、「国」は、これに異なる。「国」は、「之ヲ分テバ政府人民ノ別アリト雖ドモ、原来団円ナル一物ニシテ、恰モ精神ト身体ト合シテ一ノ人ト為ルニ同シ。已ニ団円ナル一物ナル時ハ政府ノ利ハ即チ人民ノ利ニシテ、人民ノ不利ハ即チ政府ノ不利ナリ」といい、「公利」をもって論じれば、政府と人民との利害は一致するとしている。

国の公利

「国ノ公利」というのは、「富ナリ強ナリ治安ナリ栄誉ナリ。政府モ之ヲ以テ目的ト為サザルベカラズ、人民モ之ヲ以テ目的ト為サザルベカラズ」と、西村は考えている。そこでは、「私利」の主張を認めながらも、同時に、その限界を設定しているのである。ここでは、当時の日本を「半化ノ国」とみなしているが、これは、他の明六社同人の見解と同様である。またそこに、人民を開化に導く使命観が生じるのである。

「修身治国非二途論」

『明六雑誌』にのった西村の演説のなかで、儒学者としての性格をはっきりと示しているものに「修身治国非二途論」(明治八年三月一日演説)がある。この見解は、西村の生涯を通じて変らないものであり、『大学』にある「修身斉家治国平天下」の順序に由来するものである。それが、維新以来学問の風が一変し、「顕官貴族」といわれる人たちがその身衆人の上に在るにもかかわらず、その品行衆人の下に在る者ありという有様になったことを慨いているものである。「今孔孟ノ道ヲ以テ此輩ヲ箴セントスルモ、孔孟ノ道ハ此輩ノ唾棄スル所ナレバ之ヲ言フモ益ナカルベシ。因テ西国諸賢ノ説ニ拠リ、修身治国ノ二途ニ非ルコト左ノ如シ」といっているのは、いかにも明治初期の開化の風潮をよく示して

西国諸賢の説を引用して孔孟の道を説明

いる。西村はいうのである。

米国ノ博士エーマン曰ク、修身学ハ正シキ政治ノ根原ナリト。以テ余ガ言ノ誣ザルヲ見ルベン。英国ノ学士ベンタム曰ク、政治上ニテ善ト為ス所ノ事ハ修身上ニテ不善ト為スコトナシト。蓋シ修身政治共ニ道理分ノ力ヲ以テ之ヲ行フ者ナリ。故ニ其善トスル所不善トスル所共ニ同一ニシテ岐異アルコトナシ。（中略）英国ノ博士トーマス・ブロウン曰ク、敵ニ勝ツヲ以テ勇ト為スコト勿レ、己ガ情欲ニ克チ得テ始メテ真ノ勇者ト称スベシト。

このように、「西国諸賢ノ説ヲ引用シテ」、孔孟の道を、西洋の文明に憧れる人士に納得させようとしている。西村が次のようにいうとき、そこには、「西語十二解」の趣旨が、具体的に指摘されている。

官員貴族ノ内行終ニ修マラザルトキハ縦令国富ミ兵強ク雄ヲ海外ニ奮フト雖トモ猶文明ノ国ト称スルコト能ハザルベシ。況ヤ国未ダ富マズ兵未ダ強カラザル者ニ於テ乎。

「賊説」＝秩序に関する理解の転換

西村が佐倉藩、すなわち旧佐幕藩の出身であったことは、彼の生涯に色濃く影響していたところであるが、「賊説」（明治八年三月十六日演説）は、そのようなことを明らかにしているものである。そして、この「賊説」は、また、秩序に関する理解の転換を示しているものでもあった。明六社同人には、このような考え方は共通に存在していた。

西周の「愛敵論」

たとえば、西周は、「愛敵論」（『明六雑誌』第十六号、明治七年九月）で、次のように、敵対関係という異質性の根底にある共通性を指摘している。敵対者といっても同じ人間であり、また自分と肩を並べようとする者であり、あるいは、自分と目標や役割を同じくしているところの競合者であるという。それは「不倶戴天」とされた従来の「敵」の観念の転換をはかろうとしたものと理解される。

福沢諭吉の「多事争論」

中村正直の「新見異説」

これと同様な傾向は、福沢諭吉にも見出される。福沢は「多事争論」こそが、自由の気風を成長させ、文明の発達を可能にするうえで、不可欠の前提と考えるのであるが、その見解は、『文明論之概略』に示されているように、福沢の文明観の基本を形づくるものでさえあった。中村正直の場合にも、かれの「自助論第九編自序」に記されているように、「新見異説」や「衆異」の尊重が人間の進歩にとって必要であると考えていた。

阪谷素の「尊異論」

このような対立についての前向きの捉え方は、さらに阪谷素の「尊異論」（『明六雑誌』第十九号、明治七年十月）や、西村の「賊説」で、いっそう明確な形で説かれている。阪谷の論は、西の「愛敵論」を読み、感ずるところあって論じたというものであり、その論旨は、相異なるものの間に対立・競争があって、はじめて進歩も可能であるとして、「異ノ功用最モ大」なることを指摘したものである。

この阪谷は、御儒者古賀侗庵の教をうけた正統派の漢学者でありながら、よく欧米についての知識を翻訳書を通して身につけ、積極的に欧米文化の摂取を主張した人物である。その根底にあるのは、東西の道理の根源は一つという信念であった。彼は、「和而不流説」（『朗廬全集』二九六丁）においても同様の趣旨を記しているが、それは、「仲尼曰、和而不レ流、和者、相資之謂也、不レ流者、不二混同一之謂也」というように、儒学にもとづく考え方である。

西村による「敵」と「賊」との区別

西村のは、政治的対抗者である「敵」と、道徳的背反者である「賊」とは、区別すべきであるとし、朝敵に対して、これを「賊」とよぶことの誤りを指摘したものである。ここには、対立そのものを道徳的に罪悪視する見解に対して、むしろ現実の利害対立について、寛容な相対主義的な物の見方が示されているとされるが、西村の「賊説」の場合、福沢や西のいわんとするところと、おのずから異なるものがあったといってよいであろう。

中国の古典に示された「賊」の意

西村は、まず「賊」の字の意義を、中国の辞書・古典から探り、それは大体において、盗、威力をもって人をおびやかし迫る「劫」、人を殺す、傷害などであるとする。ところが後世の中国人は、天子に敵対する者を指して「賊」といい、あるいは、自分が名分の正を得ていると思うときは、自分に敵する者をさして、「賊」というようになった。

『日本書紀』に記されている「アタ」

わが日本では、古く、『日本書紀』に、「虜賊」などの字を「アタ」とよませている。「アタ」は「アタル」の意味で、すべて自分に敵する者を指す語である。元来、虜賊などの字は、中国人が、自分を尊び人をにくむもので、慢語すなわち、たかぶりあなどる言葉である。大体、中国の文字中には、日本の「アタ」に適合する語はない。だから、『日本書紀』に、虜賊などの字を仮に使用しているけれども、本来は、虜賊という語の意味は、「アタ」の語とは異なるものである。『平家物語』『太平記』などには、天子に敵対する者を「朝敵」といっている。これはまだ不熟の字面ではあるが、名実相称の語といってよいであろう。それが、後になって、すべて天子に敵対する者を指して、賊というようになった。『大日本史』や『日本外史』にいたっては、原書に「賊」と記してないものを、改めて「賊」としている。これは中国人の陋習を継承してそれを自覚しないものである。

天子に敵対する者を指して「賊」というのは独裁国の風習

上記のように、本来、「賊」とは、「人ノ物ヲ盗ミ或ハ人ヲ殺シ或ハ人ヲ劫ス者ヲ云フ語」であって、天子に敵対する者を指していう語ではない。それを、天子に敵対する者を指してすべて「賊」というのは、「人君独裁国ノ風習」で、「人主ヲ過尊スルヨリ起ル所ノ陋語」である。

このようにして、日本人が多く朝敵を称して「賊」となし、これを以て「名義ヲ正ス」ものとなしているが、西村は、かえって、これを以て「名義ヲ失フモノ」と思っている。しかし、そうかといって、天子に敵対する者は、みな「賊」でないということはできない。天子に敵対する者の中にも「賊」と称すべき者があり、また「賊」と称すべからざる者がある。「或ハ天子ト威権ヲ争ハント欲シ、或ハ人君ノ暴政ヲ遏（とど）メント欲シ、或ハ人君ノ艱苦ヲ救ハント欲シ、或ハ意見ノ異ナルヨリ政府ニ抗セント欲スルノ類」は、すべてこれを「賊」ということはできない。「唯人ノ財貨ヲ盗ミ無罪ノ人ヲ殺シ民ノ患ヲ為ス者」は、これを「賊」というべきである。「故ニ天子ニ敵スル者ニモ賊ト称スベキ者」があり、「天子ヲ助クル者ニモ亦賊ト称スベキ者」がある。

英・米両国では、敵対するものを「賊」と呼ばない

昔亜米利加人ノ英国ニ叛ケル、近年合衆国南部ノ其北部ニ叛ケル、或ハ其君ニ敵シ、或ハ其政府ニ敵セル者ナリ、邦人ヲシテ其事ヲ記セシメハ必叛人ヲ称シテ賊ト云フベシ。然ルニ英国ノ史ニ亜米利加ノ叛民ヲ称シテ「アメリカン（亜米利加人）」ト云

ヒ、米国ノ史ニ南部ノ叛国ヲ称シテ「コンフェデレート」ト云フ（「コンフェデレート」ハ盟約ノ義ナリ。南方ノ諸州連合シテ政府ニ叛キ、自ラ「コンフェデレート・ステーツ」ト称セシニ由リ、直チニ其称ヲ用ヒシナリ）。啻其心ヲ居クコト公平ナルノミニ非ズ、亦記事ノ実ヲ得タル者ト云フベシ。

賊・夷狄の称

これに反して、「朝敵ヲ称シテ賊ト云フハ、外国ヲ称シテ夷狄ト云フト同ジク、共ニ知識狭隘ノ致ス所」である。政府の指導者たちは、十年以前までは、外国をさして、「英夷」「墨夷」などとよんでいたが、維新後の今日では、がらりとひっくり返って、「欧米の文明国」、または「西洋開化ノ諸国」とよぶようになった。それだのに、国内のことについては、依然として近刊の書物のなかに、朝敵をさして「賊」という者があるのは何故か。それは、外国を「夷狄」とよぶと、国際上の紛争を惹起し国の禍害を生ずる心配があるからである。

外国ニ夷狄ノ字ヲ廃セシハ、人智ノ開クルニ由ルト雖モ、一ハ他国ノ交際ニ由ル者ナルベシ、朝敵ノ如キハ古人ハ已ニ枯骨トナリ、今人ハ尽ク降伏謝罪セシ者ナレバ、賊ト云ヒ盗ト云フモ唯命ノマヽナリ、然レドモ虚心平気以テ其事情ヲ察シ旧来ノ陋見ヲ脱シ万国ノ公正ノ道理ニ依拠シテ之ヲ考フルトキハ、賊ノ字ヲ以テ朝敵ニ加フルハ実ニ不適当ノコトナルベシ、若シ史筆ヲ執ル者、意ヲ此ニ注ギ、朝敵ニ賊ノ字ヲ加フルコトナクンバ、是ヲ以テ邦人智識ノ一進歩ト称シテ可ナルベシ。

と結んでいる。

西村の明治政府に対する不信感

西村の明治政府に対する不信感は根強かった。『泊翁巵言』の第一冊には、維新から明治十五年（一八八二）までの彼の文章がまとめられているが、そのなかには、この種のものが、よく含まれている。

功臣と忠臣の相異

たとえば、その「卅九　功臣忠臣」において次のように記している。維新において功労を立てた薩長の人びとは、いわゆる「功臣」である。その人たちは、たいてい功名富貴を志しており、その智勇は、もとより人に過ぎるものがあるが、しかし、「心中道義の念を蓄ふる者は甚少し」。ところが、

徳川幕府の滅亡を救はんとしたる会津桑名長岡の諸藩士又は幕臣の諸隊の如きは、今日は賊名を免かれずと雖ども、其実は支那歴代の亡国の忠臣と其心術を斉うする者なり。且此諸士の如きは、偏に薩長が徳川氏を亡ぼさんとするを悪みて之に敵したる者にして、朝廷に対しては初より敵意ある者に非ざるなり、故に余は世人の論に管せず維新の際の薩長等の藩士を以て功臣と称し、会桑長岡等の諸士を以て忠臣

と称せんと欲すなり。

このようにいっている。

尊攘家と功名家の相異

同じく「四十一　尊攘家功名家」においては、「維新の事業は尊王攘夷に依りて成る」といい、功名家が愚民を煽動して幕府を亡したとする。

当時外人初めて我国に入り来り、其容貌言語挙動の異なるより、世人多く之を厭悪す、且外国と通商するより物価の騰貴前日に数倍す、功名家之を時として愚民を煽動し、以て幕府を亡すに至れり、此時真正に尊王攘夷を行はんとせしは、愚直の人民にして、功名家は之を仮りて己が志を成したりしなり、真正の尊攘家は或は刑に死し、或は戦に死し、其功を収める者は功名家なり。

尊攘の功名家とナポレオンIIIとの相似性

功名家は攘夷の実現できないことを知りながら、攘夷を唱えることによって人心を激動して維新を実現した。そして、その事が成功すると、忽ちに前言に反して外国と和親すること幕府の時代よりも甚しかった。こういって功名家を批判し、これをフランスのナポレオンIIIの行為になぞらえている。すなわちナポレオンIIIが共和主義を以て人心を収め、ひとたび大統領になるや、本性を現わして、みずから帝位に登ったことと、尊攘の功名家の行動とは「其事甚相似たり」としている。

さらに、幾たびも薩長政府を批判している。「十七　勝方負方」においていう。「菅茶山翁筆のすさびに曰く、白石の説に、史類を読むには勝方負方といふを看破せざれば、実事を思ひ取り難しといへり」。「近年幕府破滅王政復古はもとより非常の偉業なれども、世に伝ふる所にては、幕府にて何か甚しき悪逆にても為したる様に書き成せり」。しかし、「決して此時の幕府の暴逆なるに非ず、唯将軍家闇弱にして紀綱弛壊せしを以て、内国の動乱を致したるなり、然るに之れを邪悪の様に言ひなせるは負方なればなり」と。そうして、ここでもヨーロッパの例を引照していう。

波蘭が魯西亜、墺地利、普魯西の三国に奪領せられし以来、其国の志士の義兵を挙げし者幾人なることを知らず、其忠肝義胆、哀れにも又感歎すべきことなり、然るに魯西亜徳逸の歴史には是等の人を謀叛人の如く之を書せり、是又勝方負方の義なり。

悪事も成就すれば善とされるのを批判

「廿一　事の成敗」も、これと同様の趣旨である。「凡そ事に善悪なし、成就すれば悪事も善となり、成就せざれば善事も悪となると、此言誰人の語なることを知らず（中略）道理を害することなしと雖も亦豪傑の語なり」「余謂へらく、成就するときは、悪事も善事となるには非ず、人皆其悪事を忘るゝなり」「明治十年西郷隆盛の叛するや、其兵士謡って曰く、勝てば官軍負ければ賊よと、亦比理に通ぜる者と云ふべし」と。

「四十六　史筆の大切」においても、「余徳川の末に生れ、王政の盛時に遇ひ、此事を見たること少なからず、是を以て考ふるに古代の歴史も亦此の如き者少なからざるべし、卓識の士に非ざれば、其真偽曲直を判断して誤まらざること能はず、難いかな」と記している。

維新の改革について批判

『泊翁巵言』第一冊の末尾に近い「六十二　維新以来の改革」においては、「維新の改革は、利少くして害多しと断言することを得べし、世人が慢に文明に進みたりとか長足の進歩を為せりとか言ひて称賛するは諂諛の語のみ」といって、明治十五年ころの時点では、維新の改革の成果を否定している。

このようなことは、文部省の役人としての学事巡視のさいの記録には、もっと現実に即して描写されている。

「東奥紀行」

明治十一年（一八七八）の学事巡視のさいの紀行文である「東奥紀行」には、旧会津藩について記しているが、そこには、明治十一年という時点においてもなお真事を語ることの困難さが示されている。「斗南藩は旧会津藩にして、此藩は王政維新の時賊名を蒙りしといへども、其正邪曲直は後年必是を述ぶる人あるべし、今日はまた是を論ずるの時にあらず」と。

『記憶録』廿三においては、もっとはっきりと、「今日は未だ自由に是を論ずることを得ざるなり」と記している。

旧斗南藩士の生活

斗南藩は下北半島の火山灰地で、冬は、氷点下二十度にもなる寒地であり、三万石と称されていたが、未墾の荒野で、実収は七千石くらいしかなかったという。維新前、会津藩は、所領三十万石であったが、種々の収人を含めると、約六十八万石に相当したという。それが、維新で一挙に七千石に転落したもので、その藩士の生活が、いかに悲惨であったかは、石光真人編『ある明治人の記録』(中公新書)に詳しく記されている。上記の『記憶録』には、青森・岩手両県下の農民の生活は、大体において、みじめであり、その衣服は「襤褸(ボロ)」であったと記されている。

其襤褸は東京大阪より来れる廃残の汚布を綴合して、衣服となしたる物にして、袖は半袖にて、僅に肱を掩ひ、長ケは髁(註—ひざの骨)上に過ぎず、或は僅に膝を過ぐるものあり。其製は男女共に同様にて、綿を入るることなく、布片を幾枚も重ねて、是を刺したる物なり。(中略)

蓋し岩手青森の二県は、気候寒冷にして、棉花を産せず。且土民貧乏なるを以て、此の如しといふ。

食料も雑穀が主で、冬にはドングリの粉末を食べる地域もあった。

旧津軽藩は、徳川期には周辺に比較して生活が楽であったのに、明治になってからは、治水工事の費用は支給されず、幕府時代の共有林は官有にされて利用できず、維新前よりかえって生活が苦しくなったという。盛岡の旧南部藩も、二十万石であったが、維新のときに官軍に抵抗した罪によって、磐城白石に移され、ついで廃藩となって、盛岡の士族の生活は、はなはだ困難をきわめていると指摘している。

「山口広島二県下学事巡視」

それに反して、明治十五年の「山口広島二県下学事巡視」(『記憶録』廿六)には、政府要人の故郷である旧長州の繁栄と、その県民の生活が他県に比較して良好であることが指摘されている。

今日朝廷の要路に立つものは、皆薩長二藩の士に非ざるはなし。旧藩士の朝廷の官職に在る者三千人に余れりといふ。(中略)

此の如く、人材皆朝廷に集まれるを以て、其旧藩地は却て人材寥々の観あり。

また、その県民が他県に比較して優遇されているとして次のように記している。

往年地租改正ありし時、此地の県令中野梧一、時の貴顕に媚び、地価を定むること他県に比すれば甚低し。故に人民は他県に比すれば、僥倖を得たり。其後の県令も政府の顕要を畏るるより、民政は常に寛大を主とす。加わるに土地の肥沃なるを以て、人民の活計は貧困なる者少なし。

まことによく、維新における勝者と敗者の差が描かれている。

以上のようにして、西村の「賊説」には、他の明六社員とは異なった感情が、こめられていることが分る。

イギリスの自由貿易論の背景を分析

また、西村が文明開化期にあって、保護貿易を主張したことを、「自由貿易論」(明治八年二月一日)によって考えてみたい。イギリスの自由貿易論の根拠を歴史事実に照して分析し、日本の現状においては保護貿易を行うのが妥当であるという結論を導き出してくる論じ方は、まことに適切である。

まず「国ヲ富スニ貨幣ノ濫出ヲ防グハ至近ノ理ニシテ、白面ノ書生モ能ク之ヲ言フ」と断定したのちに、イギリスの自由貿易論の背景について分析してゆく。

「世ノ自由交易ヲ主張スル者ハ大抵皆英国ノ自由交易ヲ行ヒテ其国ノ富盛ナルヲ見テ我国ニモ亦之ヲ行フベシト思ヘルナラン」。しかしながら、「英国ト我邦ト交易上ノ事ヲ比較スルニ一モ相似タル者ナシ」。まず、イギリスは、みずから進んで交易を開いたものであり、わが国は米人にせまられて仕方なく開国したものである。イギリスの民は、「心計」に長じ「工作」に巧である。わが国民はこれと反対である。イギリスは土地を開発しつくして最大限にこれを利用しており、また人民は勤勉で、その力を十分に発揮して余すところがない。わが国はこれと反対で、まだ荒れ地があり開発し尽していない。人民には怠け者がいて人民の力が十分に発揮されていない。イギリスが自由交易を開いたときは、イギリスだけが「工作商術」に長じており、したがってイギリスの商品は優秀で廉価である。これに比較して他国の民は拙劣である。わが国が自由交易を開いたときは、外国から強制されたもので、他国の民が「工作商術」に長じているのに、わが国だけが拙劣であった。このように比較して考察すれば、現時点で、わが国が自由貿易を行うべきでないことは明らかである。

イギリスもかつては保護貿易

イギリスの歴史を見れば、その始は「メルカンテル・システム」という法があって、輸入品に重税を課し、輸出品に恩典を与えて、イギリスの工作を奨励し貨幣の流出を防いだものである。それが一七〇〇年の末に、アダム・スミスなる学者が出て、はじめて自由交易の利を説いて、ついにイギリスの交易法を変更するにいたったのである。しかし、私、西村からみれば、イギリスが富を得ることができたのは、そのはじめ「メルカンテル」の法があって貨幣の流出を防ぎイギリスの工業を奨励したからである。もし、アダム・スミスがそれよりも三–四百年以前の「メルカンテル・システム」の時代に生れていたならば、きっと自由貿易を主張することはなかったであろうと、私、西村は思うのである。現在アメリカ人は、断然として保護税法を行っており、その理由を、自由の「工作」を奨励するがためであるといっている。現今、わが国とアメリカとを比較すると、国際貿易上の境遇が、よく似ている。異なっている点といえば、アメリカはみずから国を開き、日本は強要されて開国したという一点だけである。したがって、わが国は、そのよく似ているアメリカに学ぶべきであるといっている。

アメリカは保護税法

右は理論上のことであるが、現実には、わが国の貿易は、金貨流出、土着産業の滅亡という点において、大いなる危機に瀕している。外国貿易を始めてから、すでに十余年を経過し、「自由交易」の害は、したしく経験している。そこで次のように願望するのである。

今貿易法改正ノ期ニ当レバ、米国ノ法ニ倣ヒテ保護税ヲ定メ、一ハ以テ貨幣ノ濫出ヲ防ギ、一ハ以テ工業ノ進歩ヲ促サンコトヲ。

現時点では保護税を定めよ

ただし、のちになって、わが国の産業が盛んになったならば、また、自由交易を善しとする時が来るであろうとして、徹底的な保護貿易でないことを示している。

このようにみてくると、西村は、明治初期という状況のなかで、保護貿易を唱えているのであって、状況が変れば、また変ってゆく可能性があるもので、硬直した議論でないことが知られる。

西欧の経済学説の紹介

当時わが国に紹介された経済学説は、はじめ、主として十六世紀に起った重商主義か、もしくはこれに反対した非重商主義であったが、その後、しだいに抬頭してきた重農主義に転じた。それが、さらに、イギリスのアダム・スミスらの学説に移ってゆき、さかんに自然法の存在を認め、自由放任の政策を執ることを主張するにいたった。これまでに、ヨーロッパの学説の変遷にともなって、わが国でも徐々に学説の移動を見たのであり、主としてスミスやJ・S・ミルなどの経済説を輸入するようになったのである。したがって、明六社同人の間にあっても、神田孝平の訳述したウィリアム・イリスの経済書や、福沢諭吉が講義をしたウェーランドの経済書は、皆これらの学派の流れを汲んだものであった。

明治二年（一八六九）における加藤弘之の経済論は、極端な産業の自由放任論で、もっぱら自由主義経済説を主張した。同八年一月には、津田真道が、さらに貿易権衡論を唱えて

『明六雑誌』に発表している。それは、当時における輸入超過は、波動のようなもので、結局は平均を得るものであるから、とくに心配するには当らないというものであった。

これも、アダム・スミスの貿易平均主義にもとづく説であった。

このようにして、当時においては、いずれも欧米学界の風潮を追って、ただその学説や主義を紹介したものにすぎなかった。そのようなときに、世界の歴史上の事実に照らして、保護貿易の必要を主張したことは、貴重である。

当時において、欧米の学界にあっても、スミス派に対して反対の意見を持っていた学者も少なくなかった。スミス派が、実質的にのみ社会を観察して道徳を度外視し、個人の私利のみを重んじて公益を軽んじ、しかもイギリスのような先進国においてのみ実行可能な経済政策を、世界どこの国にも適用しようとすることは無謀であるという論者は、その反対論の一つである。さらに、当時、南ドイツ方面に興った産業が、国家の保護をうけなければ、到底発達できない状態にあるのを見て、保護貿易を主張した一派があった。この学派の代表は、フリードリヒ・リストで、彼は、ドイツにおける重要産業を助長するため、当時、一種の保護論を唱えていた。しかも、その論拠は国家主義にもとづいていたので、スミス派の世界主義、自由貿易主義に反対し、それぞれの国は、自国の発達の程度に相応して、独自の政策を執るべきであると主張したのである。『泊翁西村茂樹伝』（上巻四〇九頁）は、西村の当時の所論について、次のように評価している。

保護貿易説についての評価

思ふに先生当時の所論が、一面復古派に類する所あり。他面リストの保護貿易説に酷似する所あるは、要するに仏国及南独逸地方の状態と、我国の状態とが、当時頗る其事情を同じうせし為ならん。而も当時における先生の卓見が、自然是等学説と脗合一致する所ありしは、亦一奇と称すべきなり。

「転換説」

さて、『明六雑誌』の最終の記事として、「転換説」（明治八年十一月）を考えてみたい。これが掲載された四十三号というのは、『明六雑誌』の最終号でもあった。

この「転換説」というのは、民権の主張であるが、西村には別に「民選議院設立の義に付左院に建言す」（明治七年三月）がある。西村は、維新を「人事ノ転換ノ大ナル者」としているが、民権については、「人民ノ至貴至宝ナル立法ノ権ヲ掌握スルノ時ヲ以テ民権ノ転換ト為スベシ」といっている。そして、「目今ハ旧ヲ去テ新ニ就クノ替リ目ニテ、人民ノ自主ヲ得ルト得ザルトノ転換」とみている。「去ル丁卯ノ年（註―慶応三年）ハ政権ノ転換ナリ、是ヨリ遠カラザル中ニ民権ノ転換アルベシト思ヘリ」といい、将来に期待している。

尊王攘夷と文明開化

彼は、維新の大転換に、尊王攘夷（第一の原質）と文明開化（第二の原質）という二つの原質を考えている。この両者は、「其相異ナルコト黒白氷炭ノ相容レザルガ如シ」。前者は、他国を嫌悪し、後者は、尊大の風を去って交際の礼を厚くするものである。「然ルニ此二種ノ原質一政府一人民ノ上ニ同時ニ集合シ来ルト云フハ実ニ不可思議ノ事ト云フベシ」。両者が合併して現在に至ったことは、実にこの国の大幸というべきである。

立法の権を得るには学識と気力が必要

立法の権を得るには、「学識」と「気力」の二つを具備しなければならない。この二つが無いときは、たとい政府から立法の権を「賜ハルコトアルトモ」、その権を持ち堪えることはできないであろう。そこで、西村は、「余切ニ願フ」として次のようにいって、人民を激励する。

人民学識ヲ磨キ気力ヲ養ヒ、威武ニ屈セズ患難ヲ畏レズ、以テ立法ノ権ヲ掌握シ得ルトキハ其他ノ人民ノ不利ハ冰ノ如ク消シ、民力強盛ニシテ国力モ亦従テ強盛ナルベシ。

西村の民権論の特徴

西村の民権論が、一般の民権論と異なるところは、この人民を励まし、啓蒙し、民権を担う実力を人民の身につけさせようとするところにある。右記の「民選議院設立の義に付左院に建言す」においても、単に、副島・板垣らの建白に同意を表しているのではなく、民選議院施設の方法を具体的に検討してから施行すればよいではないかと、政府に対しても配慮を示している。すなわち次のようにいう。

願はくは諸氏に命じて、其施設の方法を上言せしめ、其言果して善ならば、速かに之を行ひ、若し不善ならば、反復熟議して善に至らしめ、然る後之を施行し給はゞ、国の幸福、民の利益、是より大なるはなかるべし。茂樹固より副島数氏と一面の識なし、数氏の為に游説するの嫌なかるべし。唯、国の為め、民の為め、黙して止むこと能はず、因て越俎の罪を犯して瞽言を上陳す。希くは裁する所あらんことを。

彼は、客観的な立場に立って、「国の為め、民の為め」に建白を行なったのであり、そこが人民の立場からの民権論者と異なるところである。

さらに、つけ加えておきたいことは、この段階での民権論を、士族民権と考えていた点である。西村は、『泊翁卮言』第一冊の「六十三　廃禄」で次のようにいっている。

廃藩は可なり、士族の禄を奮ひたるは不可なり、奪ひたるを非なりとするにあらず、急劇に奪ひたるを非とするなり、凡そ此の如き大変革は其功を急ぐべからず。

士族は、数百年来、護国をもって其の職とし、しかも家禄をもって、その生計を立ててきたのに、突然その職も生計も奪われてしまった。薩摩・長州・肥前などの乱は、その源は、みな、士族失禄の不平から出たものである。士族は、その智識は、三民の上に在るのに、その財産は三民の下にあり、なかには、飢渇に迫る者もある有様である。しかし、すでに、その結合と武器とを失なったので、兵力をもって政府に抵抗することができない。ここにおいて西洋渡来の民権の説を以て政府に抵抗し、ついに国会開設の強願となり、自由党改進党の結合となった。そして、政府のために永久の仇敵となった。後来の民党には平民も多く混じっているけれども、「其初めは不平士族が首唱して平民を煽動したる者なり、然らば現今の民権家なる者は政府自ら之を作りたる者なり」としている。

## 四　文部省出仕

編書課長に任ぜらる

明治六年（一八七三）十一月二十五日、明六社結成と同じころ西村は、文部省出仕となり、編書課長に任ぜられた。これは森有礼の推挙によったものと思われている。廃藩置県後、新しく発布された「学制」の施行にともない、中小学校用の各種教科書を必要とする時代であった。そこで文部省は、これら編纂事業を急ぎ、西村を編書課長として、その局に当らせたのである。当時のことを西村は、明治二十四年（一八九一）の『言海』刊行の祝宴の席上で回顧している。その要旨は、次のようなことである。㈠教科書の文法と言葉、換言すれば、文章と仮名遣との一定。㈡学術上の言葉と外国の地名、人名の一定。㈢日本歴史、即ち従来一種の年代記、軍記のようなものであったのを書き改めること。㈣字引、即ち辞書の作成、従前の節用風の粗略の物を完備すること。㈤学術語類即ちエンサイクロペディアのようなものを完成すること。㈥大学における教授をも日本語でできるよう、適当の書を作成すること（当時は大学では、講義は外国人により外国語で行うか、または、日本人教授の場合でも、外国で刊行された書物を使用していた）。

右のような編纂事業が課題とされていた。㈠、㈡の案である文字言語の一定、および外国の地名・人名の一定のようなことは、議論百出して、ついに決定しなかったが、㈢の歴史は一部の編成を見た。㈤のエンサイクロペディアは、『古事類苑』と名づけ、現にこれが編成を急ぎつつある。そして、㈥の大学に必要とする著書は編纂できなかった。ただ㈣の字引、すなわち『国語辞典』は幸にして成就した。これが、大槻博士の『言海』として実を結んだのである。

このようにして、西村が文部省に在任した十年余の間の功績は、この書籍の編纂と、あとで記す全国学事視察とに集約されるといってよい。

西村が編書課長となったとき、課員が分担したところは、伊藤圭介『日本産物誌』、阪田莠『資治通鑑』（訓点を付加）、田中義廉『小学読本』、榊原芳野、稲垣千頴による別種の読本の編纂。小野寺丹下『魯語辞書』、浅岡一『和仏字書』、桑田親五『合衆国小史』、大槻修二・久保吉人・小沢圭二郎『本邦辞書』、山本信実『算術書』、木村正辞・黒川真頼『本邦歴史』、川田剛（官吏ではないが編輯担当）『歴史』（『大日本史』の後を継ぐもの）、内田五観『暦』、南部義籌『僻字文典』。

また、編書課のほかに、反訳課があって、河津祐之がその課長となって、洋学者を課員として、教育用の西洋の書物を翻訳していた。

ところが、このころは、洋書を読む者は、和漢の書に通じない者が多く、そのために、翻訳ができるたびに、かならず、漢文に通じている者を使って、その翻訳文を修正させたものである。これを「校正」といって、編書課の仕事であった。それから、前文部卿のときから継続していたものに『百科全書』の編纂があり、これはイギリス人チャムバーの原書を訳するものであるが、これは、広く世間の洋学者に依頼した。このときは、西村も、その第一巻として「天文学」の訳述を担当している。これもまた、脱稿すると、編書課で校正して出版する。この校正者は、皆、編書課員で、那珂通高・大井潤一・清水世信・宮崎愚・内村耿之介・小林病翁・長川新吾らがそれである。また画家も本課に属していたが、狩野良信・北爪有卿がおり、板下書には、松井甲太郎がいた。

加藤弘之『国法汎論』、内田正雄『輿地誌略』も、本課で校正して出版する。こうして、編書課は、編集の外、彫刻、製本の分課をおいて、吏員にこれらの事を掌らせたのである。その多忙なることは、出版社とほとんど同様であった。このような状況は、明治十年一月の官制の大改革まで継続していった。

この文部省編書課長のころ、すでに記したように明六社員として活動したが、また、私的に、書物の翻訳に従事しているのである。

『農工卅種家中経済』

そのうちの一つに、明治六年十一月刊、『農工卅種家中経済』がある。この書は、アメリカのペンシルバニア大学院博士顕利哈都何侖（ヘンリハルツホールン）が著わしたもので、『セ・ハウスホルド・サイクロペディア』と題する類書の一篇を訳出したものである。この書は、耕農要術、種樹法をはじめとして多方面にわたり、農工者に必要なる理論方法を科学的に説明し、一切を網羅編録したもので、その一部に、「家中経済」が含まれている。この書の発行は、一八七一年、すなわち明治四年にあたっている。比較的新しい刊行である。この書の内容は、今日から見れば幼稚なものであるが、西村の意図したところは、文明開化を慕う人民に通読させて、その日常生活を改善させようとしたものである。この書に記した西村の「例言」を見るとき、文明開化を将来するには富国という基本が必要であろうという彼の本意は明らかである。この点については、あとで「富国強兵説」において、さらに論じている。

一、欧米諸国の、民富み財饒なるは、人の知る所なり、其由て来る処を尋ぬれば、政府、寛公平の政を以て民の財産を保護し、民、倹勤敏の徳を以て自主の生業を営むに在り、亜細亜の諸国は大抵是に反す。故に其国多く貧困なり。

一、人民の開化と云ふは、道理を知り職業を務め言行を慎み風俗を正しくするに在り。(中略)此四ケ条能く出来るときは、頭は半髪にても宜し、衣服は長袖にても宜し、食物は麦飯にても宜し、履物は草鞋にても宜し。

一、国中上下開化の説を唱ふるより、人心軽薄と為り奢侈となり、貪欲となり放蕩となり、狡猾と為る。是を開化の邪路と云ふ。我国にては上、官員より下、平民に至るまで、此邪路に陥る者多し。此邪路に至る者は、決して開化の正路に入ること能はず、又決して国の富強を助成すること能はず、故に或は名けて開化の賊と云ふ。

ついで、明治七年六月『経済要旨』を翻訳。八年二月『教育史』を訳了している。

『経済要旨』

『経済要旨』は、上下二巻より成り、物価・工価・貧富・財本・租税（以上上巻）、借貸・分業・三大人（以上下巻）の諸目を掲げている。それは、初学者に、いわゆる経済の要旨を知らせようとしたものである。本書は、文部省蔵版となっており、十年七月には、この上下二巻を合本して印刷された。

『教育史』

『教育史』は、上下二巻より成る世界の教育史である。同書の「例言」には、次のように記してある。

一、原書は亜米利加合衆国の博士「ヒロビブリアス」の著す所にして、其名を「ヒストリ、エンド、プログレス、オフ、エヂュケーション」と云ふ、教育進歩の史と云へる義なり。其発行は彼一千八百六十九年即ち我明治三年庚午に在り。

この書は、明治八年のが初版で、十六年十一月、上下二冊を合本して印刷刊行した。当時、海外諸国にあっても、まだ完全なる英語の教育史はなかったときであるから、西村の訳述は、明治初期のわが国においては、貴重なものであったといえる。

『輿地誌略』

これについで、九年十月、西村は、この年に早世した友人の内田正雄が、かねて編纂発行した『輿地誌略』の稿を引ついで、その第十巻を校正し、第十一巻および第十二巻を編述して同書を完成した。この書は、福沢諭吉の『西洋事情』、中村正直の『西国立志編』とともに、「明治の三書」とよばれたベスト・セラーの書である。西村の評によれば、「詳略体を得、繁簡宜きに適す。輓近の地書の中に於て、善く地学の要を説けるは、蓋し此書に如く者なかるべし」である。イギリス人の書いた原書を主として何冊かの地理書を参考にして著述したものである。内田が病に仆れたとき、第九冊まで刊行されていたが、「亜米利加総論」から「墨西哥誌」に至るまでは、内田の遺稿があったので、これに拠るところが多かった。「中亜米利加」以下二冊は、全て西村の続成したものである。この部分が、第十一、第十二の両巻である。

「人口論」

やはりこのころの論文に「人口論」がある。洋々社が設立された年の明治八年に、六月と十一月の二回にわたって『洋々社談』に寄稿したものである。この種の問題を明治十年ころにおいて論じたものはなく、世の注目を浴びたものである。「ウエルス」(貨財の義)の増否は、その国の「政治の良否」と、「人民智識の度」による、まず人口の制限を講じ、同時に政府は産業の振興を以て政策とすべしというのがその趣旨である。西洋諸国のように、人民の智識が開け、財産の裕かな国においては、「ウエルス」の増加は人民に任せておけば済むけれども、わが国のような人民の智識が未だ開けず、財産がまだ富んでない国においては、政府が何か奨励しなければ、「ウエルス」を増加することは不可能である。そこで、一時の権宜として、産業上もっぱら保護政策を採り、政府が率先して民間を奨励し、早く国富増進の道を講ずるの外ない。すなわちその方法施設として、専売特許の法を設け、政府が事業の保証人となり、国本を培養し、「ウエルス」のために保護金を民間に与えるなどのことをなすべきである。西洋経済学の法則を以て論ずるときは、この条件のうち、本来、政府の職務でないものがあるけれども、今日の日本では、しばらく政府の力を仮りなければ不可能なことであるとしている。上記の保護貿易の主張と同様な傾向をもつものであった。

「人口論附説」は、同年十一月の論文であるが、一国の富を致す要件は、智慮・勉強・財本であるとして、華族・士族・一般庶民の国民全体に対して、一日も早く新日本国民たるの地位を自覚し、遊民であったり不正の業の為すことなく、「ウエルス」を産出する事業に務めて、国富増進の実績をあげるように希望したものである。華族は、多くの家禄をうけ、当時もっとも地位と富とを併有していたものである。士族は家禄を奉還して開墾・工業・牧畜・運輸・人智を開くの法をおこすべきである。また一般庶民間にも「ウエルス」を造り出すことをしない遊惰の習慣があるのを憂えて、彼らが国富増進のために勤めることを期待したものである。

その見地が、すべて道徳と経済との関係を重視する上に立っていることは、西村の性格をよく示している。

「東西政事主義の異同」

これらと同じころの論文に、「東西政事主義の異同」（明治九年一月七日、『泊翁叢書　第二輯』所収）というのがある。漸進主義のものであるが興味深いものである。

それは、次のような趣旨である。わが国と欧米諸国とは、建国の当初から、国体・民情を異にし、したがって風俗・習慣を異にしている。だから、いかに完備した欧米の文物制度に則しても、その実施上には、当然斟酌考慮し、徐々に改良の歩を進めるべきであるという。

西村は、アメリカの学者ラウレンス・ヒコックの次の言を引用していう。国政の目的は、かならず此の公衆の自由を保全するをもって究極目的とすべきである。もしこれより他のことをなすときは、かえって国政の限界を越るものである。これに対して西村はいう。ヒコックのいうところは、一語も中国の聖賢がいったような「仁政」に言及したものがない、と。

それは何故か。そのようなヒコックの説をもって、わが日本に適用しようとするときは大にその「不可なるを覚ゆ」という。アメリカには適切で日本に用いるのは「不可」というのは何故かという疑問があるだろうが、これこそ、西洋の書を読むときに、もっとも着目すべきところで、「所謂活眼と死眼とは此処にあることなり」という。

アメリカ人は、十分に自主自由の器を備えた者である。その政府も人民の衆議により立てたもので、その国の憲法をはじめとして、あらゆる制度は、みな人民の智をもって定め、学校などみな、人民みずからこれを建てて、政府の世話にならない。故に政府は、人民の望むだけのことを行い、もって人民の自由を保護すれば、仁政によって受けるだけの幸福は、人民が自力でこれを求めることができる故に、別に仁政という必要はないのである。

ところが、わが日本は、これと大いに異なっている。その初め、衆民のうちに傑出する人が禍乱を平定して人君となり、大臣となったものであるから、朝廷は俊傑の集まるところであって、民間は愚人の集まるところである。だから、朝廷の上に在る人と、民間に在る人とは、ほとんど別種族の人のようである。このような人民に向って、自由を保護するのみの政事を行っても、到底、自己に自由を得ることはできないだけでなく、おそらくは安穏にこの世の中を渡りゆくことも不可能であろう。故に、このような人民には、仁政は必要なもので、一日もこれを欠くことはできない。現在、もっぱら西洋風の政治を行うならば、わが国では、実に父母は凍餓し、兄弟妻子は離散するという事態にいたるであろう。アメリカ国民は、たとえば二十歳以上の成人のようなものであるのに対し、わが国の民は、十歳前後の小児のようなものである。そこに仁政が必要となってくる。

そうかといって、わが国民が永遠に十歳前後のようで宜いというわけではない。だんだんに指導して、国民の智を開明し、ついに公衆の自由を保護するのみの政治で、その国を治めることができるようになることを期待するのである。

以上が、「東西政事主義の異同」の趣旨であり、よく西村の漸進主義、そして国民啓蒙の必要性が示されている。

「帳幕の説」

さらに、この時期の西村の保守性を示す論として「帳幕の説」(明治八年十二月演説、『泊翁叢書　第二輯』所収)がある。ここでは、まず政治を論じ、ついで施政の公平を期すべしと警告している。アメリカは国中みな平民であるから、同等の権理を与えるのは、アメリカ政治の公平である。イギリスには、貴族・平民の別がある。故に貴族と平民とは、別々の権理を与えるべきである。これがイギリスの公平である。貴族は貴族だけの功労があり、名望がある。その人には平民より貴い特権を得るだけの価値がある。価値ある者にも、価値のない者にも、同じく一人前として同等の権理を与えようとするとき、これは不公平である。わが国は、現段階では、華士族平民の別があるが、これはイギリスとほぼ同様である。士族の特権を奪って、平民と均しくしようとするのは誤りである。士族は、従来、国事に尽してきたもので、教育があり、忠勇節義の心がけがある。平民には、その心がけのある者は少ない。忠勇節義は、国を守るの無二の精神であるが、それをもっているのは士族である。その士族の数は少なく、二百万である。それを三千三百万という大きな数の国民中に混合させれば、士族がもつ忠勇節義の気は消滅してしまう。だから、別々に、士族は、その忠勇節義を、平民は、その農工商の実業を用いるがよい。それを混合して各自その長所を失わさせるのは不得策であるという。

租税の公平

また租税の公平について言及している。

租税には、政府と人民との間の平均があり、人民相互の平均がある。中国の租税の法は、四公六民を常とするが、これは中国の公平である。欧米の法は、地税を軽んじてその他の税目を多くしている。これ欧米の公平である。結局、政府の費用と国民貧富の度と釣合を得るのが、公平にして平均である。四公六民は未開化の風であるとしてこれを棄て、みだりに西洋の金納の真似をするときは、かえって不平均を生ずることがあるだろう。また、人民相互の平均についても、田地の面積だけで税率を定めるときは不平均になることがある。税の高下によって、その田地の購入価格に差ができるのであって、ある田地の税額が五斗で、別の田地の税額が一石であるから、これは不平均であるとして、各々七斗五升ずつの税をとるときは、購入価格の差を考えると、かえって不平均になると論じている。

「富国強兵説」

この漸進主義・発展段階における対応を論じたものとして、もう一つ「富国強兵説」（十年十二月、『泊翁叢書　第二輯』）をみておきたい。

これは、富国強兵と文明開化とは全く別種のものであり、同じ手段で同じ時代において両立することは不可能であるとなし、日本の現段階では、まず、富強を先にすべきであるという主張である。

そもそも、西洋諸国が文明を致した順序は、強大→富裕→文明という段階をふんでいる。西洋諸国は、今日、強勢かつ文明であるけれども、強勢と文明とが同時に成ったものではない。ただ文明の時になっても、強勢は失うべきものではないから、種々の法術を設けて、その強勢を進めようと謀っている。家屋にたとえれば強勢は、家屋の骨組を堅固壮大にするものであり、文明は、彫刻・彩色・嵌鏤・図画文飾の奇巧を極めることに相当する。フェニキアやユダヤは、強兵を務めずして、もっぱら富裕を図って滅亡した。

富強と文明とは、そのいずれを先にすべきかというと、その模範は、中国では秦の孝公、ヨーロッパではプロシアの「フレデリッキ・ウヰリレム」の政治である。そこで、分りやすくするために、今日の政治上において、富強に属すること、文明に属することという区別を立てて考えてみたい。

富強に属する分は、法律を厳にする、官爵を重くし、質朴強毅の風を養う、浮薄懦弱の習を禁じ、廉恥の風を崇ぶ、愛国の心を厚くし、武勇節義を尊重し、奢侈華麗を禁ずる、ということ。

文明に属する分は、文学を興隆し、工芸を盛んにし、法律を周密にする、理論を高尚にし、器械を精巧にする、交際を広くし、美術を奨励し、衣食家屋を美にする。

西洋諸国の経歴した先蹤をもってすれば、わが国の現段階は、まさに富強を図るべき時代であるが、一般の人気は、すでに文明の方に向っているから、文明に手を出さないわけにはいかない。そこで、今日のところは、まことにやむをえないことではあるが、富強と文明とを、併せ行わなければならない。ただ、そのさい、富強と文明とは、別物であるということを知り、今日の急務は富強にあるということを知る必要がある。割合にすれば、富強八分、文明二分くらいの見込で、さきに掲げた富強に属する八ヵ条は、ことごとくこれを行い、文明に属する八ヵ条は、そのうち、富強に害のないもののみ選用するのがよい。

教育などは、その仕方によって、富強の益ともなり、文明の益ともなり、または富強の害ともなるものであるから、つとめて、その学問の方法を富強の趣意にそうようにすべきである。

「理論の利害」

これが、「富国強兵説」の趣旨である。なお「理論の利害」（十一年四月、同人社談説、『泊翁叢書　第二輯』）は、儒学と欧米学術を比較対照し、両学の優劣を批判し、これを取捨するには、時と処と人の関係などを知らなければならないと論じたものである。そして、わが国の現状に即してという趣旨で、「善く国を治むる者は、常に時勢人情に従ひて法度を立て、法度を立てて時勢人情を従はしむることなし。世の俊才の士は常に迂濶の士を嘲笑すれども、古より国家の乱を起す者を見るに率ね俊才の士を多しとす、嗚呼理論の利害を知るは実に難い哉」と文章を締め括っている。

西村は、中村敬宇と同じく、儒学者にして洋学者であるが、中村よりも、洋学への思い入れは弱かったというか、中村の理想主義に比較して現実重視というか、両者の相異が、ここに示されているように思われる。

# 第三　道徳教育運動の時代（その一）

## 一　「学制」批判、修身学社創設

三等侍講に任命され、洋書を進講

宮内省御用掛を仰付けられる、文部大丞に任ぜられる

すでに記したように、西村は、明治六年冬、文部省に入ってから、編書課長として、中学・小学校用の図書編纂に従事してきたが、八年三月八日、四等出仕に進み、五月八日、三等侍講兼勤仰付けられ、従五位に叙せられた。この侍講に任命されたのは、洋書を進講していた加藤弘之が、元老院議官に転出したので侍講を辞し、それに代って西村が後任を命ぜられたものである。このときの侍講は定員三名で、福羽美静が国典を進講し、元田永孚（一八一六～一八九一）は漢籍を進講していた。翌九年一月十九日、依願三等侍講の兼官を免じ、同日、宮内省御用掛を仰付けられ、二月二十三日、文部大丞に任ぜられた。御用掛になっても、なお侍講同様勤務すべしと命ぜられ、侍講が廃官となる十八年まで、その役割を果している。その後も、毎年一月の御講書始のみは、連続して、二

修身学社創立

学事巡視を行う

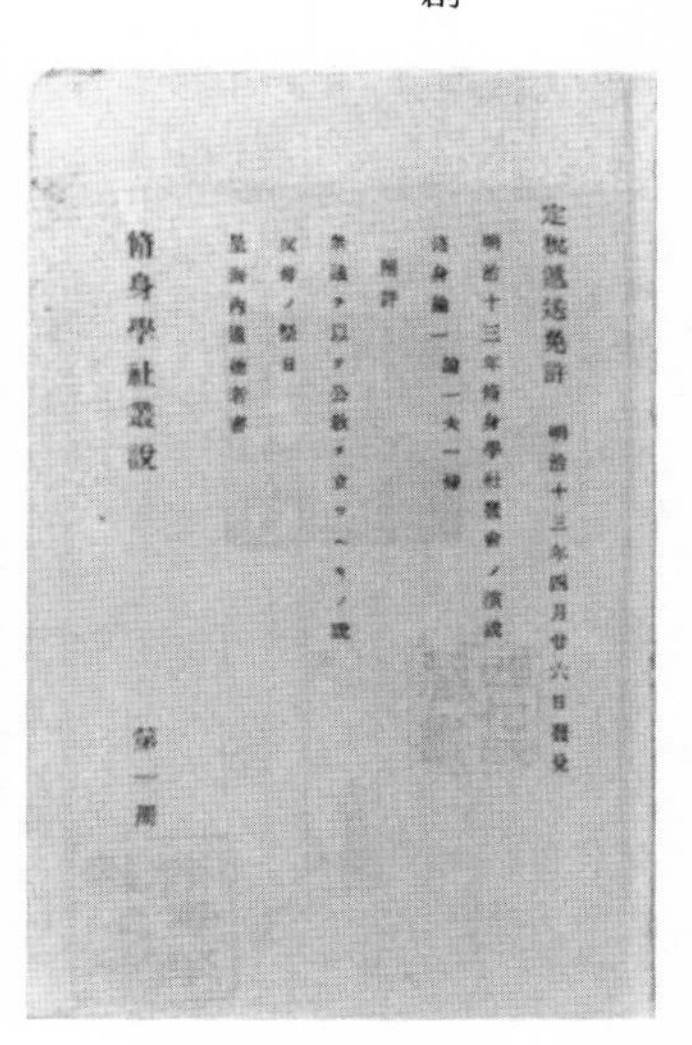

『修身学社叢説』

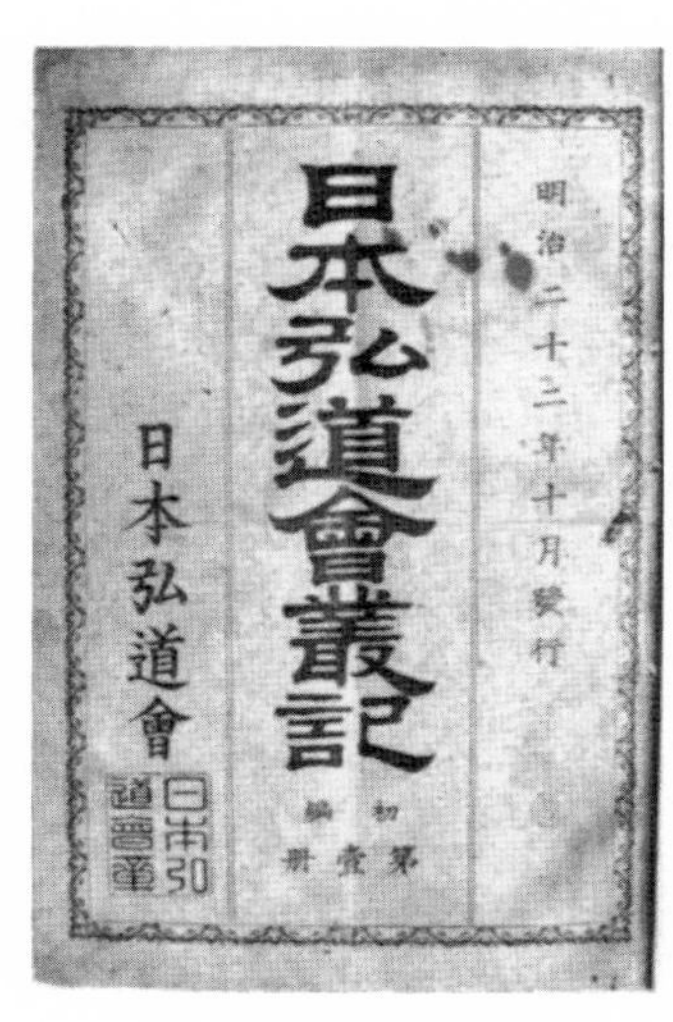

『日本弘道会叢記』

十七年まで年々進講した。

　このほか、九年四月、有志とともに、修身学社を創設した。また、十年十一月、有栖川・伏見・小松・北白川四親王殿下の御依頼により、毎月三日ずつ出席して、洋書を講述した。これによっても、皇室に信頼され、また洋学者として処遇されていたことが知られる。

　この十年一月十二日、文部大書記官に進み、四月、二大学区学事巡視の命をうけ、静岡・愛知・三重・岐阜・石川の五県を巡回した。

　十一年九月、岩手・青森県下学事巡視の命をうけ、十一月になって帰京した。

東京学士会院の会員になる
『古事類苑』の編纂に着手

十三年十二月、病気療養のため、一時、編輯局長から報告局長に転じたが、十四年十一月、再度編輯局長となった。十五年には、徳島・愛媛二県下の学事巡視の命をうけ、五月八日、東京を出発して、七月五日に帰京している。十六年にも、広島・山口二県の学事巡視の命をうけ、十一月七日に出発し、帰京したのは翌十七年一月三十日である。

十二年三月、東京学士会院の会員に推選された。同年五月、文部省の許可を得て、『古事類苑』六百巻の編纂に着手した。

東京学士会院は、文部大輔田中不二麻呂が考案したもので、十一年十二月九日、文部卿西郷従道のとき、はじめて実現した。西周・加藤弘之・神田孝平・津田真道・中村正直・福沢諭吉・箕作秋坪の七氏が最初に選ばれた会員である。このメンバーを見れば、明六社員がそのまま移動したように見える。

このとき同時に、東京学士会院の規則を定め、会員定数を四十名とし、爾後の会員は、本院で選挙することになった。それで、西村は、十二年三月一日、選ばれて会員になったわけである。

以上によっても、西村に対する政府筋からの信頼は大なるものがあったことが知られるのであるが、そういう人物が、学事巡視を行なったとき、「学制」が地方の現実に適応していないことを見出すのである。

西村は、『往事録』のなかで、政府が「学制」を強行したこと、地方の官吏が政府の命令を墨守し、その規則に拘泥し、少しもその活用を知らない、そして、全く機械的に教授を為す者の多いことを、「甚遺憾のこと」としている。人民は愚昧従順であるから、政府の命令を、皆慎んで奉じているが、学費については、苦情が非常に多いことも指摘している。

「学制」の非現実性を指摘

ことに、岩手・青森二県は、人民の智識および生活の度は、二大学区（静岡・愛知・三重・岐阜・石川の五県）に比較すれば、劣等である。

奥羽の地は貧乏

蓋し奥羽の地は、元来民産の豊、上国に及ばざるに、戊辰の戦争に由りて更に国民の貧困を増し、今日猶未だ旧時の姿に復せざるものあり。故に奥羽の民政は、富庶を第一とし、教育は之を第二に置くも可なるが如し。然れども県官は鋭意政府の命令を執行するに由り、民産の貧困なるに比すれば、教育は相応に普及しあり。

このように記している。そして、「学制」にもとづく小学教育における六つの弊害を指摘しているが、その第一に、教育のことを掌るものが、一概に規則に拘泥していること、第二に、一定の教則をもって、都鄙の別なく、これを行おうとしていること。第三に、小学の教則中、実用に適しないものが多いこと、を指摘している。要するに現実に則していないことを指摘しており、ここにも西村の画一的統制を批判する現実重視の現点が示されている。

修身学社創立の由来

この学事巡視よりわずかに先んじて、九年四月、修身学社を創立したことは、すでに記したところであるが、「日本弘道会創立紀事」にその由来が記されている。そこでは、「専ら治産興業のみを主として、一も忠孝仁義の事に及ぶ者なし」。そして、岩倉遣外使節の帰国以来、「本邦固有の精華を棄てゝ百事則を欧米に取らんとするの念を発する者多し」。こうして、「上下の風俗、軽薄、浮華に流れ、智術を尊んで篤行を後にし、法律を以て道徳に代へんとし、廉潔にして貧賤なる者を侮り、貪冒にして富貴なる者を貴ぶの風となれり」。

阪谷朗廬に相談

西村はこれを憂えて、「東西の教を混合融化し、時勢に適する一の新道徳学」を樹立しようとしたのである。しかしながら、世上の有力者および富豪は、多くは品行の修まらない者で、むしろ批判すべき対象であって彼らの助力を頼むことは不可能であった。それで、同志者を糾合するほかなかった。西村が、まず最初に相談したのは、阪谷朗廬であった。朗廬は、明六社に属していたが、生粋の儒学者であった。こうして朗廬は、九年三月十九日、丁野遠影・植松直久の二人を伴い、西村と日本橋区呉服町の相済社において会合し、道徳振興のことを討議したのである。これが、修身学社の第一次の会合である。ついで杉亨二(明六社員)、那珂通高・辻新次・大井鎌吉の四人が入社した。そこで、京橋区銀座二丁目、幸福安全社を集会所にあて、毎月一回、会合して修身の道を講究することと定め、社名を東京修身学社と称し、在京の同志者が率先してその身を修めることを誓った。

東京修身学社規約

翌十年春、社員の数が、ようやく十二人に達したので、ここに初めて規約を作ったのである。

東京修身学社規約

第一条　本社ノ主義ハ、人々先自ラ其身ヲ修メ、兼テ人ニ及ボサントスルニアリ。

第二条　入会ヲ望ム者ハ、其族籍、職業(官吏ナラバ官名)、姓名、年齢、住所ヲ記シ、社員ノ紹介ヲ以テ本社ニ申込ムベシ、其人ノ品行ハ紹介者其責ニ任ズ。

第三条　本社ハ固ヨリ天爵ヲ貴ブヲ以テ、人爵ノ尊卑ハ之ヲ論ゼザルベシ。

第四条　新ニ入社スル者ハ入社金トシテ金三拾銭、又社費ニ供スルガ為ニ毎月金拾銭ヲ出スベシ。

第五条　本社ヲ東京ニ置キ、毎月第三ノ土曜日ヲ以テ会日トス。
但毎年七月八月ハ休会タルベシ。
第六条　地方ニ於テ支社ヲ開クコトハ自由タリト雖モ、本社ノ規則ニ抵觸セザランコトヲ要ス。
第七条　退社セント欲スル者ハ、其事由ヲ略記シテ本社ニ通ズベシ。
第八条　社員中モシ本社ノ体面ヲ汚ス者アルトキハ、先ヅ之ヲ忠告シ、聴カザルトキハ、其社籍ヲ削ルベシ。
（以上）

『修身学社叢説』創刊
「修身学社発会の演説」

その後、会場を、神田区美土代町の共学社の講堂に移した。十一－十二年のころは、西南戦争後で、社務はきわめて振わなかったが、本社の常集会はなお、これを廃止することはなかった。十三年春にいたって、社員の数が増加して、三十二人に及んだので、ここにはじめて機関雑誌を発刊し、『修身学社叢説』と名づけ、これを会員に頒布した。その初号雑誌の巻頭には、西村のおこなった社員激励の演説「修身学社発会の演説」（十三年三月、『泊翁叢書　第二輯』所収）が載せられている。
そこでは、まず西村の従来の主張である文部省批判、すなわち、その開智一偏の方針に対する批判から始まる。

ペスタロッチの言を引用して「才智のみを養ひ長ずることは、却て人の害となること
なり。故に凡百学問の根本は、端正なる心志の田地に挿み、之を修養すべし」という。
また、テグネルの言を引用し、「智識の発達善を極むと雖も、其心術不正なる時は、猶賊
巣の上に聖殿を建つるが如し」としている。

そして、この会を起した趣意を、実生活に即した表現をもって次のようにいっている。

此会を起しゝ趣意は、(中略)唯人の親たる者をして慈親と為し、人の子たる者をして
孝子と為し、人の臣たる者をして忠臣と為し、人の婦たる者をして貞婦と為し、人
の兄弟たる者をして友兄順弟と為し、士たる者をして善士と為し、農工商たる者を
して良農工商と為さしめんとするに在り、是茂樹が畢生の大願にして、想ふに諸君
の大願も又必ず之に同じかるべし、然れども人を善くせんとする者は、先づ自ら善
くせざるべからず、茂樹浅学薄徳其過失素より甚多かるべし、諸君幸に警戒忠告を
吝まず、以て互に切磋琢磨し、積むに歳月の久しきを以てせば、或は志願の一部を
遂ぐることを得んか。

西村は、もともと、明治五年の「学制」には批判的であった。後年、『往事録』におい

て次のように批判しているとおりである。「学制」の主意は、「学問は身を立つるの財本なり」というもので、もっぱら生を治め産を興すことのみを説き、一も仁義忠孝を教える語はなかった。

「学制」の「学問は身を立つるの財本」という趣旨を批判

余当時民間に在りて是を読み、心大に是を疑ふ。蓋し政府にて此の如き教育法を行はんとするは、従前の武士教育が唯道徳のみを教へて、実業に迂潤なるを以て、是を矯正するの意なるべきも、全く仁義忠孝の事を説かざるは、亦一方の極端に走るものにして、恐くは其弊に堪へ難きものあらんと。

当時、政府の官員は、みな、西洋の文明に眩惑し、本邦従前の教育は、固陋で一も採るべきところがないと思っていたのであると、西村は批判する。

「学制」は修身道徳を除外しているのが欠点

そうして、「学制」が、「欧州殊に米国の学制を採りて是を編制したるもの」であるが、その欧米の学校制度の基礎をなすキリスト教を除外していることを指摘している。

彼国の学制には、其修身道徳を教ふる為に必ず耶蘇教を加へありしに、耶蘇教の我邦に不適当なるを以て特に是を除き、其迹に代る者なきを以て、我邦の新学制は大に修身道徳を軽んずるの外観あり。

そのために人心は修身道徳を蔑視する方向にすすんだ。それに維新後の解放感が拍車をかけたというのである。西村は、キリスト教嫌いであったが、キリスト教道徳が欧米において果している役割を非常に重視していた。西村は、キリスト教会が欧米において果している役割を、わが国においては、この修身学社が遂行しようという意図をもっていたのである。

編輯局長に任命される

明治十三年（一八八〇）は、また、この年三月に、文部省内に局課の改革があり、西村は編輯局長に就任した。この局は、編書課と反訳課とをもって構成された。西村は、この局で、小学から大学にいたるまでの教科書の編纂ならびに翻訳、辞書の編纂を担当したほかに、あらたに、徳育の革新に着手した。西村のこのとき以後に現われてくる徳育主義や徳育教化のための多くの実践は、このころから発展してきている。

徳育の革新に着手

この十三年七月に、西村は、修身学社に「修身の教授法を論ず」（『泊翁叢書　第二輯』）という一文を寄せている。この一文は、もと編輯局長としての西村が、『文部省教育雑誌』に発表し、また『文部省第四年報』にのせたものである。この明治十三年のころは、十二年の「教育令」と十四年の「小学教則綱要」との間にあって、もっぱら「学制」にもとづいて教授し、しかも寛大に赴いた過渡時代であったから、各科教授においても、すべて統一連絡が不十分で、ことに、修身および養生法などにあっては、もっぱら教員の口授にとどめ、まだ一定した教科書はなかった。そこで、西村がこれを批判し、当局者の参考に供したわけである。

当時の修身教授

当時の修身教授は、ほとんど形式的に一学科として立てているだけで、従来の徳育は、全然蔑視して顧みない。そうかといって、新しい徳育の基礎も定めていない。ただ漫然、生徒に対して、日常の礼儀・作法を示すに止まっていた。それであるから、この学科は、わずかに、下等生第一年と、第二年とに教授するだけで、それ以上の生徒には、すべて課していなかった。そこで、西村は、この修身科学修の必要を力説したのである。

口授の修身学の場合

こうして、修身の学に、書籍を使用するものと、口授のみを行うものとの利害を次のように比較考究して論じたのである。

其一　口授のみを用ふる者は、修身学の全体を知らしむること能はず
其二　口授のみを用ふる者は、修身学の順序を混乱す
其三　小学教員たる者皆能く修身道徳の理に精通せるや否
其四　口授のみを用ふる者は、修身教育の中に必失の部分を生ず
其五　口授のみを用ふる者は、記憶の力に乏し

この場合にも、西洋の学校においてキリスト教が根底をなしていることに注目してい

る。

修徳は開智の基礎

西国の修身学の基礎にはキリスト教がある

凡そ教育の道は修徳・開智・摂生の三者に在りて、其中に在りて修徳は開智の基礎たることは、東西の諸儒の言に由りて之を知るべきことにて、西国の学校にて耶蘇教法を以て諸学の根基とするも亦此理なり。(中略)修身口授を用ふるは其理由あることにして、西国の教授法にも之を用ふる者多けれども、夫は予め耶蘇教の経典を読誦記憶せしめたる上にて口授を為す者にして、本邦の如く児童の脳中に一物なき者に、唯口授のみを用ひて事を済ます者とは大に異なる所あり。

西洋の哲学に注目

このようにキリスト教の役割に注目しているだけでなく、さらに広く西洋の哲学に注目する。儒学を明治の時代に蘇生させようとするとき、彼は、西洋の学問と比較し、西洋の学問による批判に堪えられるものを残そうとしている。「其三」の場合には、昔の時は、学問は孔孟の道だけであったから簡単であったけれど、「方今は西洋の理学(註—哲学のこと)本邦に入り来り、其理の精密なること支那の学に勝り、加ふるに東西其宜しきを異にするを以て、彼此を用捨し、其中を執りて之を教育に施すことは、卓識の士に非ざれば能はざる所なり」といって、年若い小学の教員にとって、東西の新しい修身道徳の理に精通することの困難さを指摘している。

修身の課は他の学科の根礎

そうして、文末において、「修身の課は他の学科と并び立つ者に非ずして、他の学科の根礎となる者なりと云ふこと忘るべからず」と締め括っている。

この儒学と西洋の哲学とを比較検討する態度の一例として、明治十四年（一八八一）一月の一論文「疑問十条」（『泊翁叢書　第二輯』）があるが、これは、ソクラテスが、その門人を教えるのに、ただ問題を設けて、門人に答えさせた方法にならったものであるが、その内容は、まさしく、儒教道徳や、その当時の弊害を欧米の新智識と比較して、疑問を提出したものである。

新しい修身の教科書『小学修身訓』

西村は、さらに歩をすすめて、みずから修身教科書を編纂している。『小学修身訓』（文部省編輯局刊）の刊行がそれである。「明治十三年十一月」と記されているこの書の「凡例」には、まずはじめに、次のように記してある。

一、修身学の書は宜しく生徒をして熟読暗記せしむべし。其意味深遠にして、幼年生徒の理解すること能はざるの語あるも、常に之を記憶して忘れざる時は、年長ずるに随ひ、漸く其意味を了解することを得、一生之を用ふるも、尽すこと能はざる者あらん。

東京大学に「聖学科」を設置するよう主張

ここには、西洋の教授法の「予め耶蘇教の経典を読誦記憶せしめたる上にて、口授を為す者」と、儒学教授における「素読」との一致がみられる。「素読」とは、「書の意義を解することなく、ただ文字だけを声を立てて読むこと」である。

この『小学修身訓』は、上下二巻になっているが、第一学問、第二生業、第三立志、第四修徳、第五養智、第六処事、第七家倫、第八交際となっているが、この「交際」とは、社会性の意味で、儒学においては、このテーマが欠けているとして、西村がいつも注意を喚起しているところである。そうして、本書は全篇尽く古語を以て組織しているもので、古今東西の格言・名句を収録してあり、教師に、これを講説すること、ならびに、これにともなう善行美事をも、通俗的に生徒に説話するように、要求している。

このように、小学校において修身を教授しようとしただけでなく、東京大学において、日本道徳学建設のために、「聖学科」を設置することを主張した。「大学の中に聖学の一科を設くべき説」（明治十二年四月、『泊翁叢書　第二輯』）、それは、西洋の学問が、有形の学だけでなく、無形の学にいたっても、神学・哲学の二者があって、「神学は上帝の現存を説き、哲学は宇宙の真理を繹ね、其高妙なること決して有形の学に下らずして、殊に哲学は近代に至りて益々其精微（ママ）を極め、世道人心に大なる感動を生ずるは哲学の学士の力を

東京大学では、文学部門が貧弱

聖学科は儒学と哲学とを合わせたもの

最も多しと為す」という見解から由来している。

当時の東京大学は、法・理・医・文の四学科がおかれていたが、すこぶる幼稚の状態であって、ことに文学科が劣っていた。それは、東京大学が、元の大学南校の後身である東京開成学校と、元の大学東校の後身である東京医学校とが合併したものであって、旧幕時代からの大学本校が、これに加わっていないからである。そこで、法学・医学のように洋学を主とした学科が重視されて、文学科は軽んじられていたのである。そのため、哲学は、深奥なる原理を究める学問であるのに、まだ教授されていなかった。そして、欧米の大学における神学は、元来、キリスト教を主とするものであるから、キリスト教解禁後間もない当時としては、これを教授するところまでは、いたっていない。本居・平田の神道説も、浅薄で大学の学科をするには不足である。こうして、まだ確定した倫理教授の学科はなかったのである。そこで、当時、文科の所属であった哲学の地位をすすめて、「聖学」の一科を設置し、他の法・理・医の諸科と同じく研究をすすめようとしたのである。その聖学科の本体となるものは、「支那の儒学と西国の哲学とを合せたるもの」で、キリスト教・仏教・イスラム教をもって、その附属となすものであった。その科目は、修身・性理・政事・理財・交際（すなわち社会学）の五科目で、修身・性理をもって、他の三目の基礎とする。このような内容をもつ聖学をもって、西洋の神学に代え、これを大学の四科の首位におき、法・理・医の三科とを合わせて教授するときは、大学の全体大用は、はじめて完全になるといえようと、こういう趣旨であった。

聖学のもとで政治・経済・社会の諸学も攻究

西村の当時の見解では、この聖学科において、倫理学・哲学の原理・歴史だけでなく、その基礎の下に、政治・経済・社会の諸学をも攻究させようと意図していたようである。こうして、わが国体・風俗を護る必須の科目となそうとしたのであろう。「此聖学の如きは、西国の学術の皮膚を棄て、其精神を採りたる者なれば、妄作の議も亦免るべき所在るに以たり」といっている。

西洋の哲学と中国の儒学とを合一させようとするのは、西村の終生の志すところであった。そこに、同じ儒学者でも、元田永孚のような傾向とは異なっている。

「性善説」において儒学を分析

西洋哲学の方法を用いて儒学を分析しようとする傾向は、同じころの「性善説」(明治十三年四月、『泊翁叢書 第二輯』)にもみられる。

性善説については、孟子・荀子・董仲舒・楊子・韓愈と、それぞれの説があり、ほとんど帰着するところを知らない観がある。西村は、これらの異説雑伝が生じる因由を発見し、まず、「性」というものの定義が定まらないから、いけない、これを一定すべきであると説く。いま、「性」の義を定めるには、まず分析法をもって行うべきである。その分析法は、穀物を小刀で切断する法を用いるのではなく、「化学の術を以て」分解するの法を用うべきであるとする。「性」とばかりでは、漠然としていてこれを理解できない。よって「衆人の熟知せる心」というものとして分析すべしという。こうして、「心」の研究に入ってゆく。

「心」の分析

西国神学の説に拠るに、人心の霊能は広大微妙にして、容易に述べ尽すべからずと雖も、約して之を言へば、大要、智（インテルレクト）情（フヰーリング）意（ウヰル）の三者に帰す（此に記せる智情意の三語は、支那にて通常用ふる智情意の字と差々其義を異にす。蓋し原語に当るべき字なきを以て、姑く此三字を以て、之に塡てし者なり）。

このように、西洋の学説によって分析してゆこうとする。そうして、この智・情・意の三能のほかに、「更に一種の霊能あり、是を良心（コンセンス）といふ」として、「良心」をとりだしてくる。この「良心」は、儒家では、あるいは「道心」「徳性」「本心」「良知」ともいう。この「良心」は、「能く自然に善悪邪正を識別し、又能く他の三能を支配するの力」があるとする。

「良心」の分析

この智・情・意の三能は、その本来の有様では、善もなく悪もない。ところが、その中において、「飲食男女の欲」「財貨権勢の欲」、これは、その力はなはだ強く、ややもすれば不義に陥りやすい。その他の諸能力は、良心の監察を離れるときは、あるいは不善に陥る恐れがないこともないが、この二欲のように強くはない。

故に良心は常に他の三能を監察し、就中二欲を制して、邪道に入らしめざらんことを務むる者なり。（中略）是西国心学の説にして、是を今日吾人の身に取りて考ふるに、此言の誤まらざるを覚ゆるなり。

このように、西洋倫理説の基礎である「心」の研究を示した上で、この良心論にもとづいて、東洋の諸儒家の「性」の異説を批判してゆくのである。そうして、孟子・荀子・楊子・韓子の四賢は、「其指して性とする所、異なるに因りて、其善悪上下とする所、亦異なりたるなり」と判定する。

このように、西村は、西洋の学問の分析法を用いて、儒学を解明し、それを近代学問の批判に耐えられる儒学として、現代に生かしてゆこうとするのであった。

『求諸己斎講義』の訳述

その他、『求諸己斎講義』『殷氏道徳学』を訳述している。前者は、明治七年、そのころ西洋道徳の書を翻訳したものは、文部省にウェイランド氏の一小冊子があるのみ。しかもこの書は、キリスト教をもって基礎とするので、日本人の習学に適しない。それで、キリスト教にもとづかないものとして、アメリカ人ヒコック氏の道徳書を訳し、これに、自分の意見をつけて、「求諸己斎講義」と名づけ、これを印刷し、実費をもって社員に頒布したという。後者の『殷氏道徳学』は、明治十五年（一八八二）の発行である。

また、十年三月十日、開成校の開校にさいして行なった演説「学生訓諭」においては、学問をもって、わが国の物とせよとさとしている。これは、大学用の教科書の翻訳と対応している考えである。

政府の命令は大体を示すにとどまるよう主張

このころの文教政策について西村の見解をみると、「学制」の強迫的政策に反対しており、また十五年の改正教育令に対しても、政府の命令は煩細なのはよくない。ただ大体を示せば宜しい、細密のことは、各府県の教育者に委任するのが宜しいとしており、文部卿河野敏鎌と反対の見解をもっていた。そのために、教則を編纂する委員会の長を、菲才その任にたえずとして、辞任している。そうして、病気にかかったのを機会に、編輯局長を辞任している。そして、十四年の政変後、十一月三日、ふたたび、編輯局長となっている。もって、文部省首脳と意見を異にしたことが知られる。

『古事類苑』編纂を建議

西村が発案して、エンサイクロペディアにならって『古事類苑』の編纂をすすめたのもこの時期である。建議したのが、十二年のことで、彼が文部省を去った十八年には、浄書を終了したものが八十巻、校正を終了したもの八十巻、草稿の成ったもの二百巻であった。その後、この事業は、学士会院、皇典講究所などに移ったが、二十九年に、神宮教院で、その『帝王部』を出版した。

「帝室政府」

この明治十年代のものでは『泊翁卮言』第一冊に収められたものがあるが、その「廿七　帝室政府」では、イギリスの王室を模範としながら、「本邦の帝室と政府と同じからず」、帝室は変化することなく政府は時に因って変化するものといい、政府と帝室との関係を論じている。さらに、「三十　中道」では、「余は世人の嘲笑に管せず、務めて頑固(即ち中道)を守らんと欲するなり」と「洋僻」に対抗しようとしている。

西洋の富強は民権の伸張による

しかし、そうかといって、彼は、いわゆる保守家ではない。『泊翁卮言』第二冊の「卅八　保守論者」は、その点を示している。西洋の富強は、民権の伸張によって得たもので、政府に依存する人民の力で得たものではない。だから、もし、従前の施政の風を守って、人民をして、もっぱら「恭謹卑順の性」を失わせないようにするときは、西洋のような富強を得ることはできない。西洋のような富強を得ようとするならば、卑屈柔順の風を改めさせなければいけないといって、明治二十三年以後の国会開設に期待をかけている。

西村は、道徳学においても、現存する数種の道徳学を合わせて、一つの完全なる道徳学を創立する方法を提案している。「日本道徳学の種類」(明治十五年三月、『泊翁叢書　第二輯』)がそれである。

道徳学の四種

まず当時存する道徳学のうち、その大なるもの四種をあげていう。その一、孔孟の教を奉ずるもの、その二は、神道をもって道徳の教とするもの、その三、大義名分を主とするもの、その四、西国の理学(即ち哲学)に基づくもの、の四つをあげている。

第一の孔孟の教は、「日本に行はるゝこと年最も久しければ、日本国人の道徳は全く儒道を以て養成せし者なりと云ふも可なるべし」といって、その数がもっとも多いとしている。第二の神道は、本居宣長・平田篤胤の説で、その法は、「頗る宗教に近き者」である。「深く帝室を尊崇し、支那の儒道に言ふ所の湯武の放伐を以て大なる悪逆と為す」ものであり、今日は、「神道教導職の採る所」となっている。

その第三のものは、前の第一と第二を合わせたもので、会沢正志斎・藤田東湖の系統で、その教は、慎狄克己などの工夫は深くこれを論じないで、大義名分、忠孝節義などをもって人道の大綱となし、国体を尊び華夷の別を正しくするなどに、もっとも力を用いている。

**西国の理学**

第四のものは、諸説はなはだ多いけれど、要するに真理を求めるものである。また、この道徳学は単立に道徳を説くものでなくして、かならず心理学と連繋し、その他、生理学・社会学・政治学などを合わせて、理学の全体を構成するものである。中国の儒道は、もっぱら孔子を推尊して一語もこれに違うものはないけれど、西国の理学は、これと異なる。「西国の碩学の著はせる道徳の書は、人々多小意見を異にし、十人十種の説を述ぶる者」である。この教学は日本に入ってきて日が浅いから、これを信ずる者もまだ少数である。

> 今日道徳の教大に衰へ、国中に於て之を講究する者も多からざれば、四種の道徳学も未だ互に抵触するには至らざれども、此後漸々道徳の学を講究する者多きに至る時は、各己が学べる所を尊奉して専ら其説を主張し、己が学ばざる所は之を排斥して異端邪説と為すことあらんも料るべからず。

**道徳学の将来を憂える**

と、このように、道徳学の将来を憂えて、次のように結んでいる。

> 其中に於て本国の風俗人情に協ふ者を取るべきか、或は卓越の名論あらば之を規範として本国の風俗人情を改造すべきか、四者を合せて一の完全なる道徳学を創立するの法なかるべきか、聊か疑問を記して諸君の注意を提起す。

翌年の十六年一月には、右のうちの、西洋のものについて、「西国理学の源流」という題で、演説を行っている。

政府の施政に対する不信感は、この時期においても依然として強い。「本邦近時の改革は、人民の便と不便とを顧みず、専ら政府の便不便に因りて改革を為す」といって、租税・暦法の改革は、その類であるとしている。これによって、「冥々の中に人民の損失を受たることは勝て計り難し」といっている。

道徳のみで天下は治まらない

西村は、道徳を重視したけれど、道徳だけで、天下が治まるとは思っていなかったし、道徳のみの教育にも反対している。『泊翁巵言』第二冊の「卅三　忠孝」においていう。

忠孝は固より美徳なり、然れとも儒者国学者之を説くこと誇大に過ぎ、遂に本末軽重の序を失ふに至る者あり。

そして、

天下を治むるには天下を治むるの治道治術あり、一国を治むるには、一国を治むるの治道治術あり。

という。

父母に善く事へるのみにて天下の能く治まることならば、甚だ容易なることなれども、天下決して此理なきなり。

同様に、「仁愛のみにて治術治法なければ、亦能く治まることなし」としている。

道徳のみでは教育は不十分

同じく「四十四　道徳のみの教育」において、

道徳は根本の如く諸学諸術は枝葉の如し、枝葉のみを務むるは固より不可なれども、根本のみにて枝葉なければ、少しも活用を為さず、只一身を治むる泥塑人の如きに過ぎず、是亦君子の取らざる所なり。

といっている。道徳と諸学・諸術とは併行してゆかなければならないということである。

宗教批判

宗教に対する批判は、明治十年代後半にはしだいに明らかになってくる。『泊翁卮言』第二冊には、それが、しばしば示されている。たとえば「卅一　道徳の自由」において次のようにいっている。

人類の自己に固有する所の者にして、最も自己の幸福を為す者は自由なり、自由とは他の抑制を受くことなく、己が見込通りに其信ずる所を行ふこと。

である。「故に自由は又精神の独立と云ふも可なり」。こういう自由は、文明の民のひとり知るところである。「宗教を奉ずる民の知らざる所にして、理教を修むる民の独り知る所なり」としている。ついで、明治十三-四年当時の民権運動家を批判して、「独り政治

民権運動家は道徳社会を無視している

社会に自由のあることのみを知りて、道徳社会に自由あるを知らず」という。

「卅六　理教の力」においては、「凡そ人の精神を束縛して其独立を失はしむる者は、宗教より甚しきはなし、其宗教の昏迷を破り、人の精神の独立を助くる者は、理教より善きはなし」と。この「理教」とは哲学の意味であるが、「孔孟老荘の教は、理教の最も高妙なる者なり、東方諸国の民の宗教の昏迷に陥らざる者は、全く孔孟老荘の賜」としている。

「正教詭教」

「六十　正教詭教」においても、次のように記している。「支那の孔孟の教、西洋の哲学の教の如き者」を「正教」といい、「仏教、耶蘇教、回教の類、都て世に宗教と称する者」をさして、「詭教」とよんでいる。ただし、その教をもって、全く虚偽妄誕というのではない。「詭は正の反にして、孫子に兵者詭道也と言ひたると同じ事なり」といっている。

釈迦、耶蘇、馬哈黙は言ふに及ばず、後世の高僧知識と云ふ者にても、其内心には地獄極楽、三世輪廻、三位一体等の事は之を信ぜざるに相違なし、特に是れに非らざれば愚人の信用を得るに足らざることを知りて之を説きたる者なり、即ち其心と口に言ふ所とは同じからざる事に、所謂善巧方便なる者是れなり。

といっている。

「六十二　人は人の立たる道を行ふべし」においては、

釈迦も耶蘇も常人

釈迦とても耶蘇とても常人に異なることなきなり、其奇性の事を伝へたるは皆門人の為したる所なり、此の如き詭約の説を為すは、即ち我儕が宗教を信ぜざる所以なり

という。

「宗教の前途」

『泊翁叢書　第二輯』所収の「宗教の前途」（明治十九年四月十日、学士会院講演）は、もっとも長文のものである。

ここで、西村は、まず宗教を定義づけて、「都て善悪の応報、死後魂魄の在所を論じ、或は二世或は三世を説き善巧方便を以て愚蒙の民を化導せんとするの教を総称する者」としている。宗教は、いずれも同様で、正邪曲直の差別はない。ただ勢力の大きさからいえば、キリスト教・回教・仏教・婆羅門教の順になっているという。そして、わが日本では、現実に仏教がもっとも多く行われているから、ここで論ずることは、自然に、仏教を論じる言が多いとことわっている。近年、耶蘇教が入ってきて、その教をわが国に弘めようとしている。仏教を奉ずる者は、力を極めてこれを排撃、「耶蘇教」をもって

仏教のキリスト教攻撃を指摘

邪教と称し、あるいは外教と称して、護国の名をもってこれを防ごうとしている。しかし、その名は護国といっても、その実は、護法である。両教が相争っている状況であるが、西村は、「両教の勝敗には少しも意を留めない」という。要するに西村にしてみれば、宗教全体の前途を論じようというのである。しかし、この講演には、キリスト教の、わが国における布教に対して、反対の意志が示されている。西村は、明治十九年（一八八六）のころから、公然とキリスト教は、わが国体に合わないから、これを採り入れるべきではないと主張するようになるのであるが、そのことは、別に論じることにする。

コントの説に同感を示す

さて、西村は、アウグスト＝コントの説を援用して、世界の進化を、㈠神迹の時代（テオロジカルエージ）、㈡形而上の時代（メタフヒジカルエージ）、㈢実在の時代（ポジチーブエージ）の三時期に分けている。

㈠は、人智の幼稚なるときのことで、その時代の教学は、皆「神怪奇異」のことを説いて人を信服させたのである。㈡は、㈠より進んで、ひとえに空想を用いて広漠無辺の理を考え、そのことの実証を問わなかった。㈢は、近世のことで空想の説を棄て、「専ら帰納法を用いて事実に依拠して真理を求め、其説初めて堅固確実となりたる者」であるとする。そして、西村は、そのコントの説を、「実に無前の大発明にして、凡そ時世の変遷人智の進歩皆之を以て判断すべからざることなし」といって、その功績を「ニュートンが引力重力の理を発明せると其功を同ふすと言ふべし」といって、非常に高く評価している。ただし、この三時期の名称については、それを改めて、「神性の世」「推測の世」「実現の世」とよびたいといっている。

宗教上の争い

ついで、宗教上の争いに論及している。

「宗教の性質は何れも自己の宗旨のみを弘衍し、他教は悉く絶滅せしめんとする者」であり、種々の方法を以て勝を他教に得んことを求めざるはなし」、「若し両教互に相逢ふときは共に敵讐の心を懐き、種々の名義を附し以て他教を破壊せんとす」。こうして、「宗教は右の如く孰れを正孰れを邪と定め難き者なれども、其性質は何れも他教を滅して自己の宗旨を拡めんとする者なれば、常に消長盛衰の勢ある者なり」としている。

宗教隆盛の原因の一つ〃政府の保護

こうして、その隆盛を致す原因として、三つの条件をあげる。

「其一は其宗門中に卓越の人傑出づること、其二は国君の其宗教を信ずること、其三は政府にて其宗教を助くること」である。キリスト教が漸次他国にひろまるのは、その教義が他に勝れているだけではない。「其政府の保護すると、保護する政府の強盛なる」とが、幾分か、その助けをなしていると見ている。また、宗教というものは、「人の之を造

宗教は人の造為するもの

為して人の之を信奉する者」である。それ故に、人智の開発が、丁度宗教を信ずる度合

にあるときは、宗教は隆盛になり、人智の開発が、宗教を信ずる度合よりも進んだとき
は、宗教はその勢力を失ってしまうものであるという。それでは、明治十九年現在の人
智の度は、どの時期にあるのか。

上等の智識を有せる少数の人は実理を信じ、中等の智識を有せる者は空理を信じ、

下等の知識を有せる者は神怪を信ず。

と、している。

しかし、そのうちに、将来、学校教育が普及して人民の智識が、だんだんに開達して
ゆくと、ついには、宗教は勢力を失うであろうとしている。

宗教は変化すべきもの

それでは、ついに宗教は絶滅するか。

宗教は絶滅すべき者に非らずして変化すべき者なり。

という。宗教は、「自然に変化するの性」をもっている。しかし、これを変化させるのは
「人力」である。「人たる者其宗教の性に従ひて変化せしむるときは、宗教も善良の結果
を得て其人も亦宗教と共に永久存すべし」という。

宗教は哲学の形に移行すべし

それならば、どう変化すればよいのかというと、「哲学の形」とすればよい。実理の時
世に適応させるには、実理の形としなければいけないという。今日の状態から見るとき

は、「耶蘇教却て仏教に勝れるに似たり」といい、その理由は、キリスト教は元来仏教に及ばないのであるが、「其教を奉ずる者、他の学術即ち有形学哲学等の説を採りて己の教法を潤飾」しているからであるとする。

宗教家は、その宗教を早く哲学の姿となすべきである。そのためには、全く古来の宗教の風習を改め、「総て天地間の真理に合はんことを求め、其説の虚偽詭謬に出る者は尽く之を除き去るべし」という。

キリスト教についても、具体的にその点を指摘して次のようにいっている。

耶蘇教の如きも仏教と同様のことにして、上帝が六日にして天地万物を造りしより、シナイ山の上に現はれてモセスに十戒を授け、又耶蘇が上帝の子にして生涯に許多の神異を現はし、其刑殺の後復活して昇天したること等の如きは、唯古人の言を妄信することなく、必ず真理に拠りて其実否を研究せざるべからず。

もし、そうなれば、世間の人智がどれほど開明に進んでも、決して宗教を軽蔑することなく、人類とともに永久に存するであろう、とみる。

宗教が変じて哲学となった時の利益

宗教が変じて哲学となるのは時勢の進歩で、自然とそこに至るものである。しかもその時は、世間の利益もまた大きい。

それは、第一に、「古来より世上に起りし宗教排撃の禍害は全く其の迹を絶つべし」。第二に、「宗教は独り宗教家のみならず一般の哲学者皆これを研究するの学となるを以て、其学の真面目を知るの学者反て増加すべし」。第三は、「円頂方袍にして宗教を以て活計とするの民皆其業を改め、或は官となり農工商となり学校教師となるを以て国中に有用の人を増すべし」。第四は、「国民が寺院を建立し僧徒を養育するの費を以て、之を民生必要の事業に転用することを得べし」、といっている。

国民道徳の教育に関してキリスト教は必要ない

さらにキリスト教についていっている。キリスト教は、わが国民道徳の教育に関して必要ない、今あらたにキリスト教をとり入れ、仏教と対抗して伝道に苦労するのは、無益のことである。キリスト教には、洋学にも通じ哲学をも究めた人が多いから、「其純粋な哲学分のみを奉持して争端とするべき宗教分を棄つるときは、是亦快楽にして且つ安心ならずや」としている。

宗教との争いを警戒

西村がもっとも恐れたのは、宗教上の争いであり、キリスト教が入ってくることによって、この争いが起ることを心配しているのである。ひとり、キリスト教そのものを恐れたのではなくて、それが起すかも知れない宗教争いを恐れたのである。当時のキリスト教は、日本の在来宗教を否定し、仏教などは偶像崇拝として攻撃されたのであるから、他教を排斥して伝道に励んだキリスト教は、好んで争いを起すものとみられたのである。当時、西村は、キリスト教の教理の研究に務めていたといわれ、青山学院総理本多庸一は、西村をさして、「和漢洋の学に達し、智徳俱に一世に高し、実に尊敬すべき一人者なり」と推称したという（外崎覚「偉人泊翁先生」、『弘道』記念号所収）。

明治十年代後半に、西村は道徳教育運動をすすめてゆき、十九年十二月には、有名な「日本道徳論」の講演を行なっている。しかしながら、それが決して排外的なものでなかったことを示す事例として、『心学講義』（明治十八年五月十四日　板権免許、物外廬蔵版）を紹介しておきたい。

『心学講義』

この書は、西村が日本講道会において、会員のために講義した稿本である。その「心学講義序」と「緒言」には、この著述の目的、動機が記されている。まず、「心学」という名称についてであるが、これは「心理学」のことであって、「支那ニテ言フ所ノ陸象山・王陽明ナドノ心学ニモアラズ、又本邦ニテ言フ所ノ心学道話ニモアラズ」と、いっている。

「心学」とは何か

「心理学」といわなかったのは、元来、「心」という物を考究推索するところにとどまるもので、「心の理」を説いたものではないからである。そして、ここに記されている所は、「多ク西国学士ノ言ニ拠ル者ニシテ、余ガ私意ヲ以テ論述セル者ハ至テ少ナシ」という内容である。西洋の学説の紹介が基本になっているわけである。

西洋の学説を紹介

なぜ、西洋の書によったかというと、「古来ヨリ心ノ学ヲ講ズル者、多ク其要領ヲ得ズ、或ハ空漠ニ鶩セ、或ハ固滞ニ陥リ、其正法眼ヲ得ル者甚寡シ、独リ西国ノメンタルフィロソフヒイハ其心ヲ論ズルヿ確実ニシテ虚無ニ流レズ、精密ニシテ粗漏ノ弊ナシ、是余ガ心ノ学ヲ講ズルニ当リ、法ヲ西国ニ取ル所以ナリ」と、いっている。

ついでいう。西洋では、心を論ずる学者は非常に多い。英・米二国でも、その大家と称される者は、十余人を下らない。しかし、その学説がそれぞれ異なっているので、諸説を混合して説明することは不可能である。そこで、「必ズ一ノ主義ヲ定メ、其主義ニ合フ者ハ之ヲ採リ、合ハザル者ハ之ヲ省カザルヿヲ得ズ」といっている。

しかも、訳語を作るのに苦心していることが、うかがわれる。

心学の必要性

それから、今日の学問では、法律学・経済学・修身学・政治学など、あらゆる分野において、「心ノ学ヲ知ラザレバ、根ノナキ樹木ノ如ク、源ノナキ川流ノ如シ」という。近年、学問の一科となった教育学も、また心理学をもって、必要の原質としている。右のような形而上の学問のみでなく、形而下の学問である数学・化学・格物学・博物学・生器学の類も、みな、心理学の大意を知らなければ、これに通達できない状況になっている。

古来わが国に心学なし中国の心学

ところが、昔から、わが国には、心の学問について論説を立てた者はいない。中国には、書経の大禹謨（たいうぼ）より以下、古書中において、心を説くことの、もっとも「的実」なるものがある。ことに「朱子ノ如キハ其学最モ精微（ママ）ヲ極メ、支那ノ心学此時ニ至リテ、高深ノ極ニ達シタリト言フベシ」。

仏教の心学

仏教でも、心を論じており、小乗の論部、大乗では、経部・論部ともに心を説くことが多い。なかでも、禅は、「直指人心見性成仏ノ主義」をもって教を立てたものであるから、「専ラ心ノミ」ということもできる。

西洋の心学に依拠する理由

では、なぜ、西洋の心理学に拠るのかということを説明する。

まず、わが国には、「古代ヨリ心学ニ付テ一個モ発明ノ説アルヲ見ズ、皆儒道仏道ノ分校末寺タルニ過ギザレバ、之ヲ採ラント欲スルモ、其採ルベキ材料ナキヲ如何トモシ難シ」とする。孔孟の道による心理学も、仏教による心理学も、西村が心理学を説こうとする目的に適合していない。

儒学の場合心学は道徳学の付属物である

なぜ適合していないのかというと、儒道の場合、道徳が主で心はその附属だからである。

凡ソ立テ、一学科ト為シタル上ハ、道徳学モ其学ダケノ全体ヲ具備セザルベカラズ
シテ、心学モ亦其学ダケノ全体ヲ具備セザルベカラズ、心学ナリトテ決シテ道徳学
ノ附属トナルベキ者ニハ非ザルナリ。

という。仏教の場合も同様に、独立の心理学とはいえない。

心理学について、西村が目的とするところは、「独立ノ心学」である。「心学一個ニテ
学科ノ全キ体面ヲ具フル者」を求めているのである。こうして、「独立ノ心学ヲ立テント
スルハ、第一ニハ其学科ヲ精密ニセン〻ヲ求メ、第二ニハ何レノ学科ニモ通用セン〻ヲ
求ムル者ナリ」となる。

西国の心学は独立しており精密である

こういうように考えるときは、心理学においては、西洋の学を、採用せざるをえない。
「西国ノ心学ハ、全ク独立ノ姿」である。そして精密である。わが国と、また、わが国と
同文の中国とを棄てて、遠い西洋の心学を採用するのは、「是レニ非ザレバ心学ノ真理ヲ
発揮スル〻能ハザレバナリ」である。

しかし、そうかといって、中国の学説を全く排斥するというのではない、「支那人ノ説
ニ、西国ノ説ト互ニ相発明スベキ者少ナカラザレバ、此ノ如キハ亦之ヲ採取シテ委棄(ママ)ス

ル〡ナシ」という。

次に、「西国ノ心学」について解説している。西洋では、ギリシアの時より早く已に独立に心を説くの学があって、これを「フィロソフヒイ」中の一科としている。この「フィロソフヒイ」は、儒学風の語に訳せば、「格物致知ノ学」、「窮理尽性ノ学」ということになる。中国出版の辞書では、これを「理学」と訳し、東京大学では、これを「哲学」と称している。ギリシアの「プラトー」「アリストートル」などは、古代の哲学士の傑出した者である。

西国における心学の独立

「アリストートル」以来、心を論ずる学を、「メタフィジックス」といってきたが、十八世期のころ、「ゴクレニュース」という学者が、はじめて、「心ノ学」に「サイコロジィ」の語を用いた。それを、当時ドイツの著名な学者「ウオルフ」は、その名称を、自分の著書の題号に使用し、はじめて、「心学」を、「実験上ノ心学」と「道理上ノ心学」の二者となし、「サイコロジィ」をもって、「メタフィジックス」より分離する端緒を開いた。これからのち、「サイコロジィ」を講究する学者が輩出して、全く、「メタフィジックス」を離れて独立の学科となった。

「サイコロジィ」といえば、人心をもって形体に関係ある物と考え、また、その学の領域は、人心をもって限度として、その他の物は、これを論じない。

こうして、「サイコロジィ」は、もっぱら、「自験上」より心を論ずるもので、「心ノ現象」「心ノ法則」および「直接ノ原因」を論ずるをもって主とし、すべて、わが「自識」に入るところをもって限度とし、「自識」に入らないところは、一切これを論じない。「サイコロジィ」は、「実験」と「推理」の二種に分けられる。「実験」は、右にいったようなものである。「推理」は、「心ノ本体本質及ビ其霊能」などを論ずるものである。終りのところで、「心ヲ治ムルヲ主ト」する学と「心ヲ知ルヲ主ト」する学との区別について再論している。

心学は心を知るの学

「今、余ガ説ク所ノ心学ハ、心ヲ知ルノ学ニシテ、心ヲ治ムルノ学ニ非ズ」、そこで、中国・インドで重視する「心ヲ治ムル」ことには無益であると考える人がいるであろう。しかし、「心ヲ治メント欲スルニ、先ヅ心ヲ知ラザルベカラズ」ということで、はじめに、その「本性功用」を究めようとするものである。西洋の学問でも、「心ヲ治ムルノ説」は、「道徳学ト宗教トニ於テ之ヲ説ク」ことで、その方面は「余ガ此後ニ講ゼントスル徳学ト、最後ニ著ハサント欲スル大道論ニ於テ詳ニ之ヲ説クベシ」と結んでいる。

以上、『心学講義』著述の意図を、その「序」と「緒言」とによって考察したのである。

また、この書の「記憶メモリィ」という節（巻二ノ三五丁〜四七丁）において、記憶と道徳教育との関連について、「道徳教育ニ於テ記憶ノ切要」という見出しのもとに、次のような趣旨のことを記している。

記憶と道徳との関連

「幼年ノ時ノ訓誨又ハ読書ヲ以テ、生涯ノ用ニ供スルヿヲ得ルハ、唯記憶ノ力ノミ能ク之ヲ為スヿヲ得ベシ」と、このように、幼少年期の記憶を重視している。

然レバ幼年ノ時、初メテ脳ニ印スル者ハ、宣シク精選シテ善良ノ品ヲ採リ、毒悪ノ種ヲ軟弱ノ脳中ニ蘸入セシメザランヿヲ務ムベシ、古人ノ先入師ト為ルト謂フ者、宜ク深ク鑒ムベキヿナリ。

としている。

さきに、修身教育では、教科書を必要とすると主張したことと、同じ趣旨である。このようにして、『心学講義』には、いわゆる儒学者の排他性は、みられない。この点に、西村の道徳教育運動が、元田永孚のようなタイプの儒学者とは、異なっていることに注目したい。むしろ、中村正直・阪谷素のような儒学者タイプなのである。

## 二 「日本道徳論」講演の事情

「日本道徳論」の講演

『日本道徳論』の刊行は、明治二十年（一八八七）春のことであるが、その基本になったのは、十九年十二月十四日から三日間、大学の講義室において、公衆を集めておこなった講演会であった。この講演がなされてくるころの状況をさきに見ておこう。

『婦女鑑』

西村は、明治十七年十月、宮内省三等出仕（勅任）に補せられ、文学御用掛を仰付けられ、翌日、文部省御用掛兼勤を仰付けられた。この文部省の方は、御用掛の名目であるが、従来どおり編輯局長を担任し、その事務は、かえって宮内省の方より多かった。宮内省の勤務は、『婦女鑑』を、すでに編修されていた『幼学綱要』の補遺として、編纂することを命じられたのである。『幼学綱要』は、元田永孚の手になったものであるが、この書においては、まだ、婦女古来の善行美事について、すべて尽しているとはいえない。そこで、皇后陛下が、西村に命じて、東西古今の事蹟を探って補充させたものである。それは、日本だけではなく、「東西」にわたり、「和漢洋」にわたる婦人女子の善行を精しく調べて編纂したものである。したがって、「孝女」「節婦」だけではなく、広く「母道」「慈善」の行為にわたる事蹟を扱ったものである。この書は、明治二十年六月に刊行されたが、総振仮名(ふりがな)つきの絵入本で、帝室から全国の小学校その他に対して、広く頒賜されたものである。

**明宮殿下の「御教育御世話」を仰せつけられる**

明治十八年十一月には、明宮殿

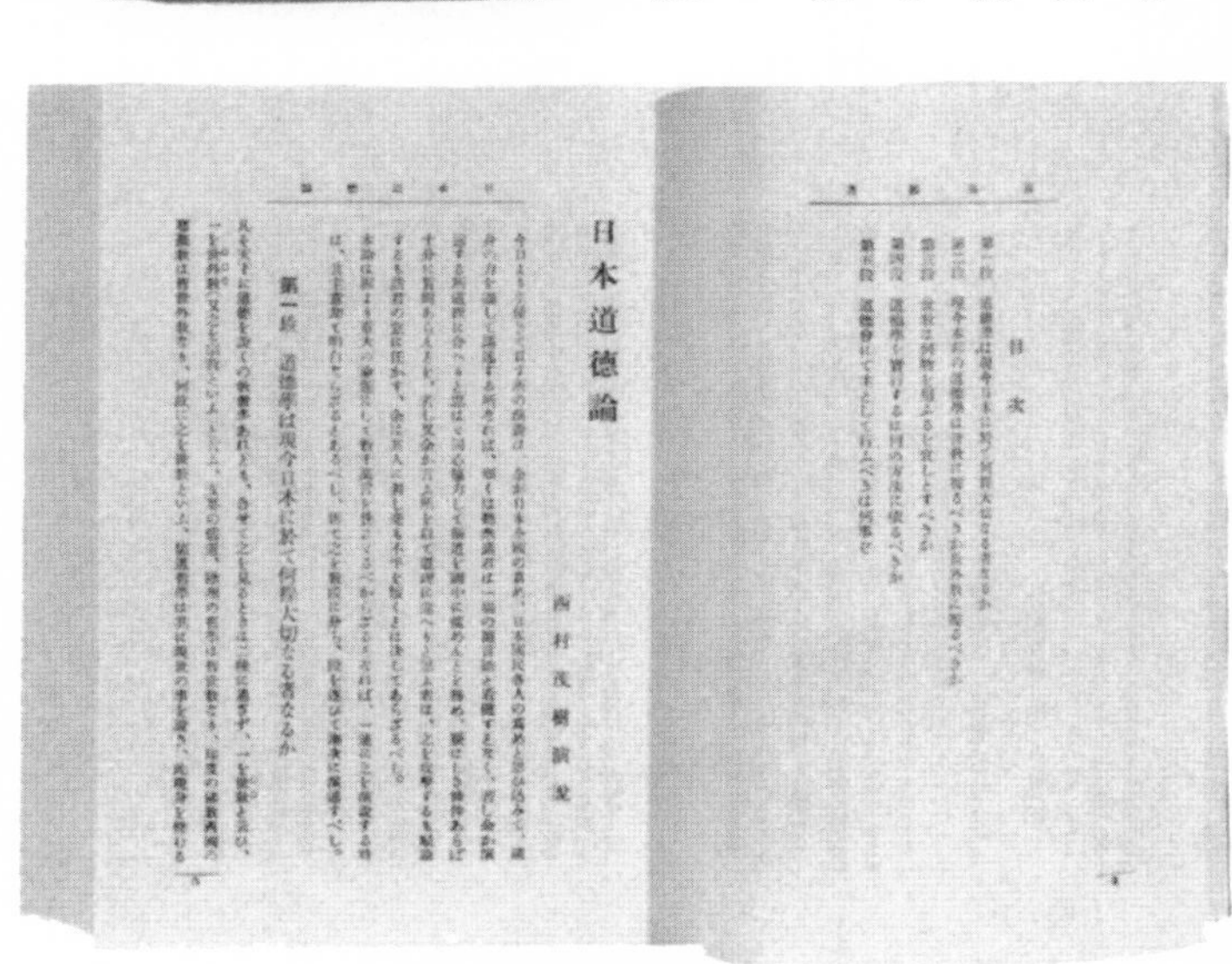
目次

日本道徳論

西村茂樹演説

第一段　道徳学は現今日本に於て何程大切なる者なるか

『日本道徳論』

下（のちの大正天皇）の「御教育御世話」を仰せつけられ、他の人物を選んで、時勢に適する新しい教育法によって、殿下の御補導にあたった。この年、御所内に、御学問所が新設されて、十九年一月八日、御学問開始となっている。十九年二月五日、従前の侍講は廃官となったので、西村は、新に宮中顧問官に任じられた。

宮中顧問官に任命される

右のことは、十八年十二月の官制改革にともなったもので、伊藤博文が初代の内閣総理大臣に任ぜられ、森有礼が文部大臣に任ぜられたときの変動にともなうものであった。

大学総理就任を謝絶

森文部大臣は、この十九年二月十九日、西村を招いて、大学総理に就任するようすすめている。それは、この年三月、帝国大学令が公布されることになっており、これを機会に、西村を起用して改革を実施しようとしたものである。しかし、欧化主義の時代である。西村は、「元来事務に迂濶にして、到底其任に堪ふる者に非ざるなり」という理由で、辞退した。西村の「日本道徳論」の講演は、このようなときに人心を警めるために、行われたのである。西村はいう。

伊藤内閣の施政を批判

> 明治十八年十二月の改革は、維新以来の大改革なれば、国中目を拭ひて新政を観、余も亦大に望を新改に属せり。然るに伊藤内閣の新政は、法律制度風俗礼儀一々是を欧米に模倣し、専ら外国の文明を装ひ、外人を優遇し、舞踏会、仮装会、活人画

会等、其他外国の遊戯を行ひ、務めて其歓心を求め、本邦古来国家の根礎たりし忠孝節義、勇武廉恥等の精神は、棄てゝ顧みざるものの如し。其登用する所の官吏は、多く怜悧便佞の人にして、質樸剛毅の者は常に排斥せらる。又独逸人を宮内省に雇ひ、其妻をして内廷に出入せしめ、　皇后宮以下女官の衣服を改めて洋装となし、又華族女学校を設立し、其生徒をして尽く洋装せしむ、是を行ふこと一年、国民の風俗益々軽躁浮薄に流るゝの勢あり。(『往事録』)

当時、明治政府の方針であるが、まず、外面を整えることによって欧米諸国の信用を得ようとすることに対する批判であった。

政治は道徳をもって基本とせよ

世間或は道徳を以て迂濶固陋なりとし、或は法律或は工芸を以て之に代んとする者あり、思はざるの甚しき者と謂ふべし、今日以後益　皇室の尊栄を増し国民の幸福を長ぜんことは、道徳を棄てゝは他に求むべき者なかるべくして、余輩が斯道の為めに益々勉めざるべからざる所以なり。(『日本道徳論』緒言)

福沢諭吉が、文明の外形でなく、文明を発展させる自主独立の精神を根本においたように、西村は、道徳を基本にすえている。そして、その道徳の内容は、「知徳勇」である(『日本道徳論』の「一、道徳学は現今日本に於て何程大切なる者なるか」)。

国際的危機感

西村が道徳の高進を力説するのは、日本のおかれた国際的危機感から生じている。近年西洋諸国は、いずれも力を東洋に伸そうとしている。フランスは安南を取り、イギリスは、ビルマを滅して、かねて朝鮮の巨文島に進出している。ドイツは南洋諸島を併呑し、ロシアまた南下を策している。日本もまた狙われている。このような環境のなかで、国の独立を保とうとするのは、決して容易なことではない。文明開化はもとより希望すべきことであるが、それも国あってのことである。もし独立を失うときは、文明開化も施すところがないといっている。福沢が『文明論之概略』で、当面は、国の独立が目的といったのと、同じである。こうして、「今日の勢にては、全国の民力を合せて本国の独立を保ち、併せて国威を他国に輝かすを以て必須至急の務と為さざるべからず。此の如き希望は何を以て之を達することを得べきかと問はゞ、余は之に答へて国民の知徳勇、即ち道徳を高進するより他の方法あることなしと曰ふべし」と断じている。かのプロシアがフランスを破ることのできた勝因を、道徳の勝利、忠君愛国の心によるとしている。

普仏戦争におけるプロシアの勝利は道徳の勝利

このように、外国との関係でもっとも大切なのが道徳である。

国内の人心一致が大切

ついで、国内については、「国中の人心聚合一致」が大切であるとする。この場合も、国民道徳の盛衰によるとしている。国民道徳が衰えて国家が崩壊した例として、ポーランドをあげている。「国中人心の腐敗散渙」と「国人が全国の大計を思はずして己の私見を主張する」ことが、その国を滅ぼすことになるというのである。

日本の現状には道徳がない

徳川の社会にあっては、武士の間には、儒教と固有の武道とがあって人心を鍛錬したが、維新以来二十年たった今日、「政府には一定の国教といふ者なく、民間にも亦全国の人心を集攬すべき勢力を有せる道徳の教あることなし」という有様である。そうして、道徳を固陋・迂濶とののしり、「文明の本家なる欧米諸国が何れも崇教を以て、其国民の道徳を維持することを知らず」と、嘆いている。

採長補短を主張

西村は、決して排外的ではない。西洋の学術・政治・法律などは、東洋のそれに比較して優れていることを認めている。ただ、人情風土が異なるから、西洋のそれを、そのままに東洋に適用することはできないとしているのである。彼は、採長補短を主張する。言語文字をも西洋化しようとする主張は危険視するのである。

西村は、明治二十年の時期をさして、「旧時の道徳学既に衰へ、新なる道徳学未だ起らざるの国」と見ている。ここに、『日本道徳論』を講じる時期的必要が示されている。

## 三　『日本道徳論』

わが国民の道徳を維持するには何によったらよいか

さて『日本道徳論』の内容であるが、その第二段は、「現今本邦の道徳学は世教に拠るべきか、世外教に拠るべきか」という見出しである。

西洋諸国では、国民の道徳を維持するのにひとえに宗教によっており、中国では、ひとえに世教＝儒道によっている。この相異は、「其国の開化の順序、教祖の生地、教義の民心に適不適、治政と教法との関係に由る者」であって、その国の自然に従ったものである。二教を並列し、その優劣を考えてこれを取捨したものではない。そこで、わが国で道徳の教を立てようとするのに、宗教と世教と、どちらを用いたらよいのであろうか、として、西村は、「両教の精粗優劣を論ぜず、唯だ本邦現今の時勢に適するや否を考へて」、その用捨を定めようとしている。そうして、わが国の歴史を回顧していう。儒道・

徳川時代以来儒道が人心に浸染している

仏教相ついでわが国に入ってきたが、一時は仏教が盛んで国教となるほどの勢であった。徳川時代には儒道が上等社会に信用を得て、制度・法律も儒道によるものが多くなり、仏法は下等社会に行われるようになった。こういう状況で、今日に至っても、儒道は人心に浸染している。そこで、「現今本邦にて道徳の教を立てんとするには、世外教を棄てゝ世教を用ふるを以て適当とすべきに似たり」ということになる。この世外教を捨てるという理由のなかには、西村の宗教観が根底にあるのである。

宗教間の争いを恐れる

人知が開明に進めば宗教を信ずる念はしだいに消えてゆくから下等社会の信仰も永続しないであろう。その上、彼は、宗教間の争いを恐れている。わが国内で、仏教とキリスト教が対立抗争するのを恐れている。

それに反して、儒道は徳川時代に有能な人士を養成しており、明治の今日、外国と交際をして、甚しい国辱を蒙らないのも、また皆「儒士の為す所」と見ている。だから、儒道の功績は大きい。ただし、儒道は、「其文明の学術を欠く」が故に、固陋迂濶のように見えるのであるとしている。

コントの学説を称賛

第三段は、「世教は何物を用ふるを宜しとすべきか」という題である。

道徳を説く所の世教は、わが国と中国では儒道のみであるが、西洋には、哲学があり、近代の哲学は、フランスのコントが実理哲学の説を唱えてより一層精密となり、その学理の微妙なこと「千古無比の地」に達したと称賛している。しかし現実には、哲学がわが国に入って日が浅く、また哲学の道徳説をもって、これを民間の実地に応用した例も、

儒道を今日における適用の面から批判

甚だ少ない。これに対し、一方では、儒道を支持する者も多いが、儒道のみをもってわが国道徳の基礎を立てようとするのは、現段階では不可能である。こういって、儒道を行うことのできない理由を五つ挙げている。それは、本質を否定するのではなく、今日における適用の面から見ているのである。孔子は聖人であるといっても、また同じく人類である。「其言ふ所至善至美なりと雖も、其外に至善至美の言なしと云ふべからず」という見地からである。一般に、「人を以て師とするの教」は、いずれも弊害を伴う。

西洋哲学の長所と短所

西洋の哲学は、「理を以て師とし人を以て師とせざる」点に、中国の儒道に比較して、長処がある。これをもってわが国道徳の基礎とすればよいかとも見える。しかし、これにも、また欠点があるとして、四点をあげている。「其一、知を論ずるに重くして、行を論ずるに軽きなり」。著名なる哲学家でその品行の観るに足らない者がいる。「其二、哲学には治心の術なし」。「其三、哲学家は皆古人の上に出んことを求め、故らに異説を立てゝ古人の説を排撃す」。儒者が聖賢の言に拘泥するのと対照的である。「其四、哲学には幾多の学派あり。其学派の異なるに従ひて道徳の原理とする者同じからず」。その一学派に拠るときは、かたよるの恐れがある。

儒教と哲学の一致に帰する点を採用

こういうわけで、哲学のみに依拠することもできない。それで、「吾が一定の主義は、二教（儒教・哲学）の精粋を採りて其粗雑を棄つるなり。二教の精神を取りて其形跡を棄るなり。二教の一致に帰する所を採りて其一致に帰せざる所を棄るなり」ということになる。

儒道にいう「誠」

それでは、そういうものは、何か。

「曰く、天地の真理是なり」、その「真理」というのは、「儒道に言ふ所の誠」である。「天理」とも「天道」ともいう。中庸に「誠者天之道也」という者が是である。「余が日本の道徳の基礎とせんとする者は即ち此真理」である。

真理は事実に求めよ

それでは、この真理を「了識把持」するには、どうすればいいのか。

「曰く、凡そ事物の真理を知らんと欲せば、必ず之を事実に求む、事物の事実に合ふ者は尽く真理にして、事実に合はざる者は真理に非ず、事実は真理を試むるの測量器なり」。では、この「事実」とは何か。河邑光夫氏は、次のように記している。

この事実は、ファクトゥムというより、例えば三木清が使った如く、タアトにアクセントをおいたタアトザアへと解すべきであるとおもわれる。それは自然と道徳とが一体をなして成立する主体的事実であり、そこに儒学と哲学とは交錯するのである。西村においてこれは、道徳内容の直観的な自明性、性善説や良心論によって裏付けられる、を原理的基礎として成立せしめられるのである。（『思想』一九六七年二月、五一二号、「西村茂樹論」）

事実の具体例

このように、真理を「事実」に求めることを、さらに具体的に説明している。たとえば礼記に「古者天子后立㆓六宮㆒、云々」とあるのを、「男女生産の数は大抵相均しく」という事実に照して、「一男を以て一女に配するを真理即ち天理に協ふ者」と判断している。

また、阿弥陀経にいう極楽の地について、「此国土は昔より往て之を見、帰りて其状を報告したる者なし」ということから、「故に極楽は事実に験すべきことなきを以て、之を真理なりと認むることを得ざるなり」ということになる。

真理を求める法五つ

なお、真理を求める法は、事実に験するほかに、五法があるとして、推度法・折中法・権衡法・良心判断法・多聞闕疑法の五つをあげているが、これらもいずれも間接には事実と「相契合」するものとしている。

宗教は現世の事実に合うことが少ない

こうして真理を確認した上で、「世教」のなかで、その教義の真理に協う者を採用してこれを「日本道徳の基礎と為すべし」といっている。世外教＝宗教は、元来、未来のことを主として説を立てる者であるから、現世のことを論ずる場合には、その説が事実に合うのは、世教より少ないから、世外教から採用することは、極めて少ないとしている。こうして定めたところの「道徳の基礎」は、「天理に合ひ、人情に協ひ、至醇至精なる者」であって、この人類の精神と身体との構造の変化しない限りは、その道理も変じることはないと信じている。これは「道」というべきもので、「天地の道」「人類の道」であるから、「吾輩深く之を信じ、死に至るも誓ひて他なからんことを欲するなり。論語に篤信好レ学守レ死善レ道と云ふは此事なり」と記している。

道徳の基礎とすべきものは「道」

道徳学を実行する方法

第四段は、「道徳学を実行するは何の方法に依るべきか」というテーマである。

道徳は原理だけでは、これを施行・遵守することができないから、「条目」を定める必要がある。その条目は、儒道・哲学・キリスト教・仏教にそれぞれ立てられているが、宗教の分は、その宗旨を行おうとする意図から出ていて、一般人民の道徳に関係が薄いものであるから、ここでは除外して、条目はかならず世教のうちから取ることと定める。こういって、儒道と西洋哲学の法に従って、道徳学実施の仕組とその条目の大意とを定めることにしている。こうしてできた大体の区分法が、次の五ヵ条であった。

道徳学実施の条目

第一　我身を善くし

第二　我家を善くし

第三　我郷里を善くし

第四　我本国を善くし

第五　他国の人民を善くす

道徳の教をひろめる最良の法

ところで、道徳は、ただこれを知っただけでは何の益にもならないので、これを実行してはじめて道徳の用を為すものである。その実行とは、単にわが一身を修めるのではなく、道徳の教を国中に拡めようとする主意である。

社会人を対象とする道徳会の必要

そのためには、他の学術において行っているように、「学会即ち協会」を開いて、その教を弘めるのが最良の法である。西村は、こういって、生涯教育のための道徳会の必要を力説する。学校で教えるところの道徳は、その在学の生徒に限られる。在学しない人、すなわち、退校した者、入学しない者、卒業した者の数の方が断然多いのに、そういう人たちの道徳教育が行われていない。道徳学は、どの学術、どの職業の人にも必要である。

道徳の学会結成の利益

道徳の部門で学会を結べば、次のような利益があるとして六ヵ条をあげている。

一　朋友を得ること多し

二　知識を交換するの便を得べし

三　善事を行ふに易し
四　名を成し易し
五　善良の風俗を造る
六　国民の心を一にす

この第六は、もし国民の心が一致しなければ、国家が分裂滅亡するにいたるということである。

第五段では、「道徳会にて主として行ふべきは何事ぞ」というテーマである。これは、「知と行との二者」としている。

道徳の学会員に、甲と乙との二種がある

そうして、道徳の学会を組織するときは、会員中に自然に、甲＝導士と乙＝会員の二類を生ずるであろう。甲は、みずから奮って国民を教化することを勉める者、乙は、学会の趣意を賛成し、直接間接に道徳拡張の助をなす者である。甲の会員は、他を教化する前に、まず己が身を修めることを第一としなければならないとして、六戒を守るべしとしている。虚言・過酒・淫佚・忿怒・貪欲・傲慢の六戒がこれである。さらに、五善を加えて、六戒五善となし、この会員は、また、これを、よく守るべきであるという。

六戒五善

国民教化のための五項目

そうして、道徳会で国民を教化しようとするに其要五ありとして、「妄論を破す」「陋俗を矯正す」「防護の法を立つ」「善事を勧む」「国民の品性を造る」の五つをあげている。そしてさらに、それぞれについて詳論している。たとえば、妄論については、「無知文盲の妄論」「宗教を迷信するの妄論」「自己を過信するの妄論」「己が学びたる所を偏信するの妄論」「文明を過信するの妄論」というように。第二の「陋俗を矯正す」のところで、「子に掛るの風」というテーマで、親が年老いたときに、子から養育をうけることを論じ、「東洋の風俗中の愚なる者」と批判しているように、旧習の打破が意図されている。

陋俗の矯正

また、「第四　善事を勧む」のなかで、「貧人に施与す」として、貧人かならずしも怠惰の結果ではなく、不幸に原因する者の多いことを指摘している点、「公益の事業に出金す」として、これを国民の職分としている点などは、多分に西洋先進のイギリスのことから学んだことであろうと思われる。「第五　国民の品性を造る」では、直接に、英人スマイルスの言を引用し、「『品行論』に曰く云々」「スマイルスの至言極道理ありと言ふべし」として、ただ財富み、美食美衣をもって満足すべきではないとし、次のように記している。

善事を勧めるのに、イギリスに学ぶ

余は因て東西の学を折衷し、古今の異同を考へ、本邦国民の品性を造るに左の八条を以て必要なりと定めたり、(其一) 勤勉、(其二) 節倹、(其三) 剛毅、(其四) 忍

東西の学を折衷

耐、（其五）信義、（其六）進取の気に富む、（其七）愛国の心盛ん、（其八）万世一系の皇室を奉戴す、是なり。

世の尊王家に雷同するものではない

西村は、決して、儒学一辺倒ではなく、彼みずから「折衷」という字を使っているように、東西の道徳の一致点を見出そうとしていたことに注目してほしい。「万世一統の皇室を奉戴す」というのは、明治二十年ころの当時においては、ごくごく一般的な考え方であったのである。それでも彼は注意深く、「本会の如きは本より世の尊王家に雷同する者に非ず」と記している。そうして、「以上八徳の外猶国民に肝要の徳あり、智是なり」として、智の重要性を強調している。しかも、この智は、「此八徳中に尽く智を以て之を通貫することなり、八徳は譬えば堅柱の如し、智は横貫の如し」として、智と八徳との関連を説いている。智の欠けた徳は「迂濶」「固陋」に陥るとしている。

智を強調

西国の道学に重点をおく

儒教と西洋哲学の取捨に関して、別に、西村は、「五倫説」という六枚ほどのもので、論じているが、ここでは、「西国ノ道学」の方に重点をおいて次のように記している。

余カ考フル所ニテハ、今日道徳ノ学ヲ我国ニ興サント欲セハ、宜ク西国ノ道学ヲ以テ準縄模範ト為シ、其国勢人情ニ合ハザル者アルハ、土地ヲ異ニスルノ故ナレバ、更ニ広ク古今東西ノ道学ヲ通観シ、又之ヲ自身ノ閲歴ニ験シ、以テ裁成損益シ、其完全ヲ得ンコトヲ求ムベシ。

日本に「公行の宗教」のないのは幸である

さて、この『日本道徳論』の末尾のところで宗教に言及し、「世間或は日本に公行の宗教なきを以て道徳の為めに不幸なりと言ふ者あれども、余は之に反して之を以て日本道徳の幸なりと思へり」と記している。これは、イギリスにおける英国教会を想定しているだけでなく、国家神道をも考慮して、「公行の宗教」のないことを幸と思ったのであろう。

『日本道徳論』を知人に贈呈

伊藤博文『日本道徳論』を怒る

さて、西村は、この『日本道徳論』の講演草稿を、明治二十年春、印刷にして一冊の本とし、これを各省大臣以下、知人たちに贈呈した。当時の文部大臣森有礼は、これを読んで共感を覚え、西村にすすめるに、文部省の検定を受け、中学校以上の教科書としたらよいとしている。ところが、総理大臣伊藤博文は、この書をもって欧化主義批判の書とみなし、大いに激怒したという。そして、すぐに森文相を招いて、これを非難した。森文相は、伊藤の怒りを心外に思ったが、それを無視するわけにもいかず、秘書官に命じて、伊藤内閣の政治に害があると認められる部分の有無を点検させた。その結果、政治上とくに害となるべき条項を見出さなかったが、文字の使い方で考慮すべき点を数ヵ所摘出して森文相に報告した。

森文相の西村に対する忠告

森文相は、その報告にもとづいて、西村に対し、語気の激しい箇所を削除した方がよいのではないかと忠告した。これに対し西村は、削除の意のないことを表明し、むしろこれを絶版にした方がよいと答えたのである。ついで、同書絶版のことを、内務省図書局に届出るにいたった。しかし、図書局では、絶版に及ばない。ひとまず発行を中止しておいたらよいという意向であった。それで、西村は、本書出版中止の届出を提出したのである。しかし、すでに贈呈あるいは頒与した分があり、世人は大体その書名を知っており、それに、ひそかに本書の偽版まで発売される有様であった。これでは、発売中止も意味がない。それで、西村は、森文相の忠告に従って、ひとまず、書中の不適切の語を改めて、同書を公刊にすることにしたのである。これが、一般に読まれた『日本道徳論』の第二版である。

『日本道徳論』を公刊

## 四　日本弘道会

日本弘道会は、明治二十年、従来の日本講道会の名称を改めたものであるが、『日本道徳論』の講演と、この改称とは関連をもっている。

日本弘道会会館　(上)関東大震災前　(下)現在のビル

日本講道会発足

日本講道会は、明治十七年(一八八四)四月、東京修身学社の規模を拡張し、名称を改めたもので、もっぱら形而上の学理を究め、道徳の教を弘めるをもって主眼とし、同会事業を、講義・演説・著述・翻訳・問答などに分け、毎月、第一、第三の両月曜日を会日と定めるなどを決めた。その講師ならびに著訳者として十一名をあげているが、そのなかには、フランス学の中江篤介や教育家・伊沢修二の名がみられる。当時会員の数は三百名をこえており、やがて、小松宮彰仁親王・北白川宮能久親王・有栖川宮熾仁親王を名誉会員に戴くことができた。

日本講道会の出版計画

それは決して偏狭なものでなかったことは、翻訳出版の計画として、法国コント著『実理哲学』二冊、英国バゼボット著『物理政治相関論』二冊、明帰震川輯『諸子彙函』廿六冊、徳国カント『倫理学』、徳国エッチンゲン『道徳統計』などがあげられていることをみても知られる。

西村は、日本講道会開会に際し、修身学社創設以来の経過を語り、さらに将来に対する希望を次のように述べている。

天理—道徳—修身

名には大小あり、時には緩急がある。修身は道徳より小さく、道徳は天理より小さい。天理は、大道とも、真理ともいう。形而上、形而下をあわせてこれを包含するもので、宇宙間の最大物である。道徳は天理中の一部分で、修身はさらにまた道徳中の一部分である。そして、この道徳・天理・大道などの文字は、中国の儒道でいうところと少しくその義を異にしていると、ことわっている。初め修身学社を創立するときには、自分は、ただ、修身道徳の頽廃を救おうと思っただけで、宇宙間の最大物である大道の興廃は、まだこれを顧る余裕もなかった。

全地球的立場から道徳を講究

ところが、十七年の今日にいたっては、修身の教は、朝廷のもっとも意を用いるとこ

機関誌『弘道』

ろであり、修身のことは、私学社が心を労する必要がなくなった。ただ惜むべきは、天下の修身を説く者が偏狭であったり、あるいは、言行が一致しないところがある。全地球を知らなければ一国を知ることができないし、大道を知らなければ、修身を知ることはできない。今日、大道を知らない弊害は、学問上の一大病である。ここに、自分は、大道を講究して真理を明らかにし、もって世の執迷者を救おうとするものである。こうして、日本講道会と改称することにしたのである。

　西村は、このように語っている。全地球的立場から、宇宙間最大の大道の見地から、風俗の頽廃を防ごうとしたものである。現代人の感覚は、修身といい、道徳というと、すぐに、頑冥を連想するかも知れないが、その見地は、きわめて広くかつ高いものであった。

日本弘道会と改称

右のような日本講道会を、明治二十年にいたって、日本弘道会と改称したのであるが、西村は、同年七月開催の、第一回総会において、「日本弘道会の改称に付き一言す」(全集第二巻)という演説をおこない、国民道徳を扶植することの重要性を指摘している。

学術の模倣を肯定

ここで、西村は、まず、智力進化の事実を認めている。そして、わが国の学術は、古くよりみずから開発するものは、はなはだ稀で、他国に取るものが、はなはだ多いことを認めている。彼は、模倣をかならずしも否定せず、かえって、模倣が開発に勝っている点のあることさえも肯定している。

世の識者吾邦学術の自ら発明する者なきを嘆じて、他国に模倣するの利害を論ずる者多し、余を以て之を見れば発明の拙陋なるは模倣の精妙なるに如かず、見る所狭隘粗漏なる者は其学術も亦隘狭粗漏なることを免かれず、況んや本邦固有の学術と称する者も亦多くは支那朝鮮に取る者なるをや、且本邦の如きは古代より模倣の例のみありて開発の例あることなし、若し模倣を以て不可なりとするときは、遂に学術進歩の期なくして止まんのみ。

これによっても、西村が、いわゆる儒学者と異なっており、頑冥固陋の保守家でないことが知られよう。しかも彼は、積極的に、模倣が開発より勝れている点をも指摘している。すなわち、「他国に取る者は後進の地位に立つと雖も、東西各異の説を蒐めて己が知識を養はんとするには其便利却て多し」というのである。

模倣に有利な点あり

わが国の道徳学にしても同様である。

古より他国に取るに非ざるはなし、即ち他国の教を学ぶに非ざる者なし（本邦固有の教ありといふ説あれども、余は之を信ぜず）。

日本道徳会を興す理由

明治維新以来のわが国の道徳界の有様は、敵も味方もなくただ「空漠荒蕪の地」となっている。それは、わが旧来の道徳学が、維新のときの動乱と外国の文明の光とに眩惑して、欧米の道徳学と戦うことなく、わが国人みずから旧来の道徳を廃棄したもので、みずから武器を捨てて敗走した状況なのである。そのために、少年たちが道徳の原則に依拠しようとしても、何も存在しない有様である。ここに、日本道徳会を興さなければならない理由があるとする。

それでは、現今、わが国の道徳は全く地に墜ちたかといえば、「未だ甚しき破壊の状を

日本弘道会員数の変遷

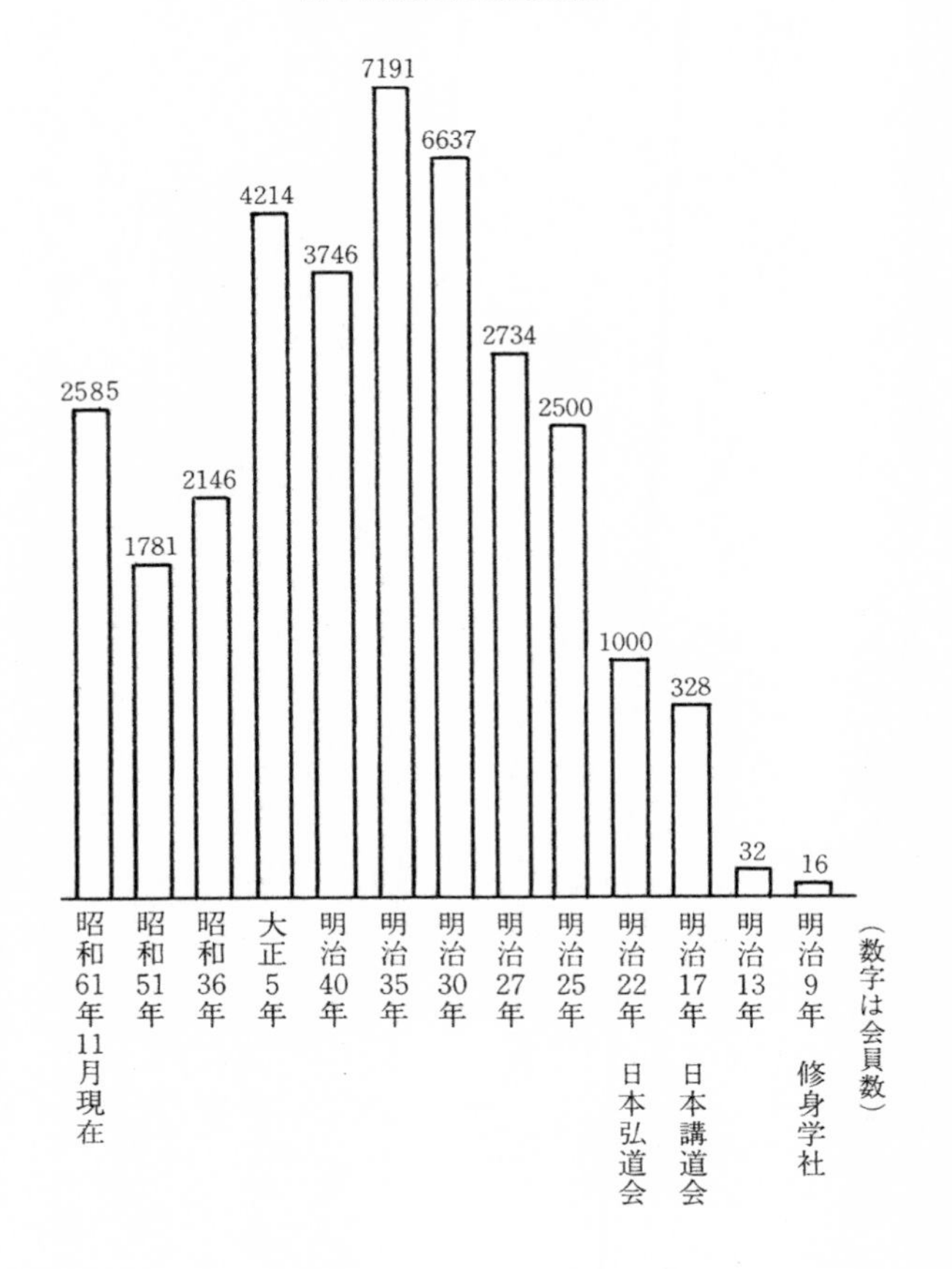
2585
1781
2146
4214
3746
7191
6637
2734
2500
1000
328
32
16
昭和61年11月現在
昭和51年
昭和36年
大正5年
明治40年
明治35年
明治30年
明治27年
明治25年
明治22年 日本弘道会
明治17年 日本講道会
明治13年
明治9年 修身学社
（数字は会員数）

現はさず」と判断する。その理由は、人たる者は誰も皆「天賦の良心」があり、自然に善悪正邪を辨別する「智」があるからである。西村は、この「良心」を頼りにしている。それに、旧来の道徳は、なお「老人の脳底」に留まっている。それと同時に、新来の道徳が「少年達識者」の目前に存在している。

旧来の道徳なお老人の脳底にあり、新来の道徳少年の目前にあり

こういう状況があるから、「空漠なる原野」ではあるが、そこに道徳の果実を充満させようとするのは、決して望みのないことではない。このように、西村は信ずる。

道徳は諸学の基底に存すべきである

諸学の基底に存在すべき道徳の教が衰えている。法律政治の学を為す者、経済の学を為す者、農工商を業とする者、いずれも、それのみをもって国家を維持できると思っている。他国から来た道徳の教をみれば、哲学あり、キリスト教あり、またその勢力は衰えたとはいっても、古来からの仏教があって、キリスト教と雌雄を争おうとしている。儒教も、まだ中年以上の士大夫の心に残っていることが深い。このような諸教のうちにおいて、正邪を識別して取捨しなければならない。日本弘道会の任務はそこにある。「此の如き社会の間に立ちて道徳の為に根礎を定め、人心を正し邪説を遏め以て国基を鞏固にせんと欲す」、これがその任務である。政府には文部省があるけれど、その及ぶ範囲は、学校に在学する生徒に限定されるから、それは国民全体をカバーすることはできな

日本弘道会は日本国民全体を対象とする

い。故に、日本弘道会の必要がある。

東洋の学術のなかにも西洋に勝るものもある

東洋の学術は、西洋の学術に及ばないけれども、そのなかには、あるいは西洋に勝る部分もあるであろう。ことに、道徳の学の場合は、そうである。西洋の学問は東洋に勝っているといっても、西洋の人が東洋の学問をあわせて考究することは困難である。わが国では、自国の発明がないといっても、幸にして、古来より、中国の書、インドの書を読んでおり、さらに最近では西洋の書も読んでいる。こうして、「東西の教を並列し、之を本邦の風俗人情習慣に照らして之を取捨するの益を収むることを得たり」。故に、材を他国に取るといえば、体裁がよくないようであるが、その実は、「世界の長を採りて己が用に供する」ことである。わが国には、このように、学問研究のために大なる便利がある。この利点を生かして、学者は、「奮発興励」すべきである。

以上が、日本弘道会と改称するにあたっての西村の講演である。東西の学問、東西の道徳をあわせて、世界に通用する新しい道徳を構成しようというのが、その意図であった。

さらに、二十年九月、「日本弘道会の会友に示す」(全集第二巻)において、次のように記している。

道徳は天理に本づかざるべからず、天理は又真理と名く、凡そ人事に験して其事実に合ふ者は皆真理なり、事実に合はざる者は真理に非ず、現実の身を以て現実の世に処す、其言行は必ず実理(即ち真理)に依るべし、虚無空漠の論は取る所に非ず、

道徳の教は真理を全世界に求めよ

道徳の教は真理を全世界に求むべし、或は支那或は印度或は欧羅巴の一局に偏すること勿かれ。

道徳における智の重要性を指摘

西村のいう道徳は、範囲が広い。「道徳には一身の道徳あり、一家の道徳あり、社会の道徳あり」というように、「社会」が入っている。国民品性の善良なるものとして、八つをあげているが、「是等を通じて必要なるは、智の一事」「何れの徳も智を以て活用するにあらずんば、其効能十分ならず」といって、「智」の重要性を強調する。「妄論に五あり」というとき、その第一に「無智文盲の妄論」をあげている。そうして、道徳のことは「其包括する所甚大なり」といって、「衛生」「慈善」「患害予防」をも、道徳の一部分であるとしている。

また、ヨーロッパ人の道徳と日本人の道徳とを比較して、他の学術・技芸は措くとして、

日本の道徳は道理の力をもって維持する点で勝れている

単に道徳のみを比較するときは、日本人の従前の道徳は支那は言ふに及ばず、西洋諸国民の道徳に勝ることを信じるなり、更に本邦道徳の西洋諸国に勝る所を言はんに、西洋諸国の道徳は基督教の如き、回教の如き、何れも宗教の力を以て之を維持する者なり、日本の道徳は道理の力を以て之を維持する者（下等の民は宗教に依頼する者あれども）なり。（中略）

本邦の（中等以上の）民は已に道理を知るの力ありて宗教の虚誕を仮ることを要せず、直ちに道理を説きて直ちに道理を信じ、死を以て其道を守りて変ずる事なし、此一事の如きは殊に我国民の道徳思想の他国の民に勝りたる所以にして、若し他年全世界の道徳史を編む者あらば、大書して東洋道徳の西洋諸国に勝ることを記すべきなり。

「諸学諸術より百工技芸に及ぶまで、東洋の西洋に及ばざるは明白のこと」ではあるけれども、そのなかで、道徳・美術の二つだけは西洋の学問に匹敵するとしている（二十年十一月六日「国民の道徳」、全集第二巻）。

宗教に頼らない道徳を主張

西村の道徳論で注目されるのは、宗教に頼ることを否定している点である。同じ儒学者であっても、中村正直は、宗教にもとづかない道徳は、香りを失なった香木のようなものであるといっているのと対照的である。彼はいう。

「近日学士社会に日本の道徳は宗教に頼るべしと言ふ者あり、実に大なる謬見と云ふべし」、「日本には完全なる道徳の教ありて、宗教に優ること万々なれば、決して之を宗教に求むることを要せざるなり」という。彼は宗教に対して非常な警戒心を抱いている。「宗教を用ふるときは其種類に依りては目前に小利あるが如きも終に大害を胎して、後年に至り悔ゆとも及ぶ可からざる者あらん」と。

文部省管轄以外の人口三千四百九十万余を対象

西村の計算によれば、明治十九年一月の全国の人口は三千八百十五万余、十八年十二月の全国官公私立大中小学の生徒は三百十九万余、差引き三千四百九十五万余の人口は、全く文部省管轄以外の人であり、政府の法律をもって教育を施すことのできない者である。西洋諸国では、キリスト教の礼拝堂があって、男女共に生涯礼拝堂に参詣して、その説法を聴くのを常としている。しかし日本では、学校を出れば生涯また道徳の教を聴く所がない。これは、「君子国の大闕事」である。これこそ西村がみずから日本弘道会を興して、日本人民の道徳を高くし、もって良善の国民を造ることを思い立った理由であった（以上、明治二十年十一月、「下野喜連川教育会演説」）。

西村の把握した哲学

ところで既述のように西村は、西洋の哲学を高く評価しているので、ここで、彼が哲学を、どのように捉えているのかを見ておきたい。彼は、二十年十一月「哲学会に対する質疑」という文を書いている。

彼は、哲学というものは、全く欧米諸国に限った学問で、インド、中国には古来より存在しなかったという。ただし、哲学は、事物の理を考究する学問であるから、いやしくも、事理を論じようとするときは、いずれの学問でも、多少その意味を包含せざるを得ないとしている。仏教学は哲学と称すべきでないし、ヨーロッパの哲学は、儒学・仏教学と同じではない。

哲学の儒道仏道と相異する点

儒道・仏道と哲学とは大いに異なる所がある。儒仏の二者は知行を兼ね重んじ（むしろ行を重んずる方であるが）、その身を修め兼て、世人を教化するをもって目的としており、その教祖を尊信し、またいずれも奉守するところの経典がある。ことに仏教は、その方便を行うことが利ありと思えば、道理の境界をこえて地獄極楽をも説くに至った。しかし哲学は、その本意は、天地間の真理を極めるにあるから、教祖もなければ経典もなし、方便なぞは、如何なるときにも、これを用いない。この点、根本において異なっている。

哲学は、教祖、経典なく方便もない

根本がすでに異なっているから、その学問研究の方法も決して同一である道理がない。儒学も仏教学も、決して同一に哲学と称すべきものではない。この二家の書中に、真理

真理考究の点において哲学が勝れている

哲学の考究法をもって東方の事物を考察すべし

を包含することは、はなはだ多いといっても、二家の学問は断じて哲学と称すべきではない。「二家の学は其身を修め人を治むるに至りては、大に哲学に勝る所ありといへども、真理を考究するに至りては、哲学の擅長にして二家の及ぶ所に非ず」。二家の学者は、さらに進んで欧米の哲学を学ぶことを望むといっている（キリスト教学の学者は、すでに哲学に通じているから、ここではいわない）。このように、東西の学に通じた上で、哲学会に臨んで、同心協力して哲学上の真理を考究することを望むものであるという。

この哲学会では、哲学のうち、現今のわが日本に必要な条件のみを考究したらいいのではないかと思う。こういって、必要の条件として、次の三つをあげている。その一「後進を誨導す」、その二「哲学の考究法を以て東方の事物を考察す」、その三「東方に於て新規の発明を為さんことを求む」。

そうして、その第二のことを説明していう。

従来東方に幾多の学術ありと雖も、其考究の法精密ならざるを以て、其事理不落着のものなし、殊にデニング君の挙げられたる心理、道徳、社会、文学、宗教、技芸等の如きは其最も切要なる者なれば、之を考察して其真理の在る所を求むるは亦本会の任なるべし。

「学問を為すに唯古人の足迹のみを履むは学問の本意殊に哲学の本意に非ず」。哲学の事実中、東洋にのみあって西洋にない者があれば、このような者を発見して哲学の範囲を拡め、または、旧哲学に新思想を生ぜしめることがあれば、吾ら東洋にあって哲学を修める者の、この学に対しての名誉であると、こういっている。

「哲学の考究法」をもって、東洋の学問を分析しようとしているのであり、それは西村のいう「折衷」のうちに含まれるものである。

西村は、徳川時代の武士の道徳を高く評価していたが、しかし、それをそのまま明治の社会に復活しようとしたのではない。彼は、

旧時の道徳は旧時の世界に適して今日の世界に適せざる所あれば、之を斟酌商量して其宜しきを得せしむるは亦今日学者の務なるべし。(明治二十年十一月、「国民の道徳」、全集第二巻)

道徳と学術とは密接に関連する

また、道徳と学術とは密接に関連しており、道徳だけを単行しようとしても、その効果の少ないことを知っている。わが国の道徳は、その理論は西洋の哲学に及ばないが、その実行は彼に勝れている。その道徳の理論の彼に及ばない所は、務めてこれを研究して精微の極に達すべしとしている。「取捨」して「採長補短」し、前進してゆくべしとし

ているのである。それは、学術の問題と同じである。

「東洋学会の前途」(明治二十年六月、全集第二巻)において彼はいっている。およそ学術において、もっとも必要なるものは、精密・博大・結構・順序・少労多功の五者である。この五条を準則として学級を定めるとき、わが国の学問は中国の学問に及ばず、中国の学問は西洋の学問に及ばない。今日もし、世人をして、西洋の学を捨てて東洋の学を務めさせようとするならば、右の五条において、ことごとく西洋の学問の上に出させなければならない。これは空言であり不可能である。東洋の学術を振興しようとするには、西洋人の学士と対抗しなければならない。それには、東洋の学問の欠点を克服する必要がある。

わが国の学問は西洋の学問に及ばない

東洋の学問の欠点を克服せよ

> 其一は学問を研究するに専ら書籍のみに頼らずして、事実を探討せざるべからざることなり、其二は東西の学問を精密に比較し、公平に其判断を為すなり。
>
> 今日善く之を修むるときは独り彼と角力するの手段となるのみならず、東洋の学問を高進するの一良法となるべし。

という。

一歩一歩積み重ねてゆけば、「十数年の後は其学問の多少進歩改良するは疑なきことなり」。西村にとって、道徳運動もまた同様に将来に向って着実に建設してゆくべきものであったのであり、徳川の儒教の単なる復活を意図していたのではないこと明らかである。

このようにして、西村の日本弘道会のための活動が始まる。明治二十二年（一八八九）一月以来、毎土曜日を会日とし、会員のために「哲学全論」を講じた。同年五月、日本弘道会第一支会として、宇都宮支会が結成された。十二月十二日、「日本弘道会大意」を刊行した。機関誌『日本弘道会雑誌』は、会員の掲載文が出版法にふれて発行禁止になったので、誌名を『日本弘道会叢記』と改めた。十月よりその初編第一号を発刊した。二十三年一月、「日本弘道会要領甲号」十ヵ条を定めた。

一　忠孝を重んずべし。神明を敬ふべし。
二　皇室を尊ぶべし。本国を大切にすべし。
三　国法を守るべし。国益を図るべし。
四　学問を勉むべし。身体を強健にすべし。
五　家業を励むべし。節倹を守るべし。
六　家内和睦すべし。同郷相助くべし。
七　信義を守るべし。慈善を行ふべし。

八　人の害を為すべからず。非道の財を貪るべからず。
九　酒色に溺るべからず。悪しき風俗に染まるべからず。
十　宗教を信ずるは自由なりと雖も、本国の害となるべき宗教は信ずべからず。

これは、同年五月発行の『弘道会叢記』誌上に掲載された。このうち、第十項は、のちの「乙号」では削除される。明治三十二年（一八九九）の内地雑居が無事にすんで、キリスト教を恐れる必要がなくなったからである。西村のキリスト教批判は、そのときをもって終る。

この年三月、日本弘道会に、女子部をおき棚橋絢子・平尾光子をもって幹事とし、飯田町皇典講究所講堂において、隔月に開会することとした。

ところで、右の甲号十ヵ条のうちにある、「二　皇室を尊ぶべし」について、西村が皇室をどのように見ていたかについて、『泊翁卮言』第一冊の「十三　威権の在る所」（全集第一巻）を引照しておきたい。

### 天皇、虚器を擁して、皇家安泰

威権の在る所は禍の帰する所なり、本邦歴世天皇の御中、庸君又は幼帝の立ち給ひしこと数なりしかども、万世一系の天位の堅固にして動かざりしは、固より祖宗徳沢の深きに因ると雖ども、亦此の如き天皇は大率虚器を擁し玉ふの致す所なり、藤原氏権を専にして皇家少しく安く、王権全く覇府に帰して皇家大に安く、後醍醐天皇王権を恢復し玉ひて皇家少しく危し、世の尊王家と称する者、此理を知らず、古史を読みて妄りに藤原氏等の専権を責むるは誤れりと云ふべし。

このように、西村は、「世の尊王家と称する者」とは、異なった見解を抱いていたことに注目したい。

## 五　憲法発布ころの主張

尊王思想

上記の「皇室を尊ぶべし」に関連して、西村の「尊王」思想を、明倫院設立についての「土方宮内大臣へ建言」(「建言稿下」、全集第一巻)、「尊王愛国論」(明治二十四年十一月、全集第二巻)を主として考察してみたい。

西村は、わが皇室を政権より隔離した上で、「皇室を道徳の源」(『往事録』)にしたいと考えていた。

西洋では、キリスト教が国民道徳を維持

西洋の諸国が昔より耶蘇教を以て国民の道徳を維持し来れるは、世人の皆知る所なり。(中略)

本邦の　皇室は　天照大神より万世一系にて其祖宗の神霊なると、宝祚の長久なると、実に神聖と称すべくして、万国に其比を見ざる所なり、維新以来教育の進歩は著しいといへども、其徳育に基礎を失ひたるを以て（従前の徳育は皆儒道を以て其基礎とせり）、人民の道徳は大に昔に及ばず、教育者一定の見なきを以て文部大臣の交迭ある毎に、一般の徳育に多少の変化を生ずるを常とす、是本邦教育の一大欠点にして、決して棄置べきことに非ざるなり、然るに本邦には世界無雙の　皇室あるに、是を徳育の基礎とすることを知らずして、教育者紛々擾々各其知る所を主張するは誤れるの甚しき者なり、余因て　皇室を道徳の源となし、普通教育中に於て、其徳育に関することは、皇室自ら是を管理し、知育体育の二者を以て文部省に委任する時は、徳育の基礎固定して人民の方向亦定まり、皇室は益々其尊栄を増すべし。（『往事録』）

皇室を徳育の基礎におくこと

徳育は皇室が管理、智育・体育は文部省が管理

これが、西村の明倫院設立の案を草した理由である。この建言の内容は次のようなものである。明倫院は、宮内省中におく。学士は五人以上十人以下、属二人程。学士は学識徳望があって、年齢五十以上の者を任命する。身分は勅任の終身官とする。

明倫院設立の案

学士の職掌は、「聖旨を奉じて、本邦道徳の基礎を論定し、又之を実際に施すの方法を考究す」ることにある。全国の学校に用いる徳育の教科書の検定、府下官公私の学校を

巡視し、その徳育の方法を視察する。この後、四-五年を期して、全国諸学校に用うべき徳育の教科書を撰著するというものであった。

文部大臣が変るごとに、文部省の方針が変るのは困るという意見は、昭和になってからも、教育界に存在していたものである。不変の徳育を求めて、政変に関係のない皇室に管理してもらいたいという願望であったことと思われる。

文末のところで、この明倫院を設立の上は、文部省管轄の東京学士会院は、ほとんど無用に帰するであろうといっているところからみると、明倫院の性格が全く政治的性格をもたないことが、いっそう明らかになるであろう。

ついで、「尊王愛国論」(明治二十四年十一月、全集第二巻)によって、彼が皇室に何を期待していたかを考えてみたい。

国民の道徳は愛国をもって第一におく

西村は、道徳の条目に五つあるとして、一身の道徳以下、一家・一郷・一国の道徳をあげる。そして、今日の時勢よりみて、もっとも緊要なのは、国民の道徳であるとして、この尊王愛国を論じるのである。

国民の道徳を論じるのに、愛国をもって第一におくことは、西洋道徳家の見るところ、皆同一に帰するところである。しかし、尊王愛国というように、並べていうことは、西洋諸国にはない。その理由は、わが国の王室は他国の王室と異なって、国と安危存在を共にするものであるからで、世の教育家が尊王愛国を以て、国民の道徳とすることは至当である。ただ、尊王愛国とは、いかなるものか、これを実行するの方法はどうしたらよいのかということが明瞭でないように思われるので、ここで、このテーマで論じる理由であると、こう前おきしている。

尊王という文字は、わが国では古来これを使用していない。その初めは、水戸学で、尊王攘夷ということを唱えたのに発している。今日では、攘夷の用がないので、ただ尊王の字だけをとり出して国民教育の目的としている。尊王というときは、皆解釈を同じくしていて異説がないから、現在、別にその義を説く必要がないといって、西村は、この意義の解説をしていない。愛国の説明だけをしている。

愛国の意義

愛国の字は、中国では古書にあるけれど、現今、わが国で用いる愛国の意義は、西洋でいう「パトリオチズム」を訳したものである。そうして西洋で愛国者の代表的なものとしては、スパルタの王レオニダス、スコットランド人ワレース、スイス人ウォルレムテル、イギリス人ハムテン、アメリカの大統領ワシントン、イタリアの大将ガリバルジィなどがあげられているとしている。西洋では、ギリシアのとき以来、このように愛国の意義を説く者、愛国の行を為すものが多いが、わが国や中国の古典には、そのようなことはない。わが国は古来三韓との交渉があっただけで、いずれもわが国の安危をなすほどの国力あるものが周辺に存在しなかった。それで、弘安蒙古の役を除くほか、一回も愛国の精神を発揮する機会がなかった。新田・楠などは忠臣とはいいえても、愛国者とはいえない。近年、外国との交通が開けてから、愛国の語が西洋より舶来し、それと同時に、愛国の精神というものが、国民のために、最大必要のものとなった。

日本では愛国の精神を発揮する機会が少なかった

今日、わが国は、四面強国から狙われていて、どんな危機が起るかも分らないとき、わが国民は、国内のことのみに奔走して、世界の大勢に注目するものが少ない。たとえ国内が栄えていても、「万一外国の暴風激浪天を掠めて至るときは」、これまで経営してきた百般の事業は、ことごとく破壊されてしまう。故に「一身一家の安全ならんことを欲せば一国の安全を謀らざるべからず」。したがって今日、わが日本人が百般の事業をなすときには、いずれも眼を世界に注いで計画を立てなければならない。西洋人が今日のように、国富み兵強くなったのは、数百年来、他国の地を奪い、他国の財を集めた結果である。西洋人は、さらに、富強を謀り、しだいに翼を東洋に伸し、すでに安南ビルマを滅し、南洋諸島も占領されたものが多い。なかでも、ロシアのシベリア鉄道は、もっ

今日、わが国は列強から狙われている

弱肉強食の世界

とも警戒しなければならない。だから、わが国の内政、海陸軍、経済、教育、ことごとく外国との関係を考えてから手を下さなければならない。

このように、西村の愛国論は、明治二十四年現在における、わが日本のおかれた国際的危機の状況のなかにおいて説かれているものであり、道徳の主張も、民心を統一させるためになされたものであった。そこで、世界の大勢を知ることが、もっとも必要であるという。西村は、維新前後から、世界の情勢に強い関心をもっている。

愛国について国民に三種の理解あり

彼は、愛国について、国民に三種類あるといっている。その一、愛国の何物たるを知らないもの、その二、尊王を説かずして、もっぱら愛国のみを説くもの、その三、尊王愛国を知っていても、これを実行することのできないもの、がこれである。

第一は、国民中の七-八分を占めているもので、いずれも国史を知らず、世界の大勢を知らないもので、ひたすら、私事にとらわれているものをさしている。第二は、元来、西洋の風であるけれど、西洋とわが国では、その建国の体が同じでないから、もしこの主義によっていくときは、大いに国家の動乱を生ずべき恐れがあるといっている。経済主義の人たちをさしているが、「此説を為す者は多く耶蘇教信者に在りて、其他西学に沈溺する者にも亦此説を信ずる者多しと聞けり」という。この一派は、日本の土地をもって外国人に与えんとするもの、日本人をもって西洋人の奴隷となそうとするもの、帝室を蔑視するもの、わが国独立の威権を失わせようとするもの、といって非難している。

国の元気を振興する策

第三は、相応の知識を有しているが尊王愛国の大義を知らないものとしている。

今日においては、とくに悪いことは行われていないが、国の状態が振わない。その原因は、国の元気が消亡しているからである。その元気振興を行うには、

一に曰く国是を定むべし、二に曰く教育法を改むべし、三に曰く人材登用の法を改むべし、四に曰く法律と教育と一致せしむべし、五に曰く法律の繁冗を除くべし、六に曰く賞罰を厳明にすべし、七に曰く上の好む所を示すべし是なり。

と記している。

教育論

同じころ、明倫院設立建白と関連しているのであるが、政府の学校令改正を耳にして文部大臣に建言したものに、「榎本文部大臣へ建言」(明治二十三年四月、全集第一巻)がある。

教育内容の現実性を要求

その意見の根底にあるものは、西村が平生いうところの「実際的見地」に立つもので、画一主義を批判するものであると同時に、教育内容の現実性を要求するものであった。文部省は、もっぱら「教育の事務」を取扱えばよいのであって、教育の学問にまで干渉しない方が宜しい、教育家に十分にその手足を伸長させるようにした方がよいという意

見である。彼は、これに「全般と一隅の別あり」という表現を用いている。国民の負担を軽くするためには、生徒の授業料をもって主要財源とするのは廃止した方がよい。国民の智力・財力の実状に応じ、固有の風俗習慣に従い、順次改善するのがよいという。ヨーロッパ諸国の教育法をみると、いずれも、その本国の教育法を根拠とし、その歴史により、時勢に応じて多少の改正を為している。わが国のように、全く他国の法を採用し、従来の教育法を破壊してしまうようなことは、していない。明治政府の学制は、江戸時代における幕府諸藩の学校と、民間の寺子屋という二種の学校制度を全く否定してしまった。そうして、単に欧米の文明を輸入し、わが物質的進歩を促進することだけを目標とした。それで公立学校では、道徳を全く無視してきた。その点、私立学校は、その智育の学科においては公学に及ばないけれども、その師弟の情は、公学よりもかえって篤く、徳育は私学より興る望みがある。だから、私学は、あまり地方官が干渉することなく自由に任せておいた方が宜しいという。

ヨーロッパの教育法は従来のを否定せず

明治政府の学制は、道徳を無視

徳育は私学より興る望みあり

そうして、二十三年十月発布の小学校令が、その第一条において明記している小学教育の目的について、これをわが国教育上の一進歩として高く評価している。すなわち、

二十三年の小学校令を高く評価

小学校は児童身体の発達に留意して、道徳教育及国民教育の基礎並に其生活に必要

なる普通の知識技能を授くるを以て本旨とす。

といって、学科の内容を改善したのを評価し歓迎しているのである。

明治の教育は抽象的内容

そうして、さらに、徳川時代の学校が、もっぱら忠孝礼儀を教え、読書・習字という現実に役に立つことを教えたのに対し、明治の新教育が、抽象的な内容を教えたために、また年少の教員が単に知識だけを教えたために、生徒の父兄に、新教育は人間に無用なものという感じを抱かせてしまった。さらに、従来、士族の子弟と平民の子弟とは、その教育の程度に非常に高低の差があったのに、新教育では、それを無視して同一の学校で教えたので、程度の高い士族は学校の教育の低さをきらい、平民は学校の教育の高いのをきらうことになったといって、能力を無視する均一教育を批判している。現代の教育論義と共通したところがあるのは興味深いことである。

能力を無視する均一教育を批判

また、国民に要する教育経費を、国家財政の規模と比較し、ヨーロッパの先進国と比較して、わが国民の負担が重すぎる点を指摘し、教育も大切であるが、民産の貧富の度に応じて経費を考慮すべきことをすすめている。

国民負担を軽減せよ

そして、しめくくりとして、徳育の問題をとりあげる。教育は自国の歴史を本とし、時勢に応じてこれに多少の改良を加えてゆくのがよいという自説を展開する。「儒書」に

教育は自国の歴史を本とすること

よって徳育の基礎を立てよ、といっても、徳川時代の「儒教」ではなく、儒道の「精神のみ」採用せよ。今日の時勢に合わないところが多いから、その無用の処を省き有用の処のみを採ることも必要である。ことに、その解釈を今日に適用するように改めるべきである。こうして、次のようにいう。

儒道の精神を採用せよ、腐儒は否定

儒教を用ふるも旧来の腐儒は之を用ふべからず。少くも本邦の歴史と支那の儒道と、西洋の哲学（殊に道徳学）とに通じ、其品行も衆人の信ずる所となり、且つ治心の学問を為したる人に非ざれば、其講師となるべからざるなり。

帝国大学の教育内容を現実にふさわしく改正せよ

この主張は、帝国大学にまで及び、現在の帝国大学は、依然として、幕末の「蕃国の書を取調ぶる所と云へる精神を保存」している。これでは「日本国学問の最高地位を占め、政府の高等官も、大抵此中より出ることゝなりたる」現実にふさわしくないから、改正すべきであると説くのである。

条約改正論

西村の条約改正についての見解は、その道徳論と密接に関連しているので、ここで論じることにしたい。彼の条約改正についての建言は、次の二つがある。

「条約改正に付き建言」（明治二十二年九月、全集第一巻）

「条約改正の儀に付建言」（明治二十三年十一月、全集第一巻）

条約改正は議会で論議せよ

条約改正の件で、もっとも重要なる点は、「外人に内地雑居を許し、土地所有権を与ふる」と「大審院に外国出身の判事を登傭する」との二件にある。

しかし、それを論ずる前に必要なことは、西洋人は恐しいということを知らなければいけない。それを、「他国の歴史と外人が今日まで邦人に処せし迹に拠りて之を判断する」ほかないという。それは、ヨーロッパ諸国の、アジア・アフリカ・アメリカの諸国に対する姿勢である。

列強に対する恐怖心

夫れ欧州人は其智力他国の民に勝れ、陰鷙桀鷔常に侵奪を以て事業と為し、今日友邦たりしも、少しく乗ずべきの釁あれば、忽ち牙を磨して讐敵となる、然るに他の諸国の民は深く欧州人の畏るべきを知らず。

ヨーロッパ人に対する劣等感・恐怖心で満たされていることが分る。世界の歴史の経験を重要視すべきことを主張し、

彼印度土耳古埃及安南緬甸の覆轍は決して他国の事として等閑に之を視るべからざるなり。

こうして、彼我対等なら差支えないが、西洋諸国が優勢な現状において、内地雑居・土地所有権の利益は、すべて西洋諸国の人々に帰してしまうという。数十年の後には、

国内土地の利益多き部分は、大抵外人の有に帰し、邦人は僅に利益少なき土地を所有するか、又は外人の小作人たるに過ぎざるべし。加之工業の如き商業の如き、大抵は外人に其利権を掌握せられ、邦人は奴隷に近きの苦境に陥るは、掌を指すよりも明かなり。

とみる。

西洋人の土地所有を恐れる

西洋諸国の人々と、日本人との文化上の落差を非常に大きく感じている。「本邦人民の貧にして愚なる、百年の禍福を慮ることを知らず」という。

外国判事の採用は、治外法権を全国に拡大する

大審院に外国判事をおく問題についても、「今全国を開きて大審院に（多数の）外国判事を登用するときは、是治外法権を全国に拡めたる者なり」とみている。世界中をみてもこのような裁判の法を用いているのは、エジプトだけであり、そのエジプトは、貧困衰弱している国である、そのような国の模倣を何故するのか。

条約改正案は議会で審議せよ

また、大審院に外人を入れるのは、十二年間と限定してあるという意見があるけれど、これも信用できない。現に、幕末に締結した条約が、十年間といっていたのに、三十余年を経過した今日においても、なお改正するのが困難な状況にあるではないかという。国際政治に対する全くの不信感で満たされている。そして、もし、これを実施したいと

しても、帝国議会の開会も明年に迫っているのであるから、それを待って、議会に付してのちに決定したら如何というのである。西村は、現時の不完全な条約改正をもって、国に大害があると信じているが、議会に付して、国民の大多数がこれをもって国に利ありとするならば致し方ないとしている。

以上は、明治二十二年九月のものであるが、大隈案挫折後の、二十三年十一月のものも同様の内容である。

実に外人に雑居を許すと許さざるとは国家興亡の岐かるゝ所にして、若し一旦雑居を許すときは、是が為めに小民は一時利益を得ることあるべしと雖とも、終には民間の利源を吸収せられ、国家の経済を攪乱せられ、国の良風美俗は破壊せられ、民の愛国心は減銷せられ、義を忘れ利を尚ふの風滋々増長し、わが国体を破滅すべき外教は益々勢力を長するに至るべし。

という。このような恐怖心は、西村だけではなく、一般的なものだといってよく、かの西洋化に熱心であった福沢も、内地雑居後の状況については確信をもっていなかったといってよい。

# 第四　道徳教育運動の時代（その二）

## 一　『国家道徳論』

明治二十六年（一八九三）夏、西村は、築地から、南葛飾郡寺島村に退隠した。年齢六十六。

華族女学校長解任

この年、十一月二十五日、依レ願兼官（華族女学校長）を免ずとある。本官とは、宮中顧問官であったが、この官は、枢密顧問官をおいて以来、その職務は枢密院で兼掌するところとなった。したがって、宮中顧問官は、全く職務がなく、俸給も出なかった。兼官のある人は、その兼官の俸給をうけていたのであるが、西村は、その兼官であった華族女学校長を免ぜられたから、全くの無職務、無俸給になったわけである。しかも、彼が兼官を免ぜられて以来、「政府の余を見ること、一層疎外をなせるものゝ如し」、ことに、伊藤総理・陸奥外相に嫌われたとみずから記している（『往事録』）。

向島に退隠

今は年已に六十六歳、復毫も功名の念あることなし、依て往年購ひ置ける南葛飾郡寺島村（墨田川の東岸通称向島）の茅屋に退居して、静に余生を送らんとす。国家の事に付ては、関心すべき事甚多しといへども、老朽の身、殊に非藩閥の身なれば、再び政府に向て口を開くの途なし。唯、国民道徳の盛衰は、国の隆替を為す所以の根元にして、余が往年より力を尽せる日本弘道会は、即ち此目的の万分の一を達せんとするものなり。依て爾来は、政界に向て口を開くことを止め、国民道徳の振興を以て、畢生の事業と為し、以て国恩の万分一を報ぜんと欲す。

そうして、次のように続く。

明治二十七年三月国家道徳論二冊脱稿す。（『往事録』）

『国家道徳論』刊行

同じころ、これとならんで、『泊翁卮言』三冊を刊行している。彼みずから、区切りとしていることが知られる。

『国家道徳論』は、明治十九年の『日本道徳論』に対比されるもので、彼は、その「序」において次のような趣旨のことを記している。

さきには、国民が深く欧米の学術風俗に惑溺していた時期に『日本道徳論』を刊行し、批判をうけたが、その成果があがり、今日ではそれも静まり、わが国人心は、「邪路を去りて正路に復した」といえる。それから八年を経過し、「外国条約改正の議あり、憲法発布、国会開設の挙あり、国民の道徳に関する、聖詔あり、国家の為め国民の為めに言はんと欲すること亦頗る多し」。そこで、『国家道徳論』二巻を草し、同志に示すものであるといっている。

その目次をみると、上巻には、緒言・総論・大臣・百官・官制・政務・法律・帝国議会・外交の諸目、下巻には、教育・宗教・軍政・理財・租税・山林治川・民業・航海移民・雑事の諸目になっている。

政治上より国民の道徳を論じる

その「緒言」においてこの書著述の意を記して次のようにいっている。『国家道徳論』は、「専ら政治上より国民の道徳を論じたる者にして、国人個々の道徳とは其指す所を異にせり」といい、「治国平天下の道」を論じたものであるという。そうして、「道徳」と「政事」と分けて実践することは誤りであるとして、「道徳学と政事学」とは、学問としては別であるが、これを実際に行おうとするには、二つに分けることはできない。それを、今日、「政事を執る者、及び政事を論ずる者、多くは道徳を棄てゝ顧みず」、そこに、「国政の善美ならざる」理由があるとしている。しかしながら、またいう。「余が所謂道徳は、或る国学者又は或る漢学者が言ふが如き固陋迂濶の道徳を指すには非ざるなり」

と。

こうして、西村は、あらゆる方面の社会問題を論議し、いずれもその基礎を道徳におくべきことを立証しようとしたのである。

「忠孝」において政治と道徳とを区別

ここで、西村が、政治と道徳とを区別していたことについてふれておきたい。『泊翁巵言』第二冊「卅三　忠孝」において、「忠孝」「仁愛」と、天下を治める道とは別であるとしている。

天下を治むるには天下を治むるの治道治術あり、一国を治むるには、一国を治むるの治道治術あり一身一家の如きも亦然り、善事㆓父母㆒為㆑孝と、父母に善く事へるのみにて天下の能く治まることならば、甚だ容易なることなれども、天下決して此理なきなり。

また、

夫れ不孝の人は固より能く天下を治むべからず、堯舜も孝弟の人たるに相違なし、然れとも其天下を治めて治安を致すは別に其道のあることにて、孝弟の道を推して天下を治むることを得ると云ふは決して無きことなり。

といい、

仁愛のみにて治術治法なければ、亦能く治まることなし、仁愛のみありて治術治法なきは、孟子の所謂徒善なり。

といった。

「道徳と政治」において両者を区別

同じく「卅二　道徳と政治」においても、この範囲の区別を指摘している。政治上に「得レ志」のと、道徳上に「得レ志」のとは別で、政治上の場合は「得レ位」の意であり、道徳の場合は、「道徳中に得レ志」のであるとしている。決して「位の高下有無に関せざることなり」としている。道徳の趣旨よりいうときは、位を得ない者は、かえって道徳のために志を得、位を得る者はかえって道徳のために志を得ないという理がある。周公と孔子とは、ともに聖人で、その学徳の優劣如何を知らないけれど、中国の後世の学士の言によれば、大なる差等のない人である。周公は、位を得てその道を当世に行ったから、一時的に道徳が大いに行われたかの如くに見えるけれど、その行われたのは、周公一代、ことに在位の間に限られ、その道徳の教化をうけたのは、そのときの中国一国の民にすぎない。それと反対に、孔子は、時にあわなかった故に、一時的にその道が否塞したように見えるけれども、これがために、みずからその門人を教導し、また格言・訓語を垂れて、後世の民を開導したことをもって、その道徳の教化をうけたも

孔子の教化は、中国一国にとどまらない

のは、中国一国の民にとどまらず、およそ中国の文字を読むことのできる国民は、皆その聖旨を聞くことができた。中国の文字のある限りは、千年万年ののちまでも、その道を伝えて堕落することはない。だから、道徳の趣旨よりいうときは、孔子が志を得たのは、かえって周公に勝っているという道理である。そうして、荘子の言を引用して、「荘子の言は判然と道徳と政治との区別を言分けたる者にして其理太た精なり」と記している。西村は、道徳と政治とを区別した上で、道徳教育運動をすすめていることに注目したい。

日本の「国体」は皇統一系

ついで「総論」であるが、ここにおいて、まず最初に出てくる言葉は、「国体」である。少し長くなるが引用しよう。

本邦の国体は他国と同じからず、　皇統一系、万古弗レ渝、是他国に勝れたる所にして、亦他国に無き所なり、故に　皇室は即ち国家、国家は即ち　皇室なり、凡そ学問にても宗教にても、皇室に危害を加へんとする者は、即ち国家に危害を加へんとする者なり、此の如き教学は之を邪教と称すべく、之を曲学と名くべし、天祖天孫以来、　皇室の鞏固なること既に幾千年、近年立憲政体の定まるに及び、皇室益々其鞏固を加ふ、臣民たる者宜く欽定憲法を恪守して、各其職分を尽さゞるべからず、若し立憲政体を濫用して禍を　皇室に及ぼさんとする者あらば、真に不忠の臣と云ふべし、余は永く此の如き臣民の出でざらんことを願ふなり。

西村は、皇統一系の皇室の存在を「国体」とよび、これを守ろうという。ただし、その皇室なるものは、独裁者ではない。立憲政体をとっている皇室である。「皇室と政府との限界を明かに」することを彼は要求する。彼は、あとにおいている「官制」という節で記している。

侍講の必要

宮内省には侍講の官なかるべからず。学識徳望年齢の三者を兼ねたる者を選びて之に任ずべし、従前の如く国学者一名、漢学者一名、洋学者一名、都合三名にて宜しかるべし、国学者は本邦の古史及び古法律の類を進講し、漢学者は支那の経典及び資治通鑑の類を進講し、洋学者は西洋の政治学歴史の類を進講すべし。

天皇を和・漢・洋の学問によって、「御輔導」しようと考えている。別のところで記したように、西村は、わが皇室が長年経続したのは、政権を担当しなかったからであるといい、藤原政権や武家政権の存在理由を認めるとともに、将来とも、皇室が政権と分離することを望んでいた。彼は、超国家主義者のいうような「天皇親政」は、全然考慮していない。

帝室と政府とを区別

『泊翁卮言』第一冊「廿七　帝室政府」においても次のようにいっている。

本邦の帝室と政府と同じからず、帝室は万世一統にして変化あることなし、万一帝室に変化ある時は、国も其安全を保つこと能はず、政府は時に因りて変化ある者なり、帝室は固より政治の最上権を領する者なれども、亦政治の得失に直接の関係を有せず、英国の如きも、国王は死せず国王は過を為し得ずと云へる国法あり、是立憲政体に必要の眼目にして、此主義を失ふときは、帝室も危殆にして、其国も亦危殆なり、政治の得失は政府常に全く其責に任し、若し其為す所、人心に厭かざるときは、首相たる者其職を辞して他人に譲る、是立憲政体の至美なる所なり、邦人輙もすれば、帝室と政府と共に之を朝廷と称して其区別を知らざる者あり、往昔は兎も角も、今日に至りては、決して之を混同すべからざるなり。

西村が皇室を政権と切り離しておこうとしたことに関連して、平田派国学を批判している文章に、『泊翁卮言』第一冊「二十　古事記の推尊」がある。

本居宣長平田篤胤の両大人、及び其他の国学者神道家等古事記を推尊して神典と称し、是に拠りて我神道を宏大に説き、日本国中は勿論、他国まで推し及ぼさんとしたり、其事は西洋人が旧約書を推尊して神書と称して是に拠りて其教を弘めたりしと相似たり、余謂ふに本居平田等の諸大人其志は壮なりと雖とも、其術は迂濶なりと云ふべし、古事記は神代の歴史にして、其事旧約書に似たる所あれども、到底我日本一国を限りて記したる者なれば、其紀事の境界狭く、何ほど之を拡めたりとも、旧約書の如く自在に之を引き廻すこと能はず、其上西洋にて旧約書を記したる摩西（モセス）は既に卓越なる宗教家にして其後大闢（ダーヒット）、瑣羅門（ソロモン）等の大家輩出し、又耶蘇と云へる大豪傑を出し、其門下に十二使徒ありて、何れも衆に勝れたる人材にて、世間の人智の未だ開けざるに乗じ、其雄辯詭行を以て信者の心を堅固にせし故に、今日の如き偉功を奏したるなり、古事記は其本文已に旧約に及ばず、且本居翁の時まで千有余年、一人も此書を推尊して神道を唱へたる者なく、其時代既に後れ、人智既に開けたるの後にあれば、本居平田の二家何程才学気力あるとも、其志を達するは至て難きことなり、若し本居平田の二人、延喜天暦の比か、遅くも鎌倉の頃に出たるならば、日本国中だけは或は其教を弘むることを得たりしなるべし。

同じく、第三冊「四　本居宣長　平田篤胤」においても、ほぼ同様のことを記している。

西村は、「国体」を、右のように考えている。そのうえで、『国家道徳論』の「総論」

文明開化を国是とするは国民の同意

洋学者や上級官吏を急進家と做している

立憲政体樹立により皇室は鞏固となった

施政は歴史上の発展段階に応じて行え

において、「国是」について次のように記している。

「今日文明開化を以て国家の国是と為さんは、国民全体の同意して決して異議なき所なるべし」という。そして、文明開化を目しても、「急進家又浮躁者」とよばれるような人たちではよくないといい、このなかに、「洋学者耶蘇教家、大学の学士、諸省の書記官参事官、外国交際官」などを含めている。これらの人々は、「本邦古来の長処をも亦視て之を蛮風と為し、一概に之を排棄せんとする」からである。もし、この意見をもって国是とすれば、日本はエジプトのようになってしまうであろう。それでは、どうすればよいのか。「曰く自然の天則を取りて以て国是と為さんのみ」。すなわち「頑固と軽躁との中間」を行うがよいという。

「国体」については、皇統一系が他国に勝れているところで、「皇室は即ち国家」というけれど、同時に、近年、立憲政体が定まって皇室はますます鞏固さを増したのであり、「臣民たる者宜く欽定憲法を恪守して、各其職分を尽さゞるべからず」といっている。皇室と政治とを切り離して考えていることは、すでに記したところである。

さらに、国政における実施の「順序」ということを重視している。歴史上の発展段階に応じて、ことを行うべきであるというのであり、ヨーロッパで行われていることでも、それを、そのまま日本に適応できるとは限らないとしている。漸進主義なのである。わが国の立憲政治では、行政・司法・立法の三権のうちで、行政官の勢力を重くしているけれど、それ以前が、数千年も君主独裁を連続してきたので、仕方のないことである。しかし、百年の後には、また変るであろうとみている。

**繁文褥礼を批判**

**欧米一辺倒の外交を批判**

**中国・朝鮮は将来の友邦**

これより、主なところを拾ってゆけば、大臣には、「徳望と手腕」を要求している。官制では、とくに、天皇・東宮に対する輔導者の設置を要望しており、帝王学を進講しようとしている。政務では、繁文褥礼を批判し、人を用うるのに、「満朝の官吏、多く利口軽薄の才子にして重厚深慮の人少し」と指摘する。法律を論じては、新法典の無謀と欠陥とを指摘する。帝国議会は名実相適わずといい、それは、「人の罪」で、「法の罪」ではないという。外交は、その軟弱を批判し、「欧米人に対しては尊崇と畏怖とを極め、支那朝鮮に対しては軽侮と蔑視とを極む」としている。今日の世界の戦争を、「国と国との戦争のみならず、又人種と人種との戦争」と見、「独り白人種のみを以て此世界を占領せんとするの志望あるが如し」という。こうして、「欧洲の諸国は表面には懇親の状あるも、到底我友邦に非ずして、支那朝鮮は或は一時釁隙を開くことあるも、畢竟我敵邦に非ざるなり」とする。ただし、この二国は、政治頽敗し、民心腐敗し、与に事を成すことはできない、これ大いに憂うべきところであるとしている。そうして、政府の条約改正に対して、「最も謬迷の見」をいだくものと批判している。

教育については年来の見解に変更はなく、宗教については、「理教」の立場から多く宗教の必要を認めないことも変りはない。

軍備は、厳にして他国よりの侵略を防がなくてはならない。この人類の心中に、「名誉と慾望」との二者がある間は、戦争はやまないであろうから。兵器軍艦は国内で製造することが必要という。

税の過重を指摘

「理財」においては、詳しく国家の経済を論じ、国税だけでなく地方税の過重を指摘している。「民業」においては、農工商の実業を振興する案を提出している。「航海移民」のところでは、船舶の国産をすすめるよう説き、政府より補助を与うべきことを提示している。

「航海移民」においては、人口増加に応じて移民の必要を説き、「成るべく資本に富める者、農業に熱心なる者、学識ある者、進取の気力ある者」などを選ぶべしという。従前のように、「奴隷同様の貧民のみ」を送ってはいけないというわけである。移住先の地方として、メキシコ、チリ、ペルーを考えている。

目下の政党には、国政担当の能力なしとみる

「雑事」においては、政党を批判し、また、未だ現政府に代って国家を負担させる能力もないとしている。「紳商」を論じては、官吏と結んで濁利を貪り巨万の富を築いていることを批判する。さらに、投機をするところの取引所は、奸商の集まるところとしてこれを否定し、また、将来における国民貧富の不平均を予防すべしという。そうしないと、社会党・共産党・虚無党の類が起る恐れがあるとしている。

将来における貧富の不平均を予防せよ

道徳は時代とともに変化する

同じく明治二十六年（一八九三）に、西村は「明治時代の道徳」を書いているが、これは、道徳には、古今東西の別があるという見地に立っているもので、彼が道徳を固定したものと考えなかったことを示している。「若し何れの時何れの国にも同一の道徳を行はんとする者は之を道徳の死法といふ」と彼はいうのである。そうして、道徳の復興を計る人が、古代の道徳や、封建時代の武士の風を、そのままに明治の時代にもってこようとするのに警告を発している。

新しい時代には新しい道徳

「徳川氏の時を以て明治の今日に比すれば其時勢の変ずる者、実に驚くに堪へたる者あり」といい、その大なるものとして、「覇府亡びて王政」となったこと、「封建変じて郡県」となったこと、「四民の別」を廃したこと、「専政変じて立憲政体」となったこと、「外国との交際」が、ますます頻繁となったこと、「宗教の自由」の許されたことをあげ

て、これらを基にして、新しい時代の道徳を示している。今日、国民がもっとも大切にしなければならないのは、「此国」であるとする。一身を大切に思えば、まずその家を大切にしなければならず、その家を保護するには、国が独立していなければならないとする。外国に国を奪われてしまって、一身も一家も安泰ではあり得ない。亡国の民ほど、悲しく苦しいものはない。そういう話は遠い昔のことではなく、つい十四―五年以来、その例がある。安南・緬甸(ビルマ)の二国はこの亡国の不幸をうけ、暹羅(シャム)は、いま、まさに亡国となろうとする勢いに迫っている。わが国民は、何としても、この国の独立を維持しなければならない。こういう危機意識に立って、西村は道徳を説いている。道徳には、消極・積極・退守・進取ということがあるが、現在のような危機の時代にあっては、積極・進取の道徳が、とくに必要であるとしている。時勢は、日々進歩して止むことがないものである。道徳もまた時勢に従って改良・進歩しなければならないという。しかし、その進歩は、軽躁・浮薄であってはならない。足元を、しっかりと踏み固め、徐々に進歩することが必要であろうとする。その進歩とは、旧物をことごとく棄てるということではない。その国に固有する国民の特性は、これを生かしてゆくことが大切である。日本人の特性は、忠・孝・信・義・勇・武・廉・恥の八徳である。西村がいう進歩とは、この

危機の時代にあっては積極・進取の道徳が必要

八徳を、ますます堅固に保持し、また、さかんにこれを奮起し、その他のことを進歩させようとするにある。長所を養成し、短所を改良しなければならない。日本人の短所は四つある。

日本人の短所

安逸を好む、眼界が狭隘である、忍耐力に乏しい、軽躁である、という、この四つである。この四短を除去するのが、改良の第一着手である。次に事業の進歩として、まず、農業のことをあげている。産業の基礎は農業にあるという考えで、国富を増すためには、農業の改良というわけである。西村の道徳論には、つねに、国を富ますということが基本にあることに注目したい。「農業は富を作るの本にして工業は富を増すの術」といっている。

事業進歩の第一は農業の改良にあり

こうして、「能く忠孝信義勇武廉恥の八徳を奮起し、安逸狭隘挫折軽躁の四短を去り、農工商の三業を勉めて国力を富ます」、これを彼は、「道徳を行ひたりといふ」としている。彼のいう道徳の実践とは、国力を富ますことなのである。そのために、彼は、弘道会を起したというのである。

道徳の実践とは国力を富ますことにある

こうして、彼は、第一に明治二十三年の勅語、ついで、弘道会の要領十ヵ条を守ることをすすめる。およそ国の為に「功業」を立てようとするには、「衆力」によらなければ不可能であるとして、合力の働きを好まないのは日本人の欠点であるといっている。

## 二　日清戦争観

そもそも西村は、日清開戦に反対であった。『続国家道徳論』（明治三十年秋、全集第一巻）の、はじめの箇所の伏字の部分には、そのことが記されている。

西村の日清戦争についての見解は、直接には、「伊藤内閣総理大臣へ建言」（明治二十八年三月、全集第一巻）に示されており、また、日清戦争後に記された右の『続国家道徳論』においても論じられている。

償金・割地の要求に反対

これは、償金・土地を過大に要求しないほうがよいといい、維新以来、中国・朝鮮のような弱国に対しては、つねに傲慢に流れ、欧米の諸強国に対しては往々卑屈の態度が多いといって、これを批判している。そこには、儒学者西村の姿勢が示されている。洋学一辺倒の福沢が、日清戦争の勝利に感激したのと対照的であることに注目したい。

伊藤総理大臣への建言とは次のようなものである。民間有志者のなかには、日本軍は北京を陥落させることが必要であるとか、和議の条件として、償金・割地は、十分の要

わが国の武威を世界に輝かしただけで満足せよ

求をすべきであるとか唱える者がいる。しかしながら、それは「大に事理を誤れる」ものである。わが国は、清国というわれに十倍する大国に対して連戦連勝したことにより、清人の膽を奪っただけでなく、欧洲の諸強国にもわが国の実力を示すことができた。その武威を世界に輝かしただけで十分であって、それ以上に要求する必要はない。「夫兵者凶器、聖人不レ得レ已而用レ之」というではないか。それに、宣戦の勅旨には、「朝鮮の弱小を助くるに在り、決して支那の土地を侵略するに非ず」とある。浅薄の士は、深く戦争の利害を考えず、「忠勇なる将士の命を犠牲にし、億万の国帑を鎖費するは敢て顧みざるなり」、と記している。

清国の報復を避けることは可能

また、中国人の報復の念を絶とうとするには、その国力を挫折し尽さなければ不可能であるというのも謬見である。わが方が、「寛厚信義」をもって彼に交わり、「武備を厳にして」彼に対すれば、彼は決して報復を謀ることはない。もし、これに反すれば、必ず報復をうける。

今日の本邦の戦は義を以て動きたることなれば、亦義を以て戢めざるべからず、償金の多少、割地の大小の如きは世界の慣例あり、少なく之を取るは可なり、多く之を取るは不可なり。

近日若し再び媾和使の来ることあらば、我国威を損せざる限りは、務めて彼の請求を容れ、以て此大戦の局を結ばれんことを願ふ。

古より戦捷に狃れて、凶禍を被ぶりし者古今東西其例甚多し。

三国干渉を予測

当時にあって、数少ない貴重の意見であろう。そして、三国干渉を予測していたようにもうけとれる発言をしている。

償金・割地の取得は将来の禍害となる

縦令莫大の償金を取り莫大の土地を得るも、国民驕慢の心を生し、或は奢侈に流れ、或は他国を軽蔑するときは、他日の禍甚畏るべき者あり。況んや欧洲人か我邦の戦捷を妬忌し居ることとなれば、如何なる所より意外の変起るも測り難し。

こうして、西村は、早く戦争をやめて善後策に着手することを願っている。

次に、三十年秋九月に書かれた『続国家道徳論』であるが、以前に『国家道徳論』を書いたけれど、日清戦争が発生したためにわが国の形勢は一変した。そこで、『続国家道徳論』を草するのであるといっている。

その内容は、日清戦争後の経営について論じているものであり、軍備拡充、株式ブームに対して警告を発しているものである。

まず、「日清戦争」において、わが国が得た利益として五項目をあげているが、次に、わが国の損害となったものとして次の五項目をあげている。

戦勝により損じたもの五項目

一、国民が驕慢の心を生じ、奢侈に耽り、怠情放逸に流れる者が多い。
二、多額の内国債を発行したので、物価が騰貴し、多数人民の困窮を来した。
三、確実でない事業（株式ブーム）が起り資本の欠乏、輸入超過が生じた。
四、戦後経営のため財政が非常に膨脹し、財政困難に陥った。
五、中国は敗戦によって西洋人から侮慢されるようになるであろう。それは、やがて東洋の平和を危うくすることになるであろう。

三国干渉に屈服した被害

また、三国干渉に屈服したことによって、朝鮮人はわが国を軽侮し、ついにロシア人が朝鮮に力を伸す素地を作ったことを指摘している。ただ、この失策は、かえってわが日本人の驕慢を制することにもなっているとも記している。

伊藤内閣の国是は、外国の仮り物

次に「国是」という節において、伊藤内閣の「開国進取の国是」なるものを問題にしている。この国是は、「欧米の文明富強を欽慕するの余り」に生じたものではないかといい、政治・法律・教育・風俗に至るまで、ことごとく外国の仮り物で、一つも我というものがないとしている。欧洲諸国はすべてにおいてわが国に勝っているから、これに学ぶのはよいのであるが、ただ「一個の我と云ふ物」を失ってはいけない。それでは、本

あるべき国是五条

邦の国是は、どうあるべきかといい、次の五条をあげている。

一、わが道徳・政体・法律・教育のなかには「万世の帝室を戴き、君臣の分を定むべき必緊の原質」がある。欧米諸国のすぐれている道徳・制度を採用してわが不足を補うのは必要であるが、この「必緊の原質」は、決してこれを損傷してはならないという。

二、今日の弱肉強食の世界にあっては、武徳は、もっとも重要なものであるから、法律・制度の外面において、何程美麗であっても、国民の武徳を弱める恐のあるものは、一切これを禁絶すべきである。

三、しかし、「侵略を以て国是と為すべからず」。

四、「他国との交際は専ら平和を主とすべし」。また、「他国の内事に干渉すべからず」として、従来の朝鮮対策の例をあげて批判している。みだりに他国と連合すべからずともいっている。

五、「本国は独立の実を全くすべし、決して他国に対して屈下すべからず」。わが国は、維新以来、中国・朝鮮のような弱国に対しては、つねに傲慢に流れるが、欧米の諸強国に対しては、往々卑屈の態度が多い。独立国の体面を失なったことも少なくないから、将来に注意して国家の恥をのこさないように務めるべきであるといい、内地雑居の後は、ことに注意すべしという。

財政困難の原因は軍備拡張にあり

「財政」の節においては、日清戦争後の財政困難について論じている。日清戦争の戦費二億四十七万余円に対し、賠償金三億五千万円を得て、本来、一億二千万円余の余剰金がある計算なのに、財政困難に陥っているのは、軍備拡張と戦後経営の名義による財政支出が増加しているからであると指摘する。

軍事費は全歳出の四割五分

軍拡費用がいかに多いかを、仏・独・英・露の四ヵ国と比較し、わが国のは、全歳出の四割五分を占めており、列強よりも大きいこと、それを重税をもって支辨していることを指摘している。ことに、わが国は四面海に囲まれているから、海軍は必要であるとしても、陸軍の十二箇師団計画は無用であるとする。そうして、自由党が全員、政府に盲従して巨大の増税と軍拡とを議決したことを批判している。

陸軍の拡張計画に反対

伊藤内閣の次に登場した松方内閣のときには、進歩党が提携の名をもって、政府に盲従して、重税が議会を通過している。そして、これを批判する。もはや、自由党も進歩党も頼むに足らない、藩閥政府と同様であるとみている。

金本位制の採用を批判

また、当時、政府が金本位制を採用しようとしていたのに対し、銀本位制の中国との関係からみると、かならずしも金本位制がいいとはいえないといっているし、外資輸入の主張をも外国からの借金を増加させるものとして、批判している。

こうして、さいごに、善後策四ヵ条を掲げている。その一、国民の奢侈を禁じて勤倹の風に向わせる。その二、国家の富力に相応しないところの過大の企業を抑制する。その三、輸出入の平均を保って正貨の外国に流出するを防ぐ。その四、国力に相応しない軍備を倹して財源を養う、是なりとしている。

維新の功臣は、政治を後進に譲れ

「政権及行政官」の節においては、藩閥政府と、それにつながっている行政官を批判して維新の功臣は多く「無学の人」で、「創業の材」ではあっても「守成の器に非ず」、文明の政府は、後進に譲るべきであるという。行政整理を推進するには、大臣も私情をさり公義をとり、勇断をもって事を行うべきことが必要としている。

兵備は、国富と比例すべきである

「軍制」の節では、軍拡に反対し、「国の兵備は国富と相比例」すべきもので、「富国弱兵、貧国強兵、共に国を保つの道に非ず」としている。

議会運営に失望

「帝国議会」の節では、かつて、西村は、奥羽および徳川譜代の人士のために民選議院を興すことを考えたのであるが、現実に開かれた議会については、政府も自由・改進両党も、ともに信頼できないとして失望している。貴族院もまた、家計の裕福でない華族が八百円の歳費に心を奪われ、政府を批判することがないと嘆いている。

「外交」の節では、わが国の外交は、欧米の強国に対しては「退縮を以て主義とする」ように見え、中国・朝鮮に対しては、頗る強硬の手段を取っていると批判しながらも、それもまた、弱国である日本であるから、むしろ、その方が、無謀の進取政策よりも、急激の禍を避ける方便となっているという。そうして、目前に迫った内地雑居の実施についいて心配していう。

期日の近づいた内地雑居を心配

十年を出ぜずして我国民は勢力を奪はれ、土地を奪はれ、工業を奪はれ、適業を奪はれ(但下等の労働者は今日よりは多く銭を得ることあらん)実に憐むべきの有様に立至るべし。

と記している。

戦勝による慢心を警戒

「民心風俗」の節では、戦勝によって、国民に慢心を生じ、ひいては安逸の心を生じたとして、柔弱怠惰の風を警戒している。

その他、「物価貿易」「教育」「台湾」という節があげられている。

世界主義を批判

「教育」では、「国民公共の教育は、国家主義ならざるべからざるは言ふまでもなし、明治廿三年の聖勅は明かに此義を示し給ふものなり」といい、世界主義を「亡国の主義」と批判する。

三国干渉や、内地雑居の実施時期が迫っていることのためか、激しい調子で、国家主義を唱えている。「今日、世界の強国は何れも愛国と排外との精神を以て他国に対せざるはなし」というのが、西村の国際感覚であった。内地雑居後の教育として、五ヵ条をあげている。

内地雑居後の計画

一、二十三年の教育に関する勅語の及ぶ所の区域。
二、外国人設立の学校を政府にて監督するの方法。
三、学齢児童を外国人設立の学校に入るゝの禁。
四、普通教育に宗教の意味を加へざること。

すなわち、キリスト教が教育に入ることを恐れている。

五、雑種児の教育にはことに注意を加え、或は特別の方法を設けること。

雑居の結果、多くの混血児が生ずると予想しているのである。

台湾の施政について

台湾は、わが国が初めて所有した植民地であるが、西村は、それについて、どう考えていたのか。「台湾の施政は百事を後にして、先づ土匪を剿滅するにあり」といって、平和にならないのは、政府が優柔の結果であるとする。

ついで、民政を批判する。

総督を、しばしば易えるのはよくない。よい総督を選任し、官吏には少数の公正廉潔の士を選び、法律は簡約にして厳明にし、ことに人情習慣に適合させよという。教育および民間の習俗は、できるだけ自由にするのがよい。ただし阿片は厳禁すべきであるという。ましてや、政府がこれを売るとは言語道断のことと非難している。

以上は、『続国家道徳論』をみたのであるが、日清戦争中にも、各地に出張して道徳講演を行っていて、そのなかで、戦争について言及している。「泊翁叢書　第二輯」(全集第二巻)の、明治二十七―二十八年のところに収められている。たとえば「千葉県香取郡文会演説」(明治二十七年九月)は、その一つである。戦場で勝利を得ているのは、忠君愛国の精神によっているとなし、「人民が力を以て救助すべきは、出軍せる人の家族なり」とし、出軍した者は、いずれも一家中強壮の働き人であるから、その家族は、そのために大なる困難を蒙るであろうと心配している。そうして、今回の戦争は、日本の勝利に終るであろうが、決して慢心してはいけない。「本邦の将来の敵とする所は欧羅巴の諸強国にあり」としている。戦後の心配は、経済の問題であるといい、その大困難に陥る前に、国民が非常の奮発力を起すよう希望する。それについても必要なのは教育であると西村はいう。彼は、あらゆる問題を解決する根本の動力として、「教育」を重視するのである。

出征軍人の家族を援助せよ

将来の日本の敵は列強である

戦後において教育重視

本邦に於て今日以後益々進めざるべからざる者は道徳と経済となり、故に学校に於て最此二者を発達せしめざるべからず、道徳は尊王愛国忠義勇武の精神を益々養成せざるべからず、経済は国民をして力を実業に用ひしめざるべからず。

という発言が出てくる。この教育は、新時代の教育である。実業と関連のない教育は「片輪の教育」である。わが国の教育は、元来、武士道の教育であるから、実業に遠いい、今日の教育もその余風をうけついだものであるから「虚文」に傾き易い。もっともイギリスでも、一八三〇年（天保元）のころまでは、教育と実業とは離れていたと思われるから、日本だけの現象ではない。

実業と密着した教育の必要

教育には、学校の教育、家庭の教育、社会の教育（また社会の制裁という）の、三者があり、これが一つにならなければ、教育の功を奏することはできない。

貧富不平均の問題

さらに、将来予測される「貧富不平均より生ずる結果」について、心配している。西洋諸国にはそのようなことが起り、そのために、社会党・共産党・虚無党・無政府党などが起り、新しい問題となっていることを指摘している。

## 三　戦後経営の問題

日本弘道会第一回総会

明治二十八年（一八九五）五月、日本弘道会は、第一回総会を京都において開いた。開会日は、三、四、五の三日間、出席会員八十九名。この年、会員数六千余人、支会の数六十六。その協議会の議題は、次のようなものであった。

一、弘道会が社会に重きを為すの方法如何。
二、国民の道徳及社会の公徳を進むるの方法如何。
三、勤倹を実行するの方法如何。
四、各地の陋習を矯正するの方法如何。
五、社会の制裁を作るの方法如何。
六、現行の徳育法は、欠点なきか。もし欠点ありとせば、是を改正するの方法如何。
七、小学校の卒業生および不就学の少年は、将来国民の大部分を占むる者なり。是等を導きて益々善に向い、悪に遠ざからしむるの方法如何。
八、本会員は、実業家、教育家、政事家、法律家と相提携するを宜しとすべきに似たり。其可否および方法如何。

九、本会に功労ある人を待遇するの方法、および功労の度を量るの方法如何。

十、土地の便宜に依り、各支会連合会を開くの可否、および其方法如何。

十一、此後さらに全国集会を開くの可否、および其方法如何。

官公吏から支持された講演

西村の講演は、官公吏の好意のもとに行われていた。たとえば、この二十八年六月二十三日、茨城県教育会の招聘に応じて水戸の県会議事堂において講話を行っているが、それには、知事・書記官・参事官および文部省視学官が来聴している。

内地雑居の問題

日清戦争後、当時の人々が当面した問題は、条約改正にともなう「内地雑居」の問題であり、これは、明治三十二年(一八九九)七月に施行されることになっていた。西村は、二十九年一月、弘道会の常集会演説において、「世界主義と国家主義」と題する演説を行ったが、それは、まさに内地雑居を想定してのことであって、西村の列強に対する恐怖心が如実に示されている。当時の内閣は、二十五年八月に成立している第二次伊藤内閣であり、文部大臣は、自由主義者として知られた西園寺公望であった。この演説は、次のような言葉で始まる。

西園寺文部大臣は世界主義採用

方今徳育を論ずる者に国家主義と世界主義との二者あり、現文部大臣は国家主義を斥けて世界主義を採らんとし、師範校長の集会に於て之を明言したりと聞けり。

そうして、

今日に在りて此問題を考察して断案を定むることは本会の任なるべし、今日まで世間に於て此問題に付きて議論する者を見るに、国学者神道者及び水戸学者は専ら国家主義を採りて大に世界主義を排撃せり、之に反して耶蘇教を信ずる者は大抵は世界主義を喜ぶ者なり、洋学者は公然国家主義を排撃せずと雖も、其実は世界主義に左袒する者甚多きが如し、儒者は不幸にして此問題に付きて、未だ其自説を表出したる者あるを聞かず。

国家主義は狭隘固陋の見を破れ

国家主義は、国民教育の正路であるが、また、狭隘固陋であってはいけない。世界主義は、国家主義のそのような欠点を是正すべく、世界の大勢と、博愛の人道とをもって、狭隘固陋の見を破り、文明社会に交際できる人民を造ろうと欲するもので、世界主義の起る所以は、決して悪意より生じたものではない。しかし、彼ら世界主義者は、国家主義のうち、もっとも狭隘固陋のものだけをみて、国家主義を抛棄しようとしたものであろう。

国家主義に二種あり

そこで、国家主義に二種ありとして、まず、「治国の正道にして聖人復出るとも易ふべからざる者」としての国家主義を説明する。

尊王愛国を以て教育の骨子と為し、学術工芸は世界の長を採り、以て己が短を補ひ、其外人に接するは彼好意を以て来らば之を好遇し、彼悪意を以て来らば之を拒絶し、外には一寸なりとも拡張すべし、内には一分なりとも退縮すべからずといへる精神を養ふ者なり。

この第一の場合に適合する人物として、フレデリックⅡと、ワシントンをあげている。世界に共通するものというのである。

世界主義を批判

ついで、列強のいう世界主義を「仏教に言ふ所の外面如菩薩内心如夜叉」として批判する。世界主義は、元来キリスト教から出たもので、キリスト教では、「世界の人類は皆天父、即ち上帝の生む所なれば、何れも兄弟の因縁ありといへる義に本づきたる者」である。ところが現実には、キリスト教国は、いずれも自国の富強を図り「常に他国を侵掠して己が疆土を拡め己が富を増さんと欲す。其の愛する所は独り己が国民と同宗教の民とに止まりて、他国の民又は他宗教の民を見るときは之を軽蔑賤侮し、或は兵力を以て之を威服せんことを務めざるはなし」。だから、実は、列強の行為は、「国家主義の最も甚しき者」で、口先きで、世界主義というのである。もし、日本人が、それに瞞着されて国家主義を棄てると、列強の術中に陥ることになるとしている。まことに、列強に対する警戒心に満ちている西村の胸中が示されている。そうして末尾で、内地雑居のことを心配していう。

内地雑居の不安感

> 国民功利の心日に熾なるより、他日外人と雑居するときは、国家主義の精神に乏しき者は、外人と相親交し或は土地を売り或は鉄道を売り、其他種々の姦利を巧み、以て国家生存の道を衰弱せしむる者輩出せんも料り難し、実に国家主義の教育は国家と云ふ物のあらん限りは、一日も廃すべからざる者なり、其弊の如きは之を救ふの方法幾多もあるべし、世界主義の弊に至りては国家の為に必死の病患にして、如何なる名医と雖も決して之を救ふの方術はあらざるべし。

## 四　『国民訓』(明治二十九年執筆、全集第三巻)

貝原益軒の十訓を模範として

『国民訓』は、西村が明治時代に相応する通俗教化の書として、貝原益軒の『大和俗訓』以下の十訓にならって著述したものである。この内容は、学問・道徳・生業・家倫・国役・交際・選挙・対外の八ヵ条に分けて書いてある。彼は、まず、巻頭において、国の貧富強弱は、国民の貧富強弱にかかわっているとして、「国民たる者、決して其身に大切なる責任あることを忘るべからざるなり」としている。

キリスト教はわが国の治安を乱す

「第一　学問」では、知育・徳育・体育の三者のうち、「徳育を最も大切なり」としている。その終りの部分で宗教に言及し、キリスト教は、西洋諸国においては善美の宗教として信奉しているが、わが国では、神道・仏法と相容れないものであるから、国の治安を乱す恐れがあるといい、その教義は、わが国体と両立すること不可能であるから、わが国民は信仰しないのがよいといっている。

国民としての道徳

「第二　道徳」では、一身・一家・一国の三つの道徳があるけれど、今日もっとも必要なのは、一国の道徳すなわち国民としての道徳であるとしている。そして、第一の心得として、「皇室を尊ぶと本国を愛するとの二者」であるとしている。ついで、「信義」について話しているが、孔子曰くとならんで、『西国立志編』に曰くとして、「信」の意味を説明している。

勤　勉

ついで「勤勉」を説明し、「米国の賢士仏蘭格林（フランクリン）の遺書に曰く」といい、西洋人の勤勉を目標として説いている。「忍耐」の項では、「力査阿克来（リチャードアークライト）」「蒸迷士瓦徳（ゼームスワット）」「蒙古の豪傑帖木児（テモル）」の例を引いて説いている。

治者の要務
「第三　生業」においては、治者の要務として、管子・孟子の言を引用し、「国民を勧奨して生業を勤めしめ、其衣食充足するを待ち、之を道徳に導くは治国者の要務にして、亦国民たるの職分」であるとしている。また、生産力の増強が必要で、そのためには、農民も文明の学術に通じなければならず、商業も貿易が重要であるから、商業道徳が必要であるとしている。このように、道徳を生産と結びつけて説いているのが注目される。

商業道徳の必要

「第四　家倫」においては、中国の儒教では、その教が、「考悌婦幼の道」においては過度の教訓があるが、「父夫兄たる者の道」を説いたものが甚だ少ないとして、「支那の教の一方に偏して」いることを指摘し、この欠点を補充した項目を列挙している。

兵営教育の主眼

「第五　国役」においては、「納税と兵役」の二者が最大としているが、身体を強健にし、尊王愛国の精神を奮起するのが、兵営教育の第一としている。

社会交際の必要

「第六　交際」では、社会交際の必要を説いており、「慈善の行」「他人の権理を尊重」すべきを説いているのは、新しい時代の道徳を加えているといえる。

衆議院議員に世界的視野を要求

「第七　選挙」では、衆議院議員の選挙の場合には、「世界の大勢に通ぜる知識があるか、我邦は勿論西洋強盛国の法律にも通じ居るか」を条件としてあげている。世界的視野を求めているわけである。

内地雑居後の心得

「第八　対外」では、内地雑居後の心得に言及し、三十二年七月に予定される改正条約実施後の心得を説いている。「世の内地雑居を以て国家に害なしとする者は、何れも大言放論にして、今日の民智民富に適せざる者なり」といって、国民に警戒を呼びかけている。

国際法や外国語の必要

「土地を失はざらんことを務むべし」、「実業家は其業を奪はれざらんことを力むべし」と戒めている。そして、国民の心得として、「国際法の大略に通ずべし」、「実業家殊に商業家は宜しく外国語に通ずべし」といっている。積極的に打開を図るようにすすめているのである。

## 五　『道徳教育講話』（明治三十一年八月～三十二年八月、十一回、全集第三巻）

これは、西村が、愛知県の南設楽・北設楽・八名の三郡連合教員講習会に出張し、小学校教員のために行った講話である。教育に関する勅語の趣旨を奉戴しているのであるが、それを、実際よい効果をあげるための方法を説いているものである。

日本人は道徳において優れている

まず、わが国の人は、諸外国の人に比較すれば、道徳上のことは、天性優れている。それを断定する証拠として、「我が帝室が万世一系である」ことをあげている。万世一系という事実が国家独立の象徴とみており、これは、国民の道徳心が「自然に」優れているからであるとしている。「我が国民が天性得たる特別の忠愛心の結果」であるとしている。

維新前の教育は、徳育・体育を重視

この忠愛心は、維新前についてみれば、武士教育によっている。この教育は、徳育・体育の二つであって、智育は、それに比べると行き届かなかった。維新以後の教育では、四民同一の教育を施すことになったが、その際、武士教育中の主要部分を占めていた徳育を廃止したことによる。

「学制」は殖産興業が主眼

明治五年（一八七二）、太政官から頒布した「学制」には、忠孝・信義・勇武・廉恥などの諸徳は一言も書いてなく、殖産興業が主眼であった。金をためて自分の生活を豊かにすることが必要であると書いてある。昔の武士教育は、徳育に偏して智育を欠いたが、現時の教育は、多くは外国の外形を見て知育に偏して徳育を欠いたのであるという。

西洋の教育の基礎はキリスト教

西洋は、すべてキリスト教を基として、法律もみなそれと一致する。ところが、現時の日本は、そういうものがない。しかも風俗は、上の方から破られつつある。教育者は、上と下との中間に立っているものであるから、そこを、うまく改良すべき地位に立っている。もし今、教育者が一定の見識を立て、衆力を一致し、この社会の道徳を振興改良して、わが国の文化を進めるならば、その功績は、日清戦争の功績以上に大きなものがあると、こういって小学校の教員を激励している。

教育者の役割

さて、今日、わが国の道徳の学問は、種類が多いといって、儒教・国学・水戸教（国学と漢学の合併したようなもの）・西洋学（哲学とか倫理）・神道・仏教・ヤソ教・混合学という八つをあげている。それで、いろいろなことを学んだ上で選ばなければいけないというのであるが、宗教は将来とも益がないとしている。宗教は独善的なもので、そのために他の宗教と衝突して争論が絶えない。また死後の世界のことにのみ詳細で、現世の徳育に役立つ部分が少ない。ことに、キリスト教は、西洋では、制度も道徳も法律も、これを基礎として立ててあるからよいけれど、わが国では、国の成り立ちが違うから、衝突して後来、害をなすことが多いと思うといって、否定的である。上記の八つのうちでは、儒教がもっとも欠点がないが、それでも、今日では、儒教だけでは教育できない。他の学問の補助を必要とするとして、世界の種々の学問を修めることが必要だとしている。

現時わが国の道徳学

わが国では宗教は徳育に不適

私は儒教等を宗教と対する為めに、仮りに理教と名を付けます、或人は理教の信は宗教の信には到底及ばないと申しますが、理教の信は寧ろ宗教の信よりも遥に固い

理教の信

ものであります。

といっている。

西村のキリスト教に対する警戒心は、井上哲次郎と同じくらい強いものがあった。歴史上の問題として考えた場合、日本の文化は、多神教を基礎にしていて、種々のものが共存しているのであるが、そこに一神教であるキリスト教が勢力を拡大してゆけば、至るところで摩擦が生ずるであろうことは予想できるのであるが、西村は、それを非常に警戒していたのである。

国民道徳上の心得

こうして、国民道徳上の心得として、次の十二ヵ条を列挙している。一、「我が身を修むる道」。二、「君臣の道」。三、「父子の道　附たり姑婦の道——姑と嫁」。四、「夫婦の道　附たり女子の道」。五、「兄弟姉妹の道」。六、「師弟長幼の道」。七、「朋友の道」。八、「主従の道（雇主と雇人——人凡そ雇主となる者が、全国中何百万人あるか、此の道は昔から説いてない、是は欠点である。是は欧羅巴にはある）附て家長の道」。九、「人に接する道」。十、「国家が人民に対する道」。十一、「人民が国家に対する道（是は必要の条目である、此れを云ふ為に前に国家が人民に対する道と云ふ条目を立ててある）」。十二、「国家が他の国家に対する道」。

次に「是だけが必要だと思ふ」という。

**身を修めるのが第一**

その第一、わが身を修める道について。孟子の語「天下之本在レ国、国之本在レ家、家之本在レ身」を引用し、身を修むるが第一番であるという。そこで、身を修めるというのは、第一保持（セルフプレザベーション）、第二克己（セルフコントロル）、第三修養（セルフカルチュア）の三つがある。

**「保持」の三条件**

さらに、「保持」を次の三つに分ける。

第一、自分の身体を丈夫即ち健康にすること。

第二、自分の生命を保護して無益に生命を損傷せぬこと。

第三、自分の生計を立つること。

**生計を立てる心得**

このうち第三は、「経済学の様なものであるけれども、やはり道徳の範囲中で御座る」と、ことわっている。その道徳上の心得は、「勉強」「正経——真直の筋」「倹約」の三つをあげる。西村の道徳が経済的自立と関連していることに注目したい。

**現代における君臣の道**

次に、「君臣の道」について。

「臣」というのを明治という現代において解釈する場合、「禄を受けて居る人」をさす。禄を受けていない者は「民」というのが相当であろう。そこに、君臣の道と、国民の道とに分かれる。

君臣の道は、さらに、君の道と臣の道とに分れる。わが国では、君は御一系に限るから、他の者は、君の道を研究する必要はないけれど、学問としては、「人君は是丈の事をせなければならぬと云ふことを知て置く必要がある」。「人臣の道」では、学校の教員なども人臣のうちに加えて宜いと思っている。もう一つ、「人君と人臣の間」というものを、研究する必要がある。

人君にとって必須の条件

第六回の講話では、天や神のことについて論じている。

中国における「道」

支那で云ふ所の天、上帝、神、鬼神と云ふものは、皆一つもので、即ち道と云ふ事に帰して仕舞ふのが支那の此名称の解釈と見て善い。

有神論

西洋では、有神論がある。

万物の調和を能くし、日月、星辰の衝突する事も無く、潮の満干も誤らず、人が出来ると食物が出来ると云ふのは、どうしても神より外に為し得る者はない、天地の上に神と云ふものがあって、其力に相違ないと云ふのが、西洋の宗教者、及び哲学者の多数の説である。併し乍ら拙者は未だ夫では安心せぬ、神と云ふものは実は不分明なものです、神と云ふものが已に不分明であると云ふと神力も知る事が出来ない、神が解らないで力の知れやうがない、真に無心に考へて見ると、屹度神の力であると云ふ返答は心に信ずる丈ではいかなくなる、そこで色々な天地間の現象は、人間の智慧で考へて見ると、是は自然と云ふより外に名の附け様がない。

「自然」の原理

この「自然なる所以の原理」については、大いに議論があるので、西村は、彼が選んだ一つのものについて説明してゆく。彼は、ユークリッドの説を採用している。はじめて善すなわち上帝というものを説いたのが、ユークリッドの説であるという。その説は、この宇宙の間にたった一つの物がある。その一物は、目に見えず、香もない。耳にも聞えず、鼻にも嗅げない、唯一つの道理で知るばかりのものがあるという。それは善というものだという。ここまでは人間の智恵で考がつくと西村は思っている。

「自然」とは不思議なもの

西洋の哲学者が（宗教家ではない）、「上帝は至大なり」「上帝は全智全能なり」「上帝は純全円満なり」など、種々の解釈をしている。これを西村は、「不思議なもの」「思議す可らざるもの」と考える。西村の判断では「自然」である。しかしながらその自然をなすものがある、その自然をなすものを「理」という。その道理は、見処によって名が違う、「上帝」「神」「天」「天則」「天道」というのは、みな一つのものである。人類は、この道の管理をうけている。こう信じている。しかしながら、この「天」は、西洋の宗教などでいう「上帝」「天の子」などとは異なる。

「天」は、西洋でいう「天の子」とは異なる上帝が人間に対して口を聞くとか、天の子があって人間に生れて来て、人を救うなどということとは、これは無論信用できないものである。そんなものは採用しないと彼はいう。

なお、人の性について古今東西の諸説を概観している。

教員は道を信ぜよ

第七回目においては、教員に対して、「道を信ずる事」を要求している。そうして、その第七回は、教育について話しているが、そのなかで「邪説」としてキリスト教のことが出てくる、その内容は次のようなものである。キリスト教というのは西欧では善いものであるが、わが国では邪説といってよい。イギリス、フランス、ドイツなどでは、未だ未開の時代にすでにキリスト教があった。そこで、西欧では、国体でも制度でも教育でもキリスト教が本になって出来ているから、西欧ではキリスト教は大いに有益なものである。

西村のいう「邪説」

また、その教にも善いことも多くある。しかし、それをわが日本にもってくると邪教になる。日本は国の成り立ちが西欧と別である。キリスト教の主義が、もし十分に行われると、わが国の国体が破壊されてしまう。キリスト教は「ゴット」というものを祭る、その他の神を祭るというと「ゴット」の罰をうけるという。そうすると、わが国の、伊

キリスト教のゴットは他の神を排斥する

勢・岩清水・加茂というような立派な神様も祭ることができないことになる。彼の思うとおりすると、このような尊い神社をも破却しなければならない。現在はそういうことはいわないが、のちにそういうことになる。西村はこういう。これは、日本の多神教とキリスト教という一神教との問題である。

キリスト教と祖先崇拝との対立

それから、もう一つは、祖先崇拝との問題である。西村は、つづけていう。キリスト教は自分の親を祭るということは禁じている。自分の真の親は天にある、自分を産んだ親は仮の親だ、これを祭ると天にある真の親が怒て罰を下す、こういうことです。それであの宗旨に入った者は先祖からの位牌を壊して川へ流し火に焼く者もある。わが国へきて行われては大変である。西村は、こういうのである。祖先崇拝の問題は、現在でもキリスト教にとっての課題である。キリスト教の他の宗教に対する態度は、第二次大戦後、大きく転換した。カトリックでいえば、第二バチカン公会議において、他の宗教とお互いに理解し合ってゆこうということに転換したのである。戦争を全面的に否定するのも第二次大戦後のことである。それ以前は相当積極的な面があったといえる。明治三十一年という時点での西村の心配は、それなりの理由があったといってよい。彼のこのときの発言は、この翌年夏に、治外法権の廃止にともなって、いわゆる内地雑居が行われることになっており、多くの日本人が恐れを抱いていた時期であった。

西村は、内地雑居を非常に恐れていた。しかし、明治憲法では信仰の自由を宣言しているから、キリスト教の流入を防ぐわけにはいかないと彼はいう。思想宗教を法をもって禁止すべしという考えは、西村には全くなかった。この点は、西村のために弁明しておきたい。

信仰は個人の問題

こうして、今日となってはキリスト教の流入を防ぐわけにはいかない。またそれらの人と弁舌の上で勝敗を決しようとしても、決して勝負はつかない。キリスト教の方にも道理をもっているから外に仕様がない。そういうものは、吾国においては邪説として、各人が信仰しないというより外に仕方がない。つまり、外教を防ぐといっても、ただ信仰しないという一句を、よく守れば、それで済むこと、その要は簡単なことです。このように西村はいう。

西洋人のいう世界主義を警戒

ついで、世界主義に対する警戒心を示している。世界主義を唱える西洋人が、もっとも、自分の国を重んずるのであり、弱国を取ったり、他の国の土地を攻め取ったりしているのであるから、彼らのいう世界主義という言葉にのると、自滅の恐れがあると警告している。

法律万能主義批判

それから、利己主義・快楽主義・幸福主義・利益主義をもって、国民を教育するより害になる主義であるといっている。それに、法律万能主義も批判する。法律にふれなくとも道徳からみると、はなはだ悪いことがあるからであるというのである。

宗教の「信」と儒教の「信」

『道徳教育講話』下巻は、翌三十二年（一八九九）の夏のことである。「信念」という節では、宗教の「信」と、儒教の「信」とは異なるといって、儒教では儒教によって、「道」を信じるのであり、宗教では、仏教なり、キリスト教なり、そのものを信じるので、それとは異なるとしている。

道徳は、修正された儒教にもとづくべし

さらに筆をすすめて、「儒教一方で道徳はいける」としている。「洋学は知識の上では必要であるが、身を修め道徳を会得して、之れを身に行ふと云ふに至っては決して儒教の外に求めるに及ばない。諸君に御勧め申すが、儒教一方で御遣しなさい」といっている。彼のいう「儒教」は、新しい時代向きに訂正された儒教ではあるけれど。

「邪説」と「僻説」

さらに「邪説」という節が第二回講話に出てくる。仏教では、すべて仏に反対している説を邪説外道という。キリスト教は、キリストの説に違ったものを邪教とみた。哲学では、論理法にあわないものを、僻説とか謬説とかいうが、邪説とはいわない。その論理というものは、定まっているが、その主義は定まらない。儒教では、世道人心に害のあるものを邪教というとしている。世道からみて、この国の政治ならびに社会上に害のあるもの、これは邪説という。これが儒教の邪説の立て方であるという。日本では、わが日本帝国の害になるものを皆邪教と名をつける、どれほど真理があっても、わが日本帝国の安全堅固に傷をつけるものは、みな邪説とする。こういって、今日、世に行われている邪説として五つをあげている。世界主義・利己主義・「人を天地と別物なりとする説」・「人は本心即ち良心を固有する者にあらずと云ふ説」・「幸福主義」の五つである。

邪説五つ

弘道会の由来

その最終日の第四回では弘道会の由来を話しているが、そこには、内地雑居を目前にした危機意識がみなぎっている。

> 此亜細亜諸国は御存知の通り段々西洋人に取られて、今残て居るのは日本と支那と朝鮮でありますが、朝鮮、支那は半分亡びかゝつて居る。大丈夫なのは我帝国斗りです。其外、安南、緬甸は亡び、暹羅が残つて居るが是も半分亡びたやうなものです、欧羅巴の人がばた〳〵亡ぼして居るです。其亡ぼし方と亡び方はどこ迄も一様に極つて居るです。必らず利益を以て喰はせ、或は宗教を以て其国民を誘惑する、始から外国人は軍艦を以て攻めて来ない、始から軍艦を以て来れば四千万人が力を尽して防ぐからなか〳〵取る事は出来ぬが、色々の手段で人心を腐敗させて取て仕

舞ふ、日本は今夫に成りかゝつて居る。

こういう重大な時期に、教育は学校教育に限定されており、卒業したあとは野放しである。それで、その先きを引きうけるのは、道徳の学会である。西洋にはキリスト教会がある。キリスト教に入った者は生涯宗門の信者である。学校から出れば、すぐキリスト教の会堂へ行って一週間ごとに講釈を聞く、キリスト教を脱会した人は人間社会に立つことができないようになっている。それで実際みな人間が善いとはいえないけれど、そういう道具が出来ている、それ故に大抵な所まではいける。ところが、わが国には、それがない。学校を出てしまうと教えるところがないから放蕩をしたり、無頼になるのです。日本では学会がないから、どうしても道徳が腐敗する、それで、これからの人間を善くしようというには、どうしても学会というものが起らなければならない。

道徳の学会の必要性

西村は、このように、道徳の学会の必要を主張したのである。彼は、教育には、家庭教育、学校教育、社会教育の三つが揃わなければいけないという。社会の教育を、彼は、社会の制裁といっている。社会に出た若者が、もし悪いことをしたら、社会の大勢の人が寄って、忠告をして、それで聞かなければ仲間放しをする、これが一番勢力である、これだけ整わなければ教育は本当に出来ない、こう彼はいう。これは、学校教育だけに

道徳教育は、西洋のキリスト教の役割に対応

頼ろうとする現代にもあてはまることといえよう。
欧羅巴は耶蘇の教会で悪風俗を直すけれども、日本では教会がないから止むを得ず道徳会の勢力を強くして直すより外はない。

これが西村の意向であった。ヨーロッパにおけるキリスト教の果している道徳的役割をよく認識した上で、それに代るものとして、道徳の学会を考えている。将来は世界的に宗教は衰えるとみている。そして、アメリカで一八七六年(明治九)に出来た宗教以外に立つ学会のあることを指摘している。弘道会の前身である東京修身学社を立てたと同じ年である。その後ドイツにもできた。アメリカにも、ドイツにも出来た、世界的傾向であるとして、弘道会の発展に期待している。そして、教員に援助をよびかけているのである。

# 第五　晩年の論説

## 一　明治三十二年の新条約実施を境にして

新条約の実施

「治外法権の撤廃」といわれる新条約は、明治三十二年に実施された。この実施にさいして、様々の不安が抱かれていたが、いざ実施されてみると、案外ことは平生に運んだ。教育界におけるキリスト教の問題も、政府が心配したほどではなく、人びとは胸をなで下ろした。多分、西村も同様であったことと思われる。これ以後に彼が条約について論じたものは、改正後の明治三十三年六月の「外人に土地所有権及び鉱山採屈権を許すことを論ず」くらいしか見当らない。

土地所有権の問題

この論文は表題の問題について外人に許すことに反対しているものであるが、次の言葉によって、大体改正条約に安心していることが知られる。

現行の改正の条約は井上案大隈案青木案の失敗の後を承けて成りたるものなり（中

泊翁七十三歳の時の書

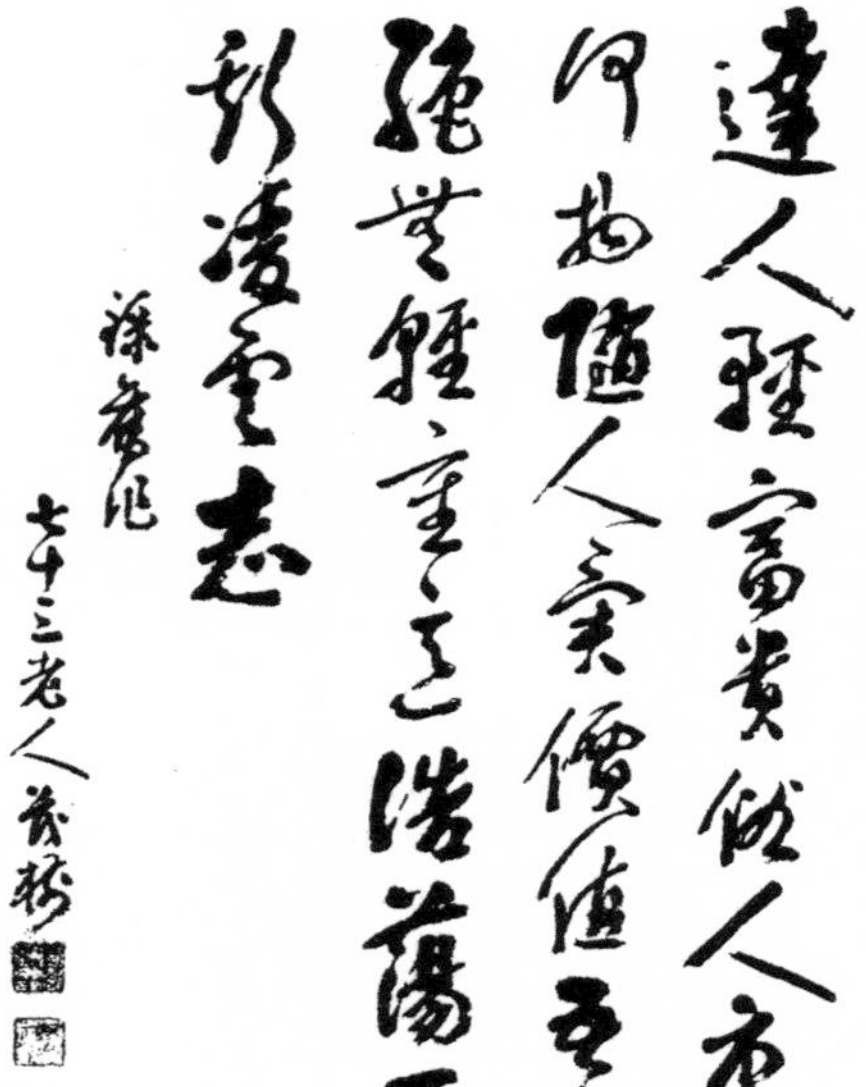

達人軽富貴　俗人重富貴　富貴果何物　随人異価値
吾独視富貴　絶無軽重意　浩蕩天地闊　昂斯凌雲志

録旧作
七十三老人茂樹㊞㊞

略)現行の条約も猶欠失少なからず、若し今一回失敗したりしならば益々安全に近かりしなるべし、唯現行条約中に外人に土地所有権を与ふるの文なく、随つて鉱山採屈権を与ふることなし、此条は実に現行条約中の金玉にして強敵に対する堅固の保砦なり、此の如き護国の精神ある唯一の条目を変改せんとするは、明らかに己が私利の為に国権国利を犠牲に供せんとする不忠不義の徒なることを知るべし。

列強の弱肉強食に対する恐怖心

これによってみれば、欧米諸国に対する劣等感も、幾分かは減少したことであろう。しかし彼らが「世界の弱国を併呑したること其数を知らず、今日も猶支那朝鮮馬尼刺亜弗利加等に向ひて此の手段を行ひつゝあるなり」というように、まだ欧米列強に対する恐怖心は消えていない。

それ故に、次のようにこの土地所有権を彼らに与えることに反対する。

若し公然其所有権を許さば(我国民の無智にして貧乏なる)凡そ国中に於て交通便利の地、物産の多き地、将来望ある地、景勝の地、良鉱山のあるの地、水陸運輸の自由なる地、続々として彼の所有に帰し、是等の土地に於て彼は常に地主と為り、邦人は尽く彼の地借となり、邦人を駆使すること彼が意の如くなり、遂に是等の土地を所有する者は我大和民族に非ず、我　天皇陛下の臣民に非ざるものとなるべし。

そうして欧米人こそ「排外思想の最も甚しき者」、「否彼等が抱持する所は排外思想より一層猛悪なる併呑思想と吸収主義」とみている。こうして、「邦人察せず我国民の排外思想を全く没却して只管に彼を欵待し、彼を尊敬するときは終に彼等の奴隷とならんことは日を期して待つべきなり」。

欧米人の併呑思想

それならば、永久に土地所有権を彼らに許すことはないのか。西村は漸進主義である。

曰く然らず、其時期来らば之を許すも可なり、唯其時期を知ること智者に非ざれば能はざるなり。

外国人に土地所有を許す時期

それでは、その時期とは何か。「我国民の学問、経験、才能、技芸、財産彼と相匹敵するに至らば、土地所有を許して相与に国利を為すは可なり」。この結論は、次のようになる。

今は我国の急務は、上下力を協せて国民の学問才能技芸を高進するに在りて、彼に土地所有権を許すに在らざるなり。

次に注目すべきは、明治三十三年十一月に示された「日本弘道会要領乙号発行の辞」である。そこでは、さきの明治二十三年一月に示した「日本弘道会要領十ケ条」は、会員みずからその身を修めることに専らで、広く国家のことに及ぶものが少ないとしてい

日本弘道會要領
(一) 忠孝ヲ重ンズベシ神明ヲ敬フベシ
(二) 皇室ヲ尊ブベシ本國ヲ大切ニスベシ
(三) 國法ヲ守ルベシ國益ヲ圖ルベシ
(四) 學問ヲ勉ムベシ身體ヲ強健ニスベシ
(五) 家業ヲ勵ムベシ節儉ヲ守ルベシ
(六) 家内和睦スベシ同郷相助クベシ
(七) 信義ヲ守ルベシ慈善ヲ行フベシ
(八) 人ノ害ヲ為スベカラズ非道ノ財ヲ貪ルベカラズ
(九) 酒色ニ溺ルベカラズ悪シキ風俗ニ染マルベカラズ
(十) 宗教ヲ信ズルハ自由ナリト雖モ本國ノ害トナルベキ宗教ハ信ズベカラズ
為伯爵松平君書
西村茂樹

日本弘道会要領

る。そして、それから十年余も経過し、時勢の進歩にともない、本会の事業も、また、積極を重んじる必要が出てきたとなし、乙号を示すことにしたと解説して、次の十項目を掲げている。

日本弘道会要領（乙号）
一、世界ノ形勢ヲ察スル事
二、国家ノ将来ヲ慮ル事
三、政事ノ良否ヲ観ル事
四、国家ノ経済ヲ知ル事
五、教育ノ適否ヲ考フル事
六、無識ノ者ヲ教化スル事
七、道徳ノ団結ヲ固クスル事
八、正論ヲ張リ邪説ヲ破ル事
九、国民ノ風俗ヲ改善スル事

日本弘道會要領（乙號）

一 世界ノ形勢ヲ察スル事
二 國家ノ将來ヲ慮ル事
三 政事ノ良否ヲ觀ル事
四 國家ノ經濟ヲ知ル事
五 教育ノ適否ヲ考フル事
六 無識ノ者ヲ敎化スル事
七 道德ノ團結ヲ固クスル事
八 正論ヲ張リ邪説ヲ破ル事
九 國民ノ風俗ヲ改善スル事
十 社會ノ制裁ヲ作ル事

西村茂樹

日本弘道会要領（乙号）

十、社会ノ制裁ヲ作ル事

甲号で第一に示されていたのが「忠孝ヲ重ンズベシ神明ヲ敬フベシ」、第二が「皇室ヲ尊フベシ本国ヲ大切ニスベシ」というのであった。それが、新しい乙号では、第一が、「世界ノ形勢ヲ察スル事」、第二が「国家ノ将来ヲ慮ル事」と変っている。そうして、甲号の第十にあった「宗教ヲ信ズルハ自由ナリト雖𪜈本国ノ害トナルベキ宗教ハ信ズベカラズ」というキリスト教に対して警戒する項目が除かれている。これは、内治雑居実施にさいして抱いていたキリスト教に対する恐怖心が、除去されたことを示していると思われる。乙号の十項目は、二十世紀を迎える日本国民の心構えを示すものとして、甲号より、はるかにスマートになっているといえよう。その第七項は、「道徳ノ団結ヲ固クスル事」であるが、「耶蘇教徒の如き真宗門徒の如き其教義は余の信ずる所に非ざれども、其団結の固きは余の深く感服する所なり」といって、キリスト教徒の団結の固さを参考にして、弘道会の団結を強化しようとしている。

このようにして、条約改正の実施は、西村にとって、大きな転換期となったと思われる。この終章では、このような区切り感をもって、これまでに論じ切れなかった項目を掲げて考えてみたい。

## 二　欲望論

欲を研究する必要

「欲の解」は、明治二十九年（一八九六）十一月、学士会院において講演したもので、専門家に向って行ったものである。ここでは「古書に拠りて解する」といっているもので、西村自身の「実験」に拠るものではない。

この欲というものは、人類の体中にあって人類の心を支配し、人類の動作は、この欲のためにするものが多く、善人となり悪人となるのも、この欲の発動に関係するものが多い。故に、およそ世界に教を立てるものは、理教と宗教との区別なく、この欲を研究し、この欲を制するをもって重要なこととしている。

ついで、従来、諸教において、この欲というものを、どのように解釈してきたかを説明してゆく。

中国諸教の欲解釈

まず儒教ではどうか。周易に出てくるのでは、もっぱら、「悪い方」についていっているようである。礼記楽記では、悪をさすのではないが、悪に傾き易い意を説いているとしている。礼運では、未だ悪の姿を現わさないものとしている。老荘の諸子は、虚静恬淡をもってその道としているから、ことに欲を戒めている。宋儒になると、天理と人欲とを並べ掲げている。その天理というのは仁義礼智の性であり、人欲とは、すべて私欲をさしている。

朱子は、人の一心は、天理存すれば則ち人欲亡び、人欲勝てばすなわち天理滅すといっている。徂徠にいたっては、欲のことを口をきわめてそしっている。そして、西村は、宋儒の説をもって、古人より一歩を進めたものとして理解を示している。

仏教の欲解釈

仏教は、出世間の教であるから、欲を悪んでいるが、これは当然のことである。欲をさして、毒とか欲とか煩悩といっている。毒については、三悪とか三毒といって、諸悪は、みな、これから生ずるとしている。

キリスト教では、十戒のうちに貪欲を戒める語があり、その他にも、このことに見えている。いずれも、儒教・仏教でいうところの欲と大同小異のようである。イスラム教も、大概キリスト教と同じと聞いている。

### 西洋哲学の欲解釈

西洋の哲学では、どういう解釈をしているのであろうか。西洋では、欲を「アペタイト」と、「デザィア」の二つに分けている。「アペタイト」は、体欲と訳し、人類禽獣の別なく、有しているものとする。「デザィア」は、人類特有の訳で、多少知力をもってその欲の活動を助けるものである。知欲と訳しているが、知より生じた欲という意味ではない。

### 体欲

体欲に属するものは多いが、その主要なるものは、睡眠・動作・休息・渇・飢・男女の欲である。知欲の数も多いけれど、その本原の知欲というものは、多くはない。種々の説があるけれど、次の七つをあげるのが適当と思われると西村はいう。

### 知欲七種

一、生命の欲、二、幸福の欲、三、交際の欲、四、知識の欲、五、尊重の欲、六、所有の欲、七、勢力の欲。

知欲と体欲の相異点

さらに、知欲、体欲の異なる点として、体欲は、ときどき発動するものであるが、知欲は、常恒の性質をもち、一時に強く発動することもなければ、また消歇することもない。体欲は盲目の衝力で智慧思慮の助けをかりないで、一直線にその望を達しようとする。これに反し、智欲は盲目でなく、人類の智力をもってこれにともなうものである。故に、経験・教育・習慣の進歩に随って、その要求の目も増加するものである。

哲学の欲分析は精細

儒教・仏教・哲学の三家の説を通観すると、儒教には、欲の字があっても精細の区別がなされていない。仏家には、種々の名目があるが、多くは想像臆断より出たもので、これを事実に照合するときは堅確でない。哲学の説は、その区分法はきわめて精詳で、これを事実に験証すると、よく適合している。

欲を制御する法

およそ、欲というものは、どの教えでも、決して、これを善とするものはない。故に、かならず、これを制御する法を設けて、これを教える。中国の古代の教は、ただ礼義をもって私欲を制して放恣にさせないもので、人欲を滅び尽すということは、あえてこれを説かないもののようである。時代を下って宋の時代の宋儒の説も、古代の説と同様で、ただ天理をもって人欲を制するにとどまっていて、人欲を滅び尽すのではないことが分る。ところが、朱子によると、全く人欲を消滅してしまおうと欲するような語が使われている。ただ、今日に残されている語だけでは、真意を知ることができない。伊藤仁斎（一六二七～一七〇五）は、朱子の「尽㆓天理之極㆒而無㆓一毫人欲之私㆒」の語を反駁しているのであり、古学の趣旨を失なっていない。

仏教は滅欲

仏家は、全く滅欲であって、制欲ではない。老荘二子も、滅欲の説の立場をとることは、仏教と似たところがある。ところが仏家は、さらに、煩悩と菩提とが、第一義において二つでないというような不明瞭なことをいっているのは、人を迷わせるものである。朱子も、「天理人欲其本は一」といっているところがあり、仏家とはなはだ似ているところがある。

西洋哲学の説

西洋哲学の説では、体欲・知欲ともに人生に欠くべからざるもので、人間の生存には極めて必要なものとしている。ただ人欲は、ややもすれば増長しやすいものであるから、これを制する必要がある。故に、つとめて、節度と公義という徳性をもってこれを制し、つねに良心のもとにおいて、その命令にそむくことのないようにすれば、利ありて害のないものとなるであろうとしている。これが、西洋哲学家が人欲を論ずる大意である。

人欲を処置する二法＝制欲と滅欲

これによってみれば、古来より諸種の教義において人欲を処置する方法は、二つしかない。一つは、古儒教および哲学にいうところの「制欲」であって、尚書にいう「以㆑礼制レ心、以レ義制レ事」の趣旨である。他の一つは、仏家にいうところの「滅欲」であり、老子、荘子の説は大体これと同じである。

カントによる心の働きの分類

西洋では、カントが、心の働きを三種に分けて以来、今日にそれが通法となっている。すなわち、「インテレクト」「フィーリング」「ウヰル」の三つがそれである。世間に訳して知情意としているものである。ただし、西村はこの訳し方に不満をもっているが。そして、「欲」は、この三種のうちのどれに属するかであるが、一般に哲学は、「フィーリング（感性即ち情）」のもとにおいているが、イギリスのベーンは、これを「ウヰル（意志）」に所属させている。西村は、この分け方にも不満を示しているが、否定しているほどでもない。

こうして、西村は、「以上は専ら古人の説に拠りて欲の義を解釈したる者なり」といって、自己の意見は他日明らかにするとしている。しかし、この続論は書かれていないようであり、明治三十四年（一九〇一）の「道徳の主義を論ず」（全集第二巻）のなかで「情は又欲と云ふ」として扱っている程度である。

利他制欲の類は良心を本として立論

凡そ人には性あり情あり、性は又良心と云ひ或は理性と云ふ、仁義礼智の如きは皆性より出づるものなり、情は又欲と云ふ、色を好み貨を好み名を好み勢を好み、安逸を好むは皆情より発するものなり、性を以て情を制するものは正人にして情を以て性を制する者は邪人なり、今上文に記せる両主義を考ふるに甲の主義(利他制欲の類)は人の性即ち良心を本として其の説を立たるものにして、乙の主義(自利快楽の類)は人の情を本として説を立たるものなり、甲は少数なる高等の人を以て目的とし乙は多数なる凡傭人を目的とす、其起点の同じからざること此の如し、是其調和し難き所以なり、人情を以て本とすれば同意する者多く、理性を以て本とすれば同意する者少なし、是自利論者快楽論者の今猶絶えざる所以なり。(全集第二巻)

自利快楽の類は、情を本にして立論

人類の禽獣と異なる所は、人類には完全な良心がある。これは上帝の賜う所である。人は賦与された理性により、上帝の命に従わなければならない、情欲を本として行動することは否定している。

人類には上帝の賜う良心あり

## 三 「臣道を論ず」(明治三十二年七月、学士会院講演)

東洋の道徳殊に我邦の道徳にては最も君臣の道を重んず、然るに西洋の道徳書(倫理書)には君臣の道を説きたるものを見ず、近年我邦の書生には専ら西洋の倫理書のみ

わが邦の道徳ではもっとも君臣の道を重視する

を読て東洋の道徳書を読まざる者あり、此の如き者は遂に君臣の道といふを知らずして止むべし、此事たる国家教育の上に於て大に欠点といはざることを得ず、余因て東洋の学説に拠り傍ら西洋の事実を参考し、人臣の道を論ずること右の如し。

人臣の道は心の誠忠なるにあり

ついで、忠というものは、君に対して尽すべきものか、国に対して尽すべきものか、道徳の学をなす者は、宜しく考究すべき問題であるとしている。そして、「前に言へる君に忠なると、国に忠なるとの別」について、「世の忠臣なる者は固より是を択ぶの暇なく又是を択ぶを要せざるなり」という。それは、ただ己の誠忠を君国のためにつくすときは、その時に応じて、あるいは君の為となり、あるいは、国の為となり、あるいは、君国双方の為となるのであるという。故に実際よりいうときは、「人臣の道」は、ただその心の「誠忠」なるにあるとしている。

忠臣の世に処する道は各々異なる

およそ、忠臣が衰乱の世に当りその身を処すには、一つは国体の異同により、二つにはその事変の情態によって、異ならざるを得ないものがあるとなし、共和政治の国では国に忠を尽すのみであり、立君の国でも、革命の国は伝統の国に比較すれば、その君のために忠を尽すの心が、やや薄いものがあるし、また、それでも、大いに道理にそむくことはない。ただ、わが国は特別で、万世一系の伝統国であるから、革命の国とは大い

わが国において処する道

に異なるところがあって、「君は則ち国にして国は則ち君」である。だから、人臣たる者の行うべき道は、きわめて「簡明平道」である。ところが革命国では、君に忠を尽せば国に不忠となることもあり、国に忠を尽せば君に不忠となることもある、その時に応じて、よくその身を処すことが必要である。このように、国体によって異なるものがある。それを、ある国学者のように、中国のような革命国の道をそしり、その聖賢の教をも誹議するものがあるが、それは誤っている。中国には、おのずから中国の国体に適応する道があり、西洋にはおのずから西洋に適応する道がある。わが国の道に異なるからといって、彼を、そしるのは、はなはだ狭隘の見解であって、固陋の見である。ただ、彼の国の道をもって、わが国に施すときには、大いにわが国体を損傷する恐れがあると注意を喚起している。

日本に通用しても、中国、西洋には強制すべきでない

ここで、西洋・中国それぞれにおける特徴を認めた上で、わが国の伝統をも主張し、一色にみないところに西村の見解が示されている。西洋では通用することを認めながら、日本はまた別である。日本に通用するからといって西洋にそれを強制すべきではないという論理である。

国学者・神道家の排他性を批判

西村は、学問狭隘、識見固陋、の排他性を好まない。その点において、国学者・神道

家を批判する。『自識録』第六十六章において次のように記している。

国学者或は言ふ、我邦には神代より自然に神の教あり、敢て他国（支那）の教を用ふるを要せずと、此の如きは学問の狭隘より生ずる謬見なり、凡そ何れの国に於ても、其地に人類生育すれば、其人類には天与の良心あるを以て、其稟賦の高下に従ひて之に相応するの人道あり、独り我邦のみならざるなり。

道と教との別

そうして、「道」と「教」とを区別して、「此の如きは道にして教に非ざるなり」という。

教と云へば必ず衆人に擢んずる聖哲ありて或は道を説き、或は書を著わし、或は門人を教えて其道を弘めざるはなし。

わが国にこのようなものがあったろうか。これがなければ教があったとはいえない。しかしながら、わが国民は、「上古の時より其天資甚美にして、未だ教を受けざるに、其言行挙動大に観るべき者あり」として、わが国民の素質を認めている。素質の良いのを評価しながら、しかし、教は外から入ってきたとしている。

わが国における教は、論語の伝来に始まる

教は応神帝の時論語の入りしを以て始とし、其以前には教なかりしなり、故に皇極帝の詔にも、惟神之道と宣ひて惟神之教と宣はず。

こういう点に、西村は、国学者・神道家と自らを区別している。しかもその国学者・神道家に将来を期待して、「若し彼等をして其学問を一層博くし、其識見を一層高からしめば、国家の為に益を為すこと更に大なる者あらん、惜むべきことなり」（第六十五章）としている。

信仰と服従とは国家教育の要質なり

西村は、信仰と服従とは国家教育の要質であるとして、それを、「学校の徳育方策」（明治三十三年六月、学士会院講演。全集第二巻）において説明している。

徳育に一定の方針がない

この講演は、国民の徳育は学校の教育のみで成立するものではなく、社会・政治・法律が皆これを助成しなければならないものであるが、ここでは、とくに学校の徳育についてのみ論じることにするという前置きで始まっている。そうして、明治三十三年当時の段階では、知育・体育には、その教授に一定の方針が立っているけれども、徳育には、一定の方針が立っていない。それは、明治の初、新教育を布くときに、従来の儒教を廃し、しかも同時に西洋の宗教をも採用しなかったからである。元来、徳育というものは、

宗教は人を服従させる力が強い

「信仰と服従」とで成り立つものである。「宗教の物たる怪誕不稽人の迷信に乗ずる者」であるけれど、人の信仰を得ること、もっとも深い。その上、ときの帝王または権力ある人びとが多くこれを信じ、これを保護するがために、人を服従させる力もまた、いっ

そう強くなる。しかし宗教は、未来の禍福を主とするものであり、またその教えるところは、科学の規則に合わないことが多く、そのために、日進の人智を妨害する恐れがある。その他方に哲学があり、学理精密にして立論公正なること、宗教は到底及ぶところではない。しかし、世人がその言行を師として自己の徳を修めようとするとき、宗教に比較して大いに及ばないものがある。

哲学は、徳を修めるのに宗教に及ばない

この両者の中間に立つのが、儒教である。儒教は、現世界の道を説くのに、その順序の斉整明瞭なることは、諸宗教家の及ぶところではない。哲学は、その精微周密なることは、はるかに儒教の上に出ているけれども、学者の信仰を統一しようとするには、甚だ不利である。儒教は理論の精密さでは哲学に及ばないけれども、その説は、皆、孔子の一本に帰着している。故に後儒が孔子を信ずるのは、宗教家がその宗祖を信ずるのに同じで、徳育の原質である信仰と服従とは、哲学に比較すれば、儒教の方が大いに優れていることがわかる。

儒教は現世の道を説くのに孔子一本に帰着

こうしてこの講演の結論は、儒教を時代に合うように修正して、学校の徳育の中心に据えるべきであるとしている。すなわちいう。

儒教を時代に合うように修正するのが宜しい

今日の論者は国民の精神気力を要成するに儒教を捨てゝ何を用ひんとするや、仏教か耶蘇教か哲学か、宗教の国家教育に用ふべからざるは識者の皆知る所なり、哲学は考究の学にして実践の学に非ざれば、是亦国家教育に適せざる者なり。

しかし、西村がいう儒教とは、「末流の儒者が徒に経書の字句に区々とし、或は古学宋学と云ふが如き門戸の見に拘泥し、或は詩文に精神を費して聖賢の道を知らざるが如き者を云ふに非るなり」というものである。そして、「儒教は学問としては狭隘を免かれずと雖も、信念を堅固にせんとするには宗教を除けば之より外に道あることなし」とする。

中小学校の徳育は儒教によるがよい

こうして、「是余が中小学の学校の徳育を以て儒教と定めんとする所以」であるということになる。

その宗教たるや、「耶蘇教の信ずる新旧両約書の如きは、其固陋にして怪誕なること儒教に比すれば更に甚し」いものである。こうして、小中学を通じて大約十一年間、実践躬行と精神修練とを教えたのち、中学以上、すなわち高等学校になれば、「更に西洋の道徳学を学び、以て大学にて行ふ哲学研究の下地を作らざるべからず」という。それは、近年、西洋において、物質界の研究が日にますます精微を極めると同様に、精神界の研究もその精密祥悉なることは往昔の比でないからである。故に形而上学を学ぶ者も、また儒教をもって満足すべきでないことは、理の明らかなるところである。

高等の学校でさらに西洋の道徳学を学べばよい

夫道徳の要は其上乗は道を自得するにあり、其以下は能く道を信じ忠勇節義を以て国を護り、誠実廉直を以て社会に交はるに在り、此忠勇節義誠実廉直を学ばしむるの教は、儒教を捨てゝ他に之を得ること能はず、西国の哲学の如きは其理論精密なりと雖も、此信念を定めしむること能はず。

道徳の要は道を自得するのが重要

西村は、国家の組織は人身の組織に同じと考えている。人身中の血肉細胞相互に聚合一致の力が強いときは、その身体は強健である。国家もこれと同じで、国内の民心が聚合一致の力の強いときは、その国は隆盛である。今、儒教に説くところを見るに、すべて、忠孝・節義・誠信・仁恕、これらはすべて、人心を固結するの教である。すなわち、国家という大なる身体を生存するのに、無二の滋養物というべきであるとしている。

国家の組織は人身の組織と同じ

西村は、『自識録』第五十三章（全集第二巻）以下においても、儒教批判を行っているが、そこでは、まず、陰陽五行説を批判している。

陰陽説を批判

はじめに、陰陽について、

儒者は陰陽を説くに第一の標識とする者は日月なり、然るに西洋の格物家の研究に依りて、日月は一対の物に非ざることを知り、陰陽説の第一陣は破れたり、然れ雖も陰陽亦説くべからざるに非ず。

といって、動物・植物の世界は、みな男女牝牡(マヽ)雌雄があることからして、有幾物はみな陰陽をもって説明できるとしている。自然現象においても、人事においても説明可能なものがある。「凡そ単独無対の事物は陰陽を以て説くべからざれども、相対の事物は皆陰陽を以て説くことを得べし」。しかしながら五行については、「五行の如きは、今日の如く物理の明なる時となりては、復之を用ふべからず」と、全面的に否定している。

五行説を批判

こうして、今日の道徳の教は、

西国の知識と儒学の実行とを調和し、更に善く其国情を稽へて其教を立つるときは完全円満なる道徳教を見ること、或は甚難きに非ざるべし。

というにいたる。

西国の知識と儒学の実行との調和

右の「西国の知識と儒学の実行」との調和と趣旨を同じくするものに、「学問の内外」(明治三十四年九月、全集第二巻)がある。

「学問の内外」という標題

まず「学問の内外」という標題について説明し、「学問の内とは学問を以て己が心を治むること」、「学問の外とは学問を以て己が知識を広むること」という。東洋の学問は主として心を治め西洋の学問は主として知を広めるもの、古代の学問は多く心を治め、今日の学問は多く知識を広める。およそ学問の要は心をも治めなければならず、知をも広

学問の要は、心を治めるとともに、知を広めることにある

泊翁印譜

西村
茂樹

泊翁
所蔵

西邨
茂樹

めなければならない。そのどちらかに片寄るのは学問の道ではない。ところが古今の実迹を見ると、心を治める者は心に偏し、知を広める者は知に偏し、完全をなす者が少ないのは、はなはだ歎息すべきことであると西村はいう。

東西の学問を対比

こうして、東洋の学問と西洋の学問とが対比しているが、「今日本邦の学者は已に東洋古来の治心の学を棄て又西洋技芸家の高崇なる精神を得ず、是を以て学問と心と全く別物になり、学問を融化して我心神を養ふことを知らず」と、明治三十四年当時の学者をはじめとして、政治家・法律家・教育家・宗教家等々を批判する。

そうして、「余が今日の学者に望む所は左の如し」としている。

治心の学は東洋の長ずるところ

治心の学は東洋の長ずる所なれば素より之を習学して其の蘊奥に造詣せんことを務

厚生利用の学は西洋より伝来

むべし、厚生利用の学は幸に西洋より伝来せるを以て十分に之に習熟して国家人民の幸福を進むべし、即ち治心を内として厚生利用を外と為し、先づ其の人品を高くして風俗に擢んずること数等ならしめ、更に学術技芸を以て其の運用を助けんことを希望するなり、此の如くして初めて文明世界の学問と云ふべし、文明国の学者と云ふことを得べし、世間或は東洋の学をなして其の心の治まらざる者あり、西洋の学をなして其の学術の甚だ粗なる者あり、此の如きは実に人間無用の学者と称すべきなり。

西村は、どこまでも東西学問の調和、治心と厚生利用の兼学を目ざしていたもので、イギリス流の保守派ではあっても、排外守旧ではなかったことを、あらためて書き加えておきたい。

## 四　進化論批判＝宇宙は循環する

『自識論』

西村は、明治三十二年十一月、『自識論』を著述し、翌年八月刊行した。これは、平生手録しておいた原稿を基にして一書となしたものであり、晩年における定論といってよ

後世の理解者を待つ

いものである。その「自序」で次のように記している。

其所レ言、雖丙頗有乙異二於世論一者甲、其所二自信一亦不レ可二妄易一也、幸国中有二二三知音者一、亦足二以自慰一、固不レ求二其多一也、若不レ能レ得焉、則待二諸後世一而已矣。

これによっても「定論」とみてよいであろう。

西洋哲学は宇宙万物の理を窮める学

この『自識録』で、哲学について次のように記している。

西国の哲学は(元来理学と訳するを適当とす、然れども今日哲学の称世間に通用するを以て姑く之に従ふ)宇宙万物の理を窮むるの学なり、此学希臘(ギリシア)の時に起り、今日に至りて二千余年、碩学大家代る〴〵出で、考究の上に考究を積み、近年に及び、益々精密微妙を極めたり、然るに宇宙の広大遼遠なる、是等幾多の碩学の力を以てするも、猶其全体を看透すること能はざる者と見え、古来より諸説紛興し、今日に至るまで、未だ一定に帰すること能はず、今日哲学の学説の多きこと六七十の上に昇りて、其著多なる者も三十二、三を下らず。(同書、第五章)

哲学の学説過多

これが理由で、西村が道徳の基準は西洋哲学に頼れないとしたことは既述したところである。

こうして、「今日の勢を以て察すれば、此後幾千年を経るも、恐くは其論の一定することはなかるべし」（第七章）といったのち、その次の、「第八章」から「第十二章」にかけて、進化論について論じている。

哲学界における進化論の勢力

まず、「進化論（エボリューション）は今日哲学諸派の中に於て最も勢力ある者なり」といっている。明治時代のある時期に、この進化論は、あたかも「科学」であるかのよう扱われ、一般に大きな影響を与えたのに対して、西村は、「哲学諸派の中」に数え、冷静に処理している点に注目したい。ついで、その大要を説明する。

進化論の三則＝適応・遺伝・分化

> 其主意は世界の根元と順序とに於ける理論なり、曰く凡そ高等にして錯綜せる形体は、劣等にして簡単なる形体より、成る者にして、此の如きは世界進化の行路なり、人の一身又は一種族の進化も、他の有形物と互に相関係して進行する者なりと、是に由り、適応、遺伝、分化の三則を立てゝ、進化の次第を論ず、此論出てゝ欧洲の学術界に一の大変化を生じたり、蓋し近来学術上の一大発明なり。

そうして、これに批判を加える。

進化論に対する疑惑

> 進化論は此の如く広大精微なりと雖ども、多少其中に新奇を衒ふの意ありて、今日より之を観れば、猶幾許の疑なきこと能はず、大因（ダーヰン）曰く、吾等人類は其初め猿猴と其祖先を同じくしたる者にして、其祖先は既に世に滅びたりと、此言尤疑ふべし、

世界に動物の種類多し、何ぞ猿猴の類のみ此の如く大に進化して、他の動物は進化せざるや。

西村は、次のように、「循環」の理論にもとづいて、進化論を批判するのである。

元気の進行は循環なり

元気の運行は進化に非ずして循環なり、其短程より見れば進化の如くなれども、其長程より見れば終に循環なるべし、凡そ宇宙間の万象一も循環に非ざる者なし、昼夜の如き、寒暑の如き、諸行星の如き、皆循環なり、此世界の如きも幾億万年の後、遂に消滅することあらん、然れども消滅し畢る者に非ず、更に幾億万年の時期を経れば、再び宇宙間に現出して此後の世界とならん、是則ち世界の循環なり、進化論者も亦自ら溶化の語を用ふることあり、然れば進化の名は之を改廃するを以て宜しとすべし。

西洋における発展の概念

西村がこの循環の論に拠ったところに、キリスト教を批判する一因があるといえよう。ダーヴィニズムの骨格をなす「発展」の概念は、本来へブライ思想にまで遡ることのできるキリスト教起源のものといえる。そこでは、「救いの日」に到るまでの歴史上の時間は、一直線的であって、神の手によって導かれる大ドラマの基線となるものであった。それは、「一回性のもの」「繰り返しの効かないもの」である。日本人には「発展」史観がない。仏教では時間概念は直線的に設定された例はなく、儒教では実践的な時間概念は教えるが、発展構造解明の座標軸としての時間概念は全くないといわれる(村上陽一郎「生物進化論に対する日本の反応」、新曜社刊『日本人と科学』所収)。

こうしてみると、西村は、伝統的思想によって進化論を批判しているといってよかろう。

## 七　識

ところで西村がいっている「元気」のことであるが、彼は、その『自識録』第一章以下で次のように論じている。

「我儕五尺の身を以て、如何して広大無限なる宇宙間の万事万物を知ることを得るや、要するに七識の力に過ぎず」といって、視・聞・嗅・味・触・理・想の七識をあげている。そして、「此七識の外は、皆人智の及ばざる所なり、今其知り得べき界域の内に於て、宇宙の広大久遠を測るときは、大概左の如くなるべきを信ず」といって、「元気」について説明してゆく。

宇宙間唯一の元気

宇宙間唯一の元気あるのみ、元気は至大の活動力ありて、浩々湯々、無始無終、大は六合の間に磅礴し、小は微塵の中に透入す、日月星辰の大より草木魚虫の微に至るまで、其生育、其変化、其枯死、一も元気の為に非ざるはなし。

精　　形

これが「元気」の活動である。この「元気」に、精と質とがある。ただし元気に質があるのではなく、質を造る性を具えているのである。

精は万物の霊を作り、(人類の精神も亦此霊なり)質は万物の形を作る、形成りて力之に寓す、霊を形而上と云ひ、形を形而下と云ふ。(以上、第二章)

この「形」について、さらに説明する。

我等人類の心は宇宙に充満せる洪大無限なる霊の一小分なり、我等の形は宇宙に充満せる洪大無限なる形の一小分なり、故に我等の心は直ちに宇宙の霊に通じ、我等の形は、日月山河と其質を同くす、身死する時は、心は宇宙の大霊に還り、形は宇宙の大質に帰す。(同、第三章)

## 五　国民経済重視

西村が単なる道徳教育の運動家でなく、国民生活全般に基礎をおいて、道徳を論じていたことについては、読者は、すでに気がついていることと思うが、ここでは、彼の国民経済論について、もう一度、考察してみたい。

西村は、明治三十四年（一九〇一）七月、「国民の経済」（全集第二巻）というテーマで、一文を草している。まず、はじめに、この経済論は、人民の側から論じるものであると、ことわっている。そうして、先進諸国に比較して、いかに租税が過重であるかを指摘するとともに、輸入超過を防ぐために国民の奢侈をいましめている。

人民の側から論じる経済論

租税の過重

国民の経済を論じようとするには、まず、「一国の財産」と「国民全体の収入」と、「国民一個人の所得」とを本として立論すべしという。そうして、「国の富力」「国民の収入」、それから「一個人の所得」を割り出して、ヨーロッパ諸国と比較している。その結果を見ると、日本人の一人の所得は、三五円、これに対して、英国では、三六四円、米国では四四五円。ヨーロッパの貧乏国といわれるスペインで一五五円、ポルトガル一三六円。これによって、如何にわが日本人一人当りの所得が少ないかが分るとしている。

日本人の一人の所得

わが国民が負担する租税と米・英のそれとの比較

ついでわが国民が負担する租税を計算する。明治二十九年（一八九六）の租税総額を、米国・英国のと比較すると、米国は八億九千六百六十四万円、英国は、十億四千八百万円、わが日本は、二億三千一百三十五万九千四百七十九円である。およそ、国の租税は、国民一人の所得をもって単位即ち基数として算出すべきであるから、この法でもって、英国の租税に比較するときは、わが国民の負担は、二千三百十四万円、米国に比較すれば一千九百五十六万円で済むはずである。ところが、現実には、上記二億三千一百三十五万九千四百七十九円を負担している。逆の計算をすれば、もし英国と米国がわが日本人と同率に租税を負担すると仮定すれば、英・米の租税収入は、英国人民の負担するところ二十三億一千三百六十万円、米国人民の負担するところ二十八億七千六百三十万円となる計算である。如何にわが国民の税負担が過重であることが分る。これは、国税だけで

地方税の過重

計算しているのであるが、わが国では、その上、地方税の負担が重いので、明治三十年度においては、両方の合計では、二億九千六百五十万円に達する。今年の予算が成立するときは、合算して三億四千四百六十六万円の巨額にのぼるであろう。こうしてみると、わが国の租税は、「世界無双の重税」ということができる。

政府作成の租税負担表は不十分

それであるのに、政府は、わが国民を欺くような負担表を作っている。すなわち「各国一人当負担表」がそれである。この表であれば、国民の収入と関係なしに、人数割りで金額が示されるから、比較的に英国・米国との差が小さく示されることになる。日本では一人当り五円八十三銭九厘、英国は、二十六円六十銭六厘、米国では十九円三十三銭である。ところが、これを国民一人当りの収入で比較してみると、英国民の所得は、わが国民の十倍であるから、わが国の頭割り五百八十三円九厘に相当する英国民の負担

重税は民力を疲弊させる

軍拡反対

輸入超過

国民の対応すべき法

泊翁書影

は五十八円四十銭になり、米国民は、七十円六銭八厘を負担すべき計算になる。

国民の収入をもって計算するとき、まことにわが国の租税の過重なことが知られるのである。政府は、「財政の基礎を鞏固にする」といって重税を賦課するが、これは、民力を疲弊させるもので、誤った政策である。

こういう指摘から、ひいては、軍備拡張反対の主張が出てくるのである。

もう一つ別の面からの財政難の一因として輸入超過が指摘され、国民に質素倹約が要求されることになる。また、この貿易不平均＝正金の外国流出のなかにも、軍備拡張のための輸入額も含まれるべきであると主張している。

このような対策として、西村は次のように主張する。

今日日本国民が此経済の危急を救ふの道は只二方あるのみ、一は自ら節倹を行ひて己の財産を貯蓄し併せて不急の事業を停止し、外国品を濫用せずして国の財産を保護す是消極の法なり、一は農工の業を盛にし大に物産を作り出して国の財産を増加す是積極の法なり。

こうして政費を多くし事業を起すという積極論に反対する。外国から借金をするならば、「借金又借金終に埃及（エジプト）の如く国家財政の権は悉く外国資本家の手に帰すべし」と説く。そして、ついに、教育の必要を説くに至る。

国民教育の必要

此の如き愚昧を医し邪税を遏（とど）めんとするには、教育より外に良法あることなし、併し今日の教育法にては恐らくは其効を奏し難からん、必ず人民の真知を啓き邪説に陥らしめざるの教育なかるべからず、嗚呼何れの時か此の如き良教育の行はるゝを見るを得る（ママ）べきや。

これによっても、西村のいう「道徳教育」は、経済生活を抜きにしたものでもなく、「真知」を抜きにした従順のみを説くものでもない、全生活的なものであることが知られる。今次敗戦後に、いわゆる道徳教育が否定し去られたが、西村のいう道徳は、決して狭義のものではなく、人間の衣食住と一体となっている道徳であったことを忘れてはならない。

# 長逝

赤十字病院に入院

明治三十五年（一九〇二）七月二十三日、東京府下渋谷の赤十字病院に入院する、年齢七十五歳である。これより前すでに三十三年十二月下旬にも、赤十字病院に入院したことがあった。翌三十四年四月に、日本弘道会の第四回総集会が東京に開かれたときも、病臥していて出席できなかった。西村みずから、体力の衰えを自覚しており、この三十四年五月には、老衰の故をもって、日本弘道会通常の事務は、幹事長に委任する旨を会員に報告している。

日本弘道会の事務を幹事長に委任

三十五年七月の入院では、なかなか回復に向わず、全快の見通しが立たなくなった。そこで自宅療養することにして、八月十日、退院して向島の自宅に帰った。西村は、このとき、すでに、余命幾許もないことを自覚したのであろうか、退院に先立ち、病院に伯爵松平直亮氏を招き、後任会長に子爵谷干城氏を挙げるよう依頼し、また、同会の前途に関し、諸種の希望を述べ、あとの尽力を頼んでいる。

危篤に陥る

こうして、退院後二―三日で危篤に陥り、ついに、十八日午後七時四十分長逝した。危

絶筆二首を書す

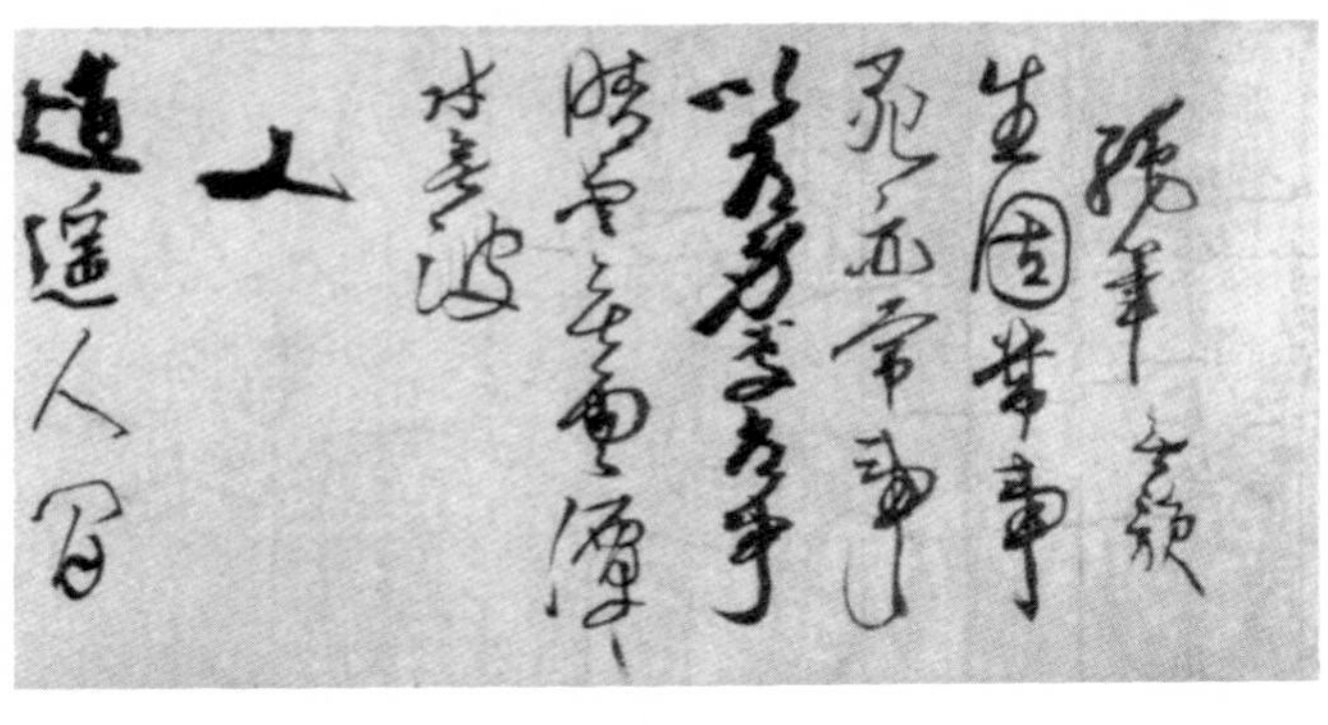

筆

篤の報が天皇の知るところとなると、十四日、天皇より、ブドウ酒二ダース、皇后宮より鮮魚五種を賜わり、十五日には東宮から御菓子を賜わった。十六日、特旨をもって、正三位に叙せられ勲一等を授けられた。この日午後、次の絶筆二首を書している。

生固常事、死亦常事、以㆓常身㆒処㆓常事㆒、晴空無㆑雲、潭水無㆑波

又

逍㆓遙人間㆒、七十五年、孜々求㆑道、聊有㆑得焉、魂也何之、無㆑有㆓定所㆒、上天下地、自在濶歩

泊翁茂樹

そうして、二日後の十八日に長逝した。

二十日、両陛下より祭粢料として、金五百

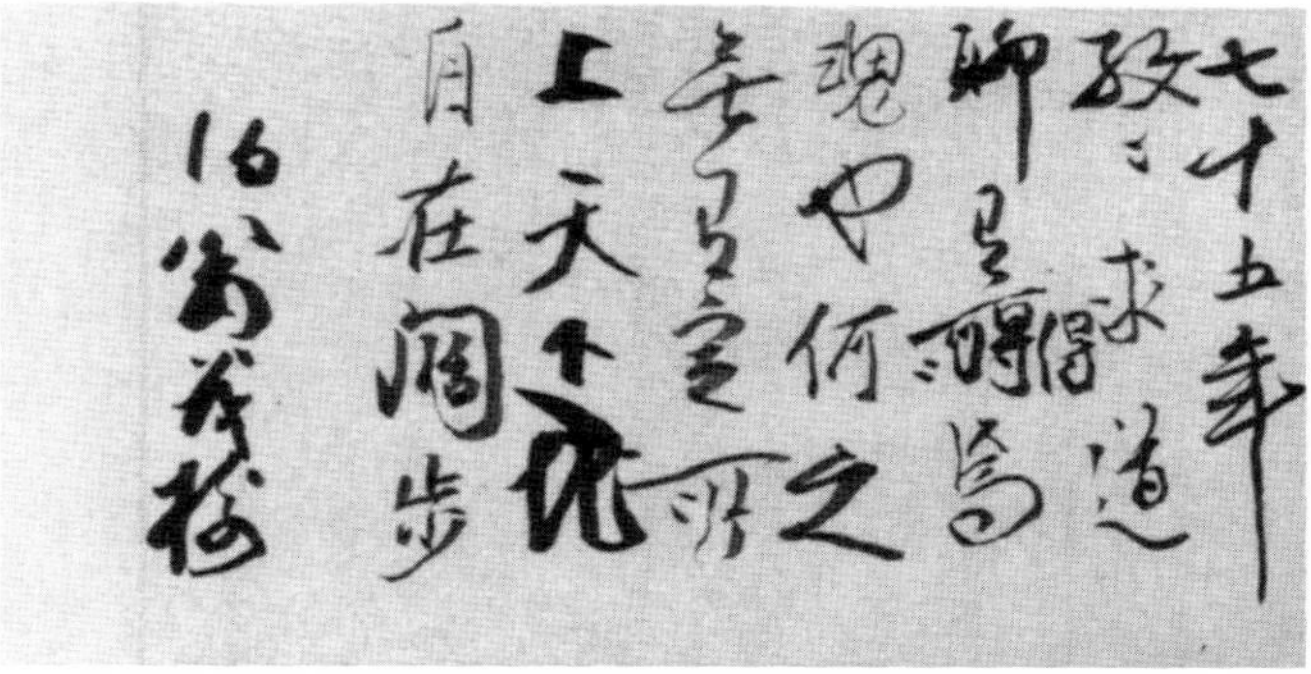

絶

円を賜わり、東宮より金五十円を賜わった。

養源寺に埋葬

二十二日午後一時、本郷区龍岡町麟祥院において葬儀を行い、駒込千駄木林町養源寺に埋葬した。

　法謚

　宗徳院殿弘道泊翁大居士

　墓表

　西村泊翁先生墓

仏式の葬儀

　仏式で葬儀を執行したのは、西村の遺命によるという。これについて、三輪田元道は、次のようにいっている。

　先生は寧ろ宗教嫌ひの人にて、仏教と雖も深く之に帰依したるにあらず、然るに其薨去あるや、仏式を以て之を営まる、以て先生が奇を好み我を通す如きことな

西村泊翁先生墓

く、又小事に拘泥せざりし人なるを卜知すべきなり。かの中江兆民が、己が死後に宗教の儀式を用ひしめざりしに比し、先生は薨去に臨み、必、儒式にせよ、学者式にせよ杯と遺言せざりき。要するに社会の秩序を重んじ、風俗習慣の軽んずべからざるを了解せし為ならん。（『泊翁西村茂樹伝』下巻）

# 西村氏略系図

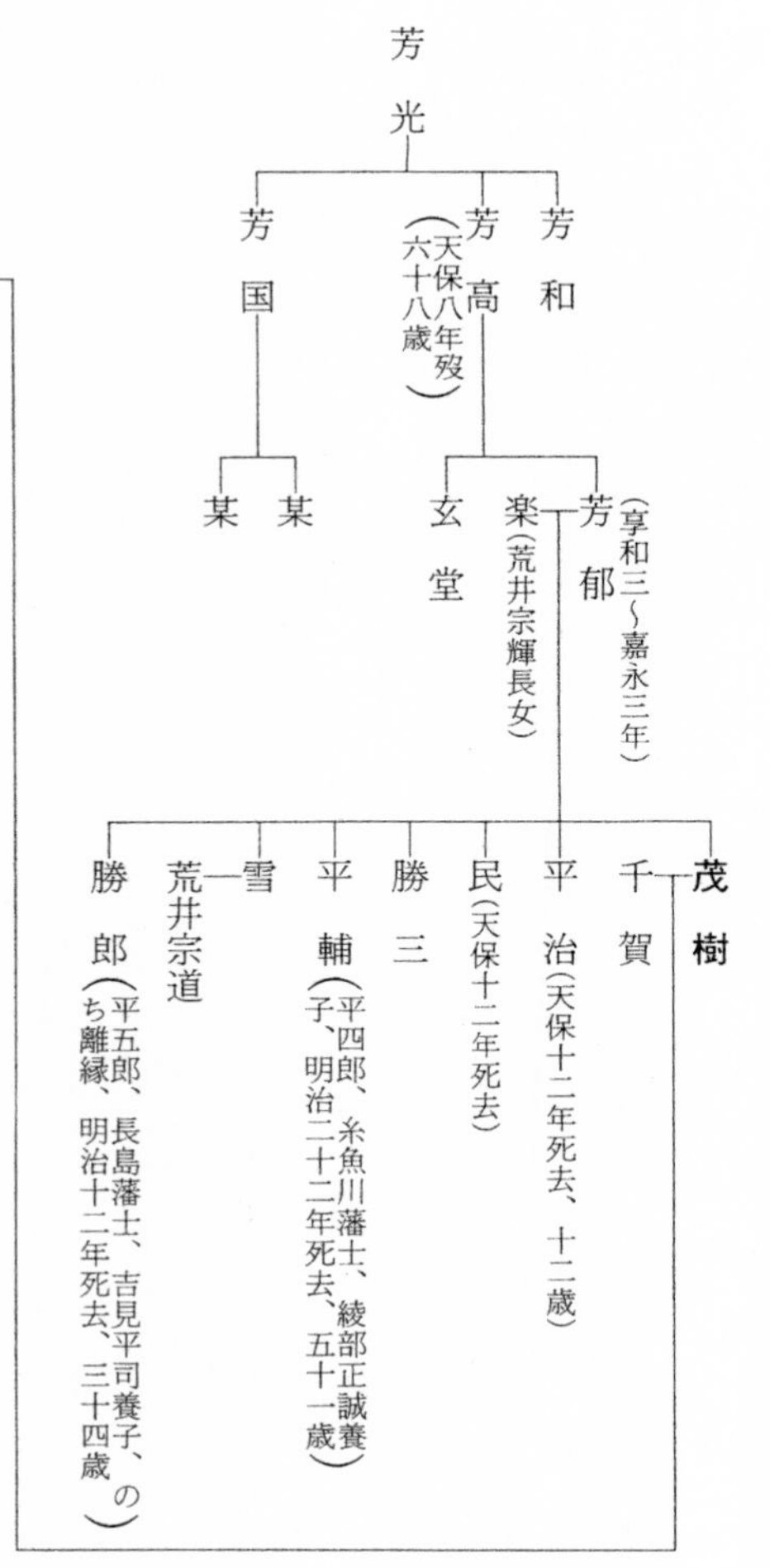

芳光
芳和
芳高（天保八年歿 六十八歳）
芳国
某
某
芳郁（享和三～嘉永三年）
楽（荒井宗輝長女）
玄堂
茂樹
千賀
平治（天保十二年死去、十二歳）
民（天保十二年死去）
勝三
平輔（平四郎、糸魚川藩士、綾部正誠養子、明治二十二年死去、五十一歳）
雪
荒井宗道
勝郎（平五郎、長島藩士、吉見平司養子、のち離縁、明治十二年死去、三十四歳）

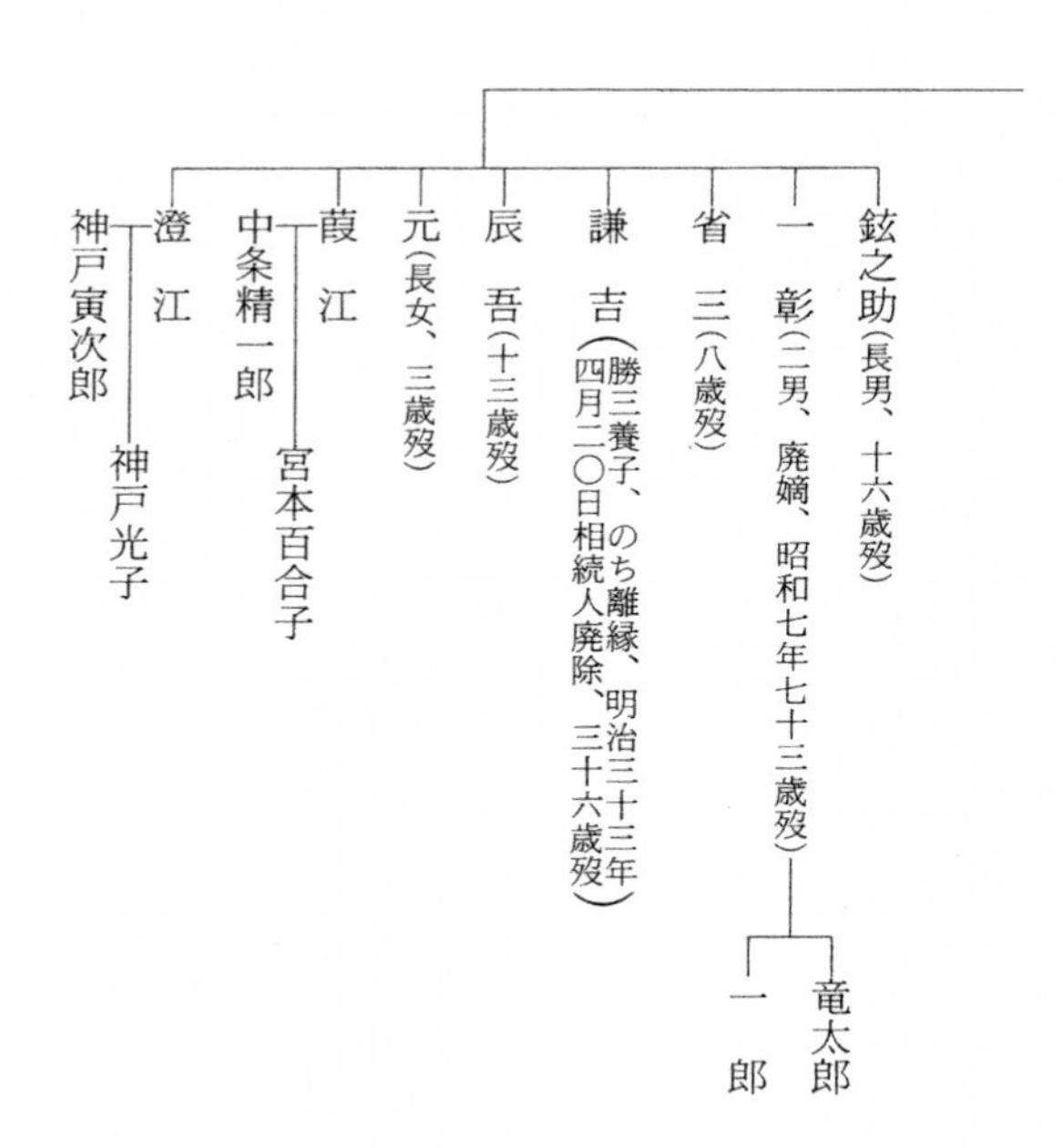
鉱之助（長男、十六歳歿）
一　彰（二男、廃嫡、昭和七年七十三歳歿）
竜太郎
一　郎
省　三（八歳歿）
謙　吉（勝三養子、のち離縁、明治三十三年四月二〇日相続人廃除、三十六歳歿）
辰　吾（十三歳歿）
元（長女、三歳歿）
葭　江
中条精一郎
宮本百合子
澄　江
神戸寅次郎
神戸光子

# 略年譜

| 年次 | 西暦 | 年齢 | 事蹟 | 参考事項 |
|---|---|---|---|---|
| 文政一一 | 一八二八 | 一 | 三月一三日、江戸辰ノ口、佐倉藩邸に生れる（幼名平太郎）。父芳郁、通称平右衛門、禄高二百石。佐倉藩主は、九世堀田正篤の時代 | 一〇月、水戸徳川斉昭襲封○一二月、シーボルト追放される |
| 一二 | 一八二九 | 二 | | 三月、水野忠邦老中就任 |
| 天保五 | 一八三四 | 七 | | |
| 六 | 一八三五 | 八 | 学齢のころ支藩佐野侯の江戸藩邸にあり、師家について学習する | |
| 八 | 一八三七 | 一〇 | 本藩に帰り、江戸藩邸内の学校に入学、読書・習字を学び、ついで槍剣の二術および馬術を修める | 二月、大塩平八郎の乱○六月、米船モリソン号砲撃事件○九月、家慶将軍宣下○この年、古賀侗庵『海防臆測』刊 |
| 九 | 一八三八 | 一一 | このころから父祖以来伝承の佐分利流槍術を父に学ぶ | |
| 一〇 | 一八三九 | 一二 | 四月二六日、父の願済により初めて藩邸に馬術を学ぶ | 一二月、蛮社の獄 |
| 一二 | 一八四一 | 一四 | この年、佐倉藩は海野石窓（掛川藩儒）・安井息軒 | 五月、水野忠邦の天保改革令 |

| | | | | |
|---|---|---|---|---|
| | | | (飫肥藩儒)・海保漁村（処士）の三人を招聘。これについて学ぶ | |
| 天保一三 | 一八四二 | 一五 | 二月二六日、前髪を執る | 七月、異国船打払令緩和〇八月、アヘン戦争の結果、南京条約締結 |
| 一四 | 一八四三 | 一六 | 正月二日、はじめて本藩主正篤侯にまみえる〇四月二日、奉公見習、願のとおり仰せつけられる〇この年、「昭宣公基経論」を草し、安井息軒に称賛される。そこで、文学をもって世に立とうと志す | 閏九月、老中水野忠邦罷免、阿部正弘これに代る |
| 弘化元 | 一八四四 | 一七 | 春、眼病に罹り、眼病詩を作り自ら慰める。佐倉藩に仕え平番となる〇四月二九日、学問出精につき、金一枚下しおかれる。御雇勤、広間平番〇九月五日、菱川泉蔵より御定の四書、小学講義成就を藩侯に上申〇一〇月一一日、銀二枚を賜う | 七月、オランダ使節長崎に来り、国書を呈して開国を勧める |
| 二 | 一八四五 | 一八 | 一二月二五日、佐倉藩主の近習になる | このころより、外国艦船しばしば来航 |
| 三 | 一八四六 | 一九 | 三月六日、佐倉藩邸内温故堂正授読になる | |
| 四 | 一八四七 | 二〇 | 詩文大いに上達し、師の息軒しばしば讃評を加える | 二月、幕府、川越藩主・会津藩主等に安房・上総の警備を命ず |
| 嘉永二 | 一八四九 | 二二 | 一一月二五日、父にしたがい江戸八丁堀佐野藩中邸に移る | |
| 三 | 一八五〇 | 二三 | 眼病ほぼ治癒〇正月二一日、父芳郁君歿す。年四 | 二月、江戸大火 |

| | | | |
|---|---|---|---|
| | | | 八○三月一三日、家督を継ぐ。俸一二〇石、江戸馬廻勤方元のとおり○五月三日、藩主帰城のさい、随行して佐倉に帰る○同月二七日、「海防私論」を草し、藩主の閲覧に供す○六月一七日、大塚蜂郎（同庵）の門に入り、西洋砲術を学ぶ○同月二七日、温故堂都講になる○一〇月二〇日、書経講義試業○一一月一九日、旗本備前隊平士に列す○一二月二九日、師同庵より西洋砲術の免許を得る○この年、関藍梁(りょう)について学ぶ |
| 四 | 一八五一 | 二四 | 五月一二日、佐倉藩主、江戸備大砲鋳造に関し木村軍太郎と連署して意見書を提出、ついで六月一七日、再び提出。藩主の下問に答えたもの○六月、佐久間象山の門に入る○七月一四日、および二八日、江戸郊外徳丸原において大砲試演○八月一九日、高島流砲術員長となる。同時に、西洋兵学師範手塚律蔵とともに、西洋兵学の研究を命じられる○同月二二日、釈奠にさいし、兼松繁蔵の門に入る○一一月一日、佐久間象山、上総姉崎において砲術を試演、西村、これを見学にゆく。同行者は、大槻磐渓・松山大吾、関隆蔵以下五人 |
| 五 | 一八五二 | 二五 | 佐久間象山の言に感じ、友人木村士約（軍太郎） |

について和蘭文法書を読みはじめる○七月一二日、大森町打場に諸生を引率出張、砲術を試演。これよりさき、大槻磐渓に師事し、漢学および兵学を修める○九月一六日、高島流砲術員長を免ぜられる。

| 年号 | 西暦 | 年齢 | 事項 | 一般事項 |
| --- | --- | --- | --- | --- |
| 嘉永 六 | 一八五三 | 二六 | 二月七日、佐倉藩士奥年寄鈴木源太光尚（禄高二〇〇石）の長女千賀を娶る○三月二五日、本藩主の命をもって支配佐野侯の附人になり、佐野藩において、旗奉行次席用人、側用人、小姓頭、朱印武器預兼帯になる○同月晦日、番頭格、政治向取扱勝手主役差添文武世話掛になり、小姓頭、武器預を免ぜられる○四月一五日、佐野侯の番町邸に移る○六月三日、米国使節船四艘、浦賀に来航。詩を賦す○同月、本藩主堀田正篤の諮問により、米国の国書に対する意見書、ならびに外国貿易に関する意見書を呈出○同月五日、海防策一通を草し、支藩主堀田正衡、本藩主堀田正篤に示して、その意を決す○八月一七日、その書を閣老阿部伊勢守正弘に上る○九月、単身渡欧を企図して、幕府への願書を草したが、藩老に誨諭され、果たせなかった○この年、佐野侯より、再三その勤労を | 六月、米国使節ペリー、浦賀に来航、久里浜で国書提出○八月、幕府、品川沖に台場築造を計画○九月、幕府、大船建造の禁を解く○一〇月、家定、将軍宣下 |

| | | | | |
|---|---|---|---|---|
| 安政元 | 一八五四 | 二七 | 賞賜される<br>四月二八日、佐野藩溜間詰仰せつけられる○八月七日、席側用人、佐野藩年寄役、そのために、足高三〇石を賜い、都合一五〇石になる○同月八日、佐野藩において、年寄役上席勝手主役兼勤、御合力十人扶持○九月一日、鼎と改名○一〇月八日、支藩主堀田正衡病気のため死去、嫡孫正頌（一三歳）相続。正衡侯の遺託をうけ、孤児を奉じて藩務を執る | 三月、日米和親条約調印○一一月、諸国大地震 |
| 二 | 一八五五 | 二八 | 五月二三日、佐倉藩において、新製の大砲を大森町打場に試放する。打場に行きこれに参加○一〇月二日、午後一〇時、江戸大地震。このとき江戸三番町佐野藩邸にあって、大いに尽瘁する | 一〇月、堀田正篤（正睦）老中首座に就任 |
| 三 | 一八五六 | 二九 | 二月一三日、勝手主役免ぜられる○三月一一日、再勤○同月一二日、佐野侯の命を奉じ、江州堅田に赴き、震災救済義金を同地に課す○六月九日、江戸帰着○九月晦日、「時事策」一篇を草して本藩主正篤侯に呈す○一〇月一七日、本藩主堀田正篤、さらに、外国掛専任を命じられる。これに関連して、一二月六日、本藩溜間へ手伝仰せつけられる。このとき秘密文書を扱う | 七月、米国総領事ハリス、下田来航 |

| 年号 | 西暦 | 年齢 | 事項 | 一般事項 |
| --- | --- | --- | --- | --- |
| 安政 四 | 一八五七 | 三〇 | 六月一七日、老中福山侯阿部正弘病気のため死去。これより内外の大事、本藩主堀田正篤の一身に集まる○一〇月一二日、内政改革案の一書を草して上言する○一二月二六日、佐倉侯より米国製の六竅砲代として金員を下賜される | 一〇月、ハリス、堀田正篤（正睦）に通商開始の急務を説く |
| 五 | 一八五八 | 三一 | 正月二一日、本藩主堀田正篤、江戸出発上京の途につく、これに随行○五月二一日、江戸帰着○六月一九日、禄高八〇石を増賜され、都合二〇〇石となる○同月二三日、本藩主堀田正睦（正篤を改名）老中御免 | 正月、幕府、堀田正篤に条約勅許奏請のため上京を命ず○二月、堀田正篤・川路聖謨、江戸帰着○六月、日米修好通商条約調印。幕府、徳川慶福（家茂）を将軍継嗣と定む○九月、安政の大獄始まる |
| 万延 元 | 一八六〇 | 三三 |  | 正月、遣米使節、咸臨丸、品川出発○三月、桜田門外の変 |
| 文久 元 | 一八六一 | 三四 | 時勢に感じ洋学修習の必要を覚り、手塚律蔵（雪航）の門に入り、蘭・英両学を修業。手塚の塾は又新塾と称し本郷元町にあり。このころより、樸堂と号し、のち泊翁と改む | 一二月、竹内保徳ら開港延期交渉のため、欧州に向け出発 |
| 二 | 一八六二 | 三五 | 正月一一日、本藩において席先筒頭○同月一三日、佐野藩において政事役主役となり、合力五人分増賜○四月、『数限通論』（蘭人蒲陳弗著）訳述○九 | 一月、坂下門外の変 |

| | | | | |
|---|---|---|---|---|
| 三 | 一八六三 | 三六 | 月一日、幕府の趣旨にもとづき佐野藩藩政改革掛となる | 五月、長州藩、下関海峡通過の外国艦船を砲撃。幕府、英・仏守備兵の横浜駐屯を許す○七月、薩英戦争○八月、八月一八日の政変 |
| 元治　元 | 一八六四 | 三七 | 九月『防海要論』（蘭人袁厄爾原著）訳述○一〇月一日、佐野藩藩政改革に尽力の功に対し賞賜 | 七月、第一次征長の役、始まる○八月、四ヵ国連合艦隊、下関砲撃 |
| 慶応　元 | 一八六五 | 三八 | 二月二五日、本藩において席表用人○七月二五日、長崎会所より到来の蘭仏対訳、仏蘭対訳辞書一部購入（代金四両二朱）○一一月一二日、北条相模守より依頼をうけ、月六回、英学を教授 | 閏五月、外国奉行柴田剛中一行、フランスへ向け横浜出帆○一〇月、条約勅許、兵庫先期開港不許可の勅書を発す |
| 二 | 一八六六 | 三九 | 征長軍の敗報を聞き、一篇の書を草し、閣老稲葉長門守に上書しようとして中止○正月一四日、ウエブストル辞書購入（代金八両二分） | 六月、第二次征長の役始まる○七月、将軍家茂没す○一〇月、幕府遣英留学生、横浜出帆○一二月、徳川慶喜、征夷大将軍・内大臣に任ぜられる。同月、天皇没 |
| 三 | 一八六七 | 四〇 | 一〇月、将軍徳川慶喜公に上書して時事を論ず○一一月三日、紀州藩の江戸邸において、附家老水野土佐守主任となり、三家はじめ譜代諸侯の重臣を集めて諭告するところあり。西村、徳川家のた | 一月、睦仁親王践祚。水戸藩主弟徳川昭武、パリ万国博覧会参加のため横浜出帆○一〇月、将軍慶喜、大政奉還上表を朝廷に提出○一二月、朝 |

| | | | | |
|---|---|---|---|---|
| | | | めに三策を述べる。友人神田孝平より『泰西史鑑』の原書（ドイツ人勿的耳の著）を贈られる。のち翻訳○この年冬一一月、京都の旅寓にあって『万国史略』（スコットランド人フラサルタイトラル原著）を訳述 | 廷、王政復古の大号令を発す |
| 明治元 | 一八六八 | 四二 | 二月一一日、天皇元服。佐倉・佐野両藩を代表して禁中へ参内し、太刀および馬代を使者参着所に奉呈○三月二七日、立太后宣下あり、禁中および大宮御所へ参候して祝詞を奉呈○閏四月五日、京都書肆山城屋勘介に『万国史略』の稿を託す○四月、岩倉輔相に上書して、戦争を止めるよう勧めたが、省みられず○一一月一九日、佐倉本藩の年寄役を命ぜられ佐倉に居住。役高二五〇石、合せて三五〇石を給せられる。なお佐野藩政に干与 | 一月、鳥羽・伏見の戦。戊辰戦争始まる○三月、五箇条の誓文、億兆安撫・国威宣揚の宸翰○四月、江戸開城。福沢諭吉、塾生を芝新銭座に移して慶応義塾と称す○九月、明治と改元○一〇月、天皇、東京着（一二月京都に帰る）。藩治職制を定める |
| 二 | 一八六九 | 四三 | 正月五日、佐野に赴き藩政の改革を行う○同月一九日、佐倉藩江戸日ヶ窪の上邸に移住し、書斎を求諸己斎と名づける○三月三日、佐倉藩執政を仰せつけられ、同時に、東京住居を命じられる○七月、『泰西史鑑』三〇冊を脱稿し、官許をうけ、逐次出版○九月三日、太政官より佐倉大参事に任ずるという仮宣旨を賜う。これは、朝廷より官職を | 六月、版籍奉還を許す○一二月、大学校（昌平黌の後身）を大学とし、開成所を大学南校、医学校を大学東校とする |

| 年号 | 西暦 | 年齢 | 事項 | 一般事項 |
|---|---|---|---|---|
| | | | うける始まり。同僚平野縫殿とともに、藩政の大改革を行なう○夏、『万国史略』を刻す○秋、朝廷に廃藩の議のあるを聞き、「郡県議」を草して集議院に提出○同年、また、集議院に上書し、平民に佩刀を許すこと、および廃藩を急に行なうことに反対の意志を表明 | |
| 三 | 一八七〇 | 四三 | 九月、『西史年表』を訳述（翌四年一〇月刊）当時、重器西村鼎と署名○この年、士族授産の方法を講究し、土地払下げを政府に願い、允許をうける。ついで、士族授産のため、製茶・牧牛・造靴・織物等の業を興す。弟の西村勝三は造靴に従事 | 三月、茂樹の弟、西村勝三、築地入舟町に伊勢勝製靴工場（のちに桜組）を設立（製靴のはじめ） |
| 四 | 一八七一 | 四四 | 七月一四日、在京の藩知事を宮城に召して天皇臨御、廃藩の旨、勅諭あり。名代として参朝。翌一五日、在京の各藩大参事を召して同様の勅諭あり、参朝。翌々日、佐倉に帰り後事を処分○八月一五日、名を茂樹と改める○同月二八日、兵部省の徴をうけたが、固辞してうけず。友人西周に頼って、ようやく辞退することができた○一〇月、既述の『西史年表』を出版○一一月一六日、印旛県権参事の宣下を賜う○この年、書を木戸参議に贈り、意見を述べる | 七月、大学を廃し文部省をおく○一一月、岩倉具視特命全権大使ら米欧へ向け横浜出発 |

| 年号 | 西暦 | 年齢 | 事項 | 一般事項 |
|---|---|---|---|---|
| 明治五 | 一八七二 | 四五 | 三月五日、印旛県権参事の依願免本官の辞令下る。辞官後、佐倉にとどまり、著述に従う。書斎を修静居と名づける○五月、単身上京し、深川佐賀町二丁目三十七番地、堀田家邸に偶居。旧藩主堀田正倫に英語を教える○九月、一家をあげて、東京に移る○この年夏、『校正万国史略』を上梓。庸斎陳人と号す | 三月、神祇省を廃し、教部省をおく○八月「学制」頒布○九月、新橋・横浜間、鉄道開通○一一月、太陰暦を廃して太陽暦を採用するとの詔書（明治五・一二・三をもって六・一・一とする）。徴兵詔書 |
| 六 | 一八七三 | 四六 | 七月、堀田邸内に、自修学舎創設の願書を東京府に提出○八月二日、築地軽子橋に居宅を営み、堀田家邸より転居○八月一〇日、前駐米代理公使森有礼、横山孫一郎を介して面会、森の依頼をうけて、明六社社員の人選を行なう○一一月二四日、文部省五等出仕に補せられ、同省編書課長勤務○同月、『農工卅種　家中経済』を訳述。これは、米人医師ヘンリー・ハッホーン著『ザ・ハウスホールド・サイクロペディア』の翻訳で、直訳すれば「家政百科書」といえる○この年、貴族議院を興すことを計画、木戸参議を訪問、大日本会議上院創立案は当時草したもの | 二月、中村正直、同人社を江戸川畔、大曲の邸内に設立○二月、キリシタン禁制の高札撤去○七月、地租改正条例布告○一〇月、西郷・副島・後藤・板垣・江藤の五参議下野○一一月、内務省設置 |
| 七 | 一八七四 | 四七 | 二月、「明六社制規」制定、明六社正式に発足○三月、前参議の後藤・副島・江藤・板垣ら民選議員 | 一月、板垣・副島ら民選議院設立建白書を提出○二月、佐賀の乱○三月、 |

| 年 | 西暦 | 年齢 | 事項 | 一般事項 |
|---|---|---|---|---|
| | | | 設立を建白すると聞き、その言の採用されるよう元老院に上書請願○六月、『経済要旨』二冊を訳述○一〇月、はじめて『求諸己斎講義』を講述 | 『明六雑誌』第一号発刊○四月、板垣退助、土佐に立志社創立○九月、小野梓・赤松連城ら、共存同衆を結成。八年一月『共存雑誌』創刊○一〇月、中江兆民、麴町の自宅に仏蘭西学舎を開設 |
| 八 | 一八七五 | 四八 | 二月、『教育史』を訳述○三月八日、文部省四等出仕に補せられる○三月、洋々社を結成、翌四月『洋々社談』創刊○五月八日、三等侍講兼勤仰付けられる。この日、侍従長東久世通禧の奏伝をもって、はじめて聖上に拝謁。侍講定員三名のうち、加藤弘之（洋書担当）が元老院に転じた後任となる○五月一五日、従五位に叙せられる○一〇月五日『万国史略』版権免許○同月一九日、三等侍講の辞表を提出○一二月二三日より『泰西史鑑』三〇冊の出版を開始（一四年八月一六日完了） | 二月、大阪会議○四月、漸次立憲政体樹立の詔書○七月、津田仙、学農社創立○一一月、寺島外務卿、条約改正交渉開始を上申。新島襄、同志社英学校を京都に創立 |
| 九 | 一八七六 | 四九 | 一月一九日、依願免兼官(三等侍講)。同日、宮内省御用仰せつけられる○三月一九日、備中の人阪谷素、土佐の人丁野遠影・植松直久と、日本橋区呉服町の相済社に会し、道徳興起のことを謀る。ついで、杉亨二・那珂通高・辻新次・大井鎌吉が | 一月、津田仙『農業雑誌』創刊○七月、同人社『文学雑誌』創刊○九月、元老院に憲法起草を命じる○一〇月、熊本神風連の乱、福岡秋月の乱、山口萩の乱○一一月、茨城県下に農民 |

| 年号 | 西暦 | 年齢 | 事項 | 一般事項 |
|---|---|---|---|---|
| | | | 入社、そこで東京修身学社を創設。銀座二丁目の幸福安全社楼上を借り、毎月一回集合し、修身の道を講究する（日本弘道会前身）○六月二二日、『経済要旨』二冊を出版○一〇月、内田正雄の著『輿地誌略』の第一一・一二両巻を補うため編纂に従事○この年、『百科全書』の第一冊として「天文学」を訳述し、文部省より刊行 | 一揆おこる○一二月、三重県下に農民一揆おこる |
| 明治一〇 | 一八七七 | 五〇 | 一月一二日、文部大書記官となる○二月八日、『輿地誌略』巻一一・一二両巻の編集完成、版権免許をうけて一一月出版○四月、『求諸己斎講義』を発行（修身部四篇、民政部六篇）○五月五日～七月二日、二大学区巡視（静岡・三重・岐阜・石川の五県）○一一月一二日、有栖川・伏見・小松・北白川の四親王殿下のため、毎月三回出講（洋書）○この春、東京修身学社約規を作る。社員一二名。ついで会場を神田区美土代町共学社講堂に移す | 一月、鹿児島私学校生徒、政府の兵器弾薬を奪う（西南戦争の発端）○四月、東京大学成立○六月、立志社の片岡健吉ら、国会開設建白書を提出、却下される |
| 一一 | 一八七八 | 五一 | 一月七日、ラーレンス・ヒコック著『修身学』のなかの「国政篇」進講○九月一五日～一一月一九日、岩手・青森両県下の学事巡視○一二月『西国事物紀元』編纂、版権免許をうく | 七月、地方三新法を定める |
| 一二 | 一八七九 | 五二 | 三月二八日、東京学士会院の会員に推選される○ | 一月、東京学士会院設置○六月『東 |

| 年 | 西暦 | 年齢 | 事項 | 一般事項 |
| --- | --- | --- | --- | --- |
| | | | 五月、文部省の許可を得て『古事類苑』百巻の編纂に着手〇一〇月『西国事物紀原』刻成る | 京学士会院雑誌』創刊〇八月、天皇、侍講元田永孚を通じ、「教学聖旨」を示し、儒教的徳育の強化を促す |
| 一三 | 一八八〇 | 五三 | 春、文部省、編書課・翻訳課を合して編輯局を設置。その局長に任命される〇二月、修身学社発会式挙行〇四月、『小学修身訓』を著わし、文部省編輯局より刊行。同月、東京修身学社ではじめて雑誌を発刊し、『修身学社叢説』と命名〇一二月二日、文部省報告局長に転ず | 四月、片岡健吉・河野広中、「国会を開設するの允可を上願する書」を太政官に提出、受理されず〇六月、斯文学会発会式、発起人は、重野安繹・川田剛ら〇一二月、「教育会」改正 |
| 一四 | 一八八一 | 五四 | 一月七日～二月二四日、伊豆熱海において病気療養〇この月、沼津修身学社を設置、地方分社の始め〇七月、箱根に病気療養〇八月一六日、『泰西史鑑』三〇巻の出版完了〇一一月三日、再び文部省編輯局長となる | 六月、東京大学、法理文三学部と医学部とを統一し、総理一人をおく〇九月、品川弥二郎ら独逸学協会を結成〇一〇月、明治一四年の政変。自由党結成。このころ、進化論など近代科学の立場からのキリスト教批判が盛んになる |
| 一五 | 一八八二 | 五五 | 五月八日～七月五日、徳島・愛媛県下学事巡視〇六月一四日、勲四等に叙し、旭日小綬章を賜う | 七月、壬午事変〇一〇月、加藤弘之『人権新説』 |
| 一六 | 一八八三 | 五六 | 一一月七日～翌一七年一月三〇日、広島・山口両県下学事巡視。この間、病気にかかる〇一一月一二日、既著『教育史』上・下二巻を出版 | 一一月、鹿鳴館開館式 |

| 明治一七 | 一八八四 | 五七 | 四月第一土曜日、東京修身学社を日本講道会と改称。その会長に選挙される。副会長に南摩綱紀。小松宮彰仁親王・北白川宮能久親王・有栖川宮熾仁親王を名誉会員に推戴。会員数三二八名○一〇月九日、太政官において、宮内省出仕三等官（勅任）に補せられ、文部省御用掛兼勤、同日、宮内省において、文学御用掛仰せつけられる。文部省において編輯局長を命ぜられる○一一月五日、正五位に叙せられる。この月、皇后宮より、副島種臣・谷干城・元田永孚・高崎正風とともに召されて酒肴を賜う | 七月、華族令制定○一二月、甲申事変 |
|---|---|---|---|---|
| 一八 | 一八八五 | 五八 | 四月、再び、皇后宮の御召に応じ、近衛忠煕・正親町実徳・久我建通・元田永孚・高崎正風らとともに参上○同月七日、勲三等に叙せられ、旭日中綬章を賜う○一一月二三日、御直命をもって東宮殿下（明宮殿下）御教育御世話仰付けられる | 一二月、内閣制度確立、第一次伊藤内閣成立 |
| 一九 | 一八八六 | 五九 | 一月四日、文部省兼勤免ぜられる○二月五日、宮中顧問官に任ぜられる○同月一五日、勅任二等に叙せられる○同月一九日、文部大臣森有礼、西村を大学総理に任じようとしたが、これを辞退○一〇月、従四位に叙せられる○一二月の一一、一七、 | 三月、帝国大学令公布○四月、師範学校令・小学校令・中学校令公布○五月、東洋学会創立、洋学偏重に反対し、東洋の文物の研究を期する |

| | | | | |
|---|---|---|---|---|
| 二〇 | 一八八七 | 六〇 | 二六の三日間、一ッ橋外、大学講義室に公衆を集め、日本道徳振興の演説をなし、人心を警める四月三〇日、去年一二月の演説草稿を印刷して、『日本道徳論』と名づけ、大臣以下諸知人に贈与○九月一一日、日本講道会を改めて、日本弘道会と称す○一二月、常会のほかに、公衆を開導する目的で、通俗講談会を設ける○この年、海防費として金千円を献ず | 五月、学位令公布○七月、農商務相谷干城、条約改正は国会開設後に延期するようにとの意見書を伊藤首相に提出○同月、井上外相、各国公使に法典編纂の完成まで条約改正会議を無期延期と通告○一〇月、高知県代表「三大事件建白書」を元老院に提出○一二月、保安条例公布○この年、徳育論争おこる |
| 二一 | 一八八八 | 六一 | 五月、明治会（佐々木高行・平山省斎らの発起）の趣旨を賛し、発起者の一人として参加○七月一三日、華族女学校長兼任 | 四月、志賀重昂・三宅雪嶺・杉浦重剛ら、政教社を結成し、『日本人』を創刊。国粋保存主義を唱道○五月、枢密院開設○一〇月、帝国大学文科大学哲学科、精神物理学の科目を新設（実験心理学のはじめ） |
| 二二 | 一八八九 | 六二 | 二月、宮内省中に明倫院設立を建議、国民の徳育は、帝室で直接管理するようにという趣旨○九月、条約改正、内地雑居の尚早を論じて、三条内大臣、土方宮内大臣に建言。また、この件につき、鳥尾 | 二月、大日本帝国憲法発布○八月、条約改正反対派、全国連合大演説会、東京千歳座に開催○一〇月、大隈外相、玄洋社員来島恒喜に襲われ負傷 |

|  |  |  |  |  |
| --- | --- | --- | --- | --- |
|  |  |  | 小弥太・三浦梧楼・谷干城・副島種臣・元田永孚・佐々木高行・曽我祐準・海江田信義・原田一道の同志者と相談○この年、『日本弘道会雑誌』が発行を禁止されたため『日本弘道会叢記』と改称して、一〇月、第一号を発刊 | ○一二月、閣議、条約改正交渉延期を決定 |
| 明治二三 | 一八九〇 | 六三 | 一月、日本弘道会要領甲号を定む○三月、日本弘道会に女子部をおく○九月二九日、貴族院議員に勅選される○一〇月三〇日、「教育に関する勅語」渙発。大いに喜ぶ○一一月、再び内地雑居のことを論じて、内閣総理大臣、外務大臣に建議 | 二月、地方官会議「徳育涵養ノ義ニ付建議」○一〇月、「教育ニ関スル勅語」渙発○一一月、第一通常議会召集 |
| 二四 | 一八九一 | 六四 | 一二月、正四位に叙せられる | 一一月、井上哲次郎の文章により、「教育と宗教の衝突」論争おこる |
| 二五 | 一八九二 | 六五 | 二月、日本弘道会相助法（一名、信用組合法）設立案を発表○三月、『日本弘道会叢記』を『日本弘道叢記』と改称、五月より第一号を発行○四月一八日～五月一五日、但馬国城崎温泉に、療養ならびに、途中、京都など各地で講話○八月五日～二〇日、岩代・越後・信濃の諸国を遊説○九月二五日、『心学講義』出版○一一月二五日、願により貴族院議員を免ぜられる○この年、日本弘道会員の数は三〇〇〇余名に達し、地方支会二二ヵ所に及 | 五月、貴族院、村田保議員提出の民法・商法施行延期法案を審議、断行派と延期派の大論争 |

| | | | ぶ | |
|---|---|---|---|---|
| 二六 | 一八九三 | 六六 | 一月九日、御講書始めにあたり、宮中鳳凰の間に参候、英国史約翰記御進講○この春、内地雑居のことにつき、大いに憂慮し、同志と相談○この夏、築地から南葛飾郡寺島村に退隠○七月二〇日、「読書次第」を著述○一一月三日～一八日、山梨・富山・長野・新島の諸県下を巡回○一一月二五日、願により兼官（華族女学校長）を免ず | 九月、シカゴで万国宗教大会開催、神・仏・基、各教有志参加 |
| 二七 | 一八九四 | 六七 | 四月二六日～六月一〇日、九州巡回、指原安三随行○六月一七日、京橋区南鍋町一丁目一番地に日本弘道会事務所を設ける○同月一八日、松平直亮『西村茂樹先生論説集』を出版○一〇月、新しく『婦人弘道叢記』を発刊。支会数六一 | 七月、日英通商航海条約・付属議定書・付属税目調印（一八九九年七月施行）○八月、清国に宣戦布告 |
| 二八 | 一八九五 | 六八 | 五月三日～五日の三日間、京都において、日本弘道会第一回総集会を開く。ついで、三河国農会のために、西尾・岡崎など各地に講話○六月二七日、『徳学講義』を著わし、逐次出版 | 四月、日清講和条約調印。三国干渉 |
| 二九 | 一八九六 | 六九 | 九月、向島大出水、西村邸床上浸水○一〇月一日～一八日、下野・岩代・磐城・陸前の各支会を巡回○この年、支会数八一、会勢上昇の一途 | 九月、東京に第一回宗教家懇談会開催。神・仏・基教有志参加○一二月、法典の施行延期に関する法律公布 |
| 三〇 | 一八九七 | 七〇 | 一月二五日『国民訓』を著わす○五月五日～六月 | 六月、米・ハワイ間に併合条約調印 |

| 年号 | 西暦 | 年齢 | 事項 | 一般事項 |
| --- | --- | --- | --- | --- |
| | | | 一三日、山形・秋田の両県下巡回○八月二五日、第一高等学校倫理科担任を承諾し、九月一三日より嘱託講師として毎週一回出講し、数年間継続○一〇月二四日～一二月一四日、岡山・島根・広島・兵庫の各県を巡回して道徳講話を行う | |
| 明治三一 | 一八九八 | 七一 | 一月、日本弘道会全国支会の数、一〇〇に達す○八月三日～九日、三河国南・北設楽両郡の郡長の懇請に応じ講話○一〇月二日、『国民訓』（対外篇）を刊行 | 三月、ロシア、清国から大連・旅順両港租借権と南満鉄道敷設権を獲得、中国の半植民地化すすむ○四月、米西戦争おこる（一二月終結）○六月、英国、清国から九竜を租借○七月、威海衛を租借○九月、清国、戊戌の変おこり、西太后、実権を握る。改革派の康有為・梁啓超逃亡 |
| 三二 | 一八九九 | 七二 | 四月四日～二八日、遠江国城東支会、京都支会、それに、奈良県をはじめ、滋賀・福井・石川・岐阜・愛知の諸県を巡回○六月二〇日～七月六日、山形県庄内三郡教育大会で演説したのをはじめとして、鶴岡・酒田など山形県下や福島で講話 | 三月、清国の山東で義和団蜂起○六月、福沢諭吉『福翁自伝』○七月、日英通商航海条約をはじめそれ以後成立の改正条約実施○八月、文部省訓令を発し公認の学校において宗教上の儀式・教育を行なうことを禁止。また、私立学校令を公布 |
| 三三 | 一九〇〇 | 七三 | 一月、老年につき宮中顧問会を辞退○二月六日、 | 四月、内務省、社寺局を廃止し、神 |

| | | | | |
|---|---|---|---|---|
| | | | 一等官に陞叙○二月二一日、願により免官○同月、特旨をもって位一級進められ、従三位に叙せられる。聖上より御紋付七宝焼花瓶一対。皇后宮より、御手づから御紋三ッ組銀盃並に金子を賜う○五月一〇日、東宮御慶事あり、弘道会の賀表奉呈、御召に応じ酒肴を賜わる○同月、三重・滋賀・兵庫・愛知の諸県を巡講○八月四日、既著『自識録』出版○一二月二三日～二九日、赤十字病院に入院○同月、本会要領乙号を発表 | 社局と宗教局を設置（神社事務を尊重するため）○五月、英・仏・露・米・伊・日の軍隊三〇〇人余、北京に到着（列国第一次出兵） |
| 三四 | 一九〇一 | 七四 | 一月一七日、東京市公民会名誉会員に推薦される○四月七日～九日の三日間、日本弘道会第四回総集会を東京に開く。病気のため出席できず、一篇の尺牘を贈る○四月二六日、文学博士の学位をうく○五月、老衰の故をもって、日本弘道会の通常の事務は、幹事長に委任する旨、会員に報告○六月二三日以降、毎日曜日、午前九時より一一時の間、向島長命寺内において、松平直亮ら日本弘道会員有志者のために、修養会を開く。一〇月五日より、会場を牛島弘福寺に移す | 五月、社会民主党結成 |
| 三五 | 一九〇二 | 七五 | 三月一二日、既著『続自識録』を出版○七月二三日～八月一〇日、赤十字病院に入院○八月、病気 | 一月、日英同盟協約、ロンドンで調印、即日実施 |

危急の趣、聖聞に達し、一四日、聖上よりブドウ酒二ダース、皇后宮より鮮魚五種を賜わる○同月一五日、東宮より御菓子を賜わる○八月一六日、特旨をもって正三位に叙せられ勲一等を授く。同日午後、病中、絶筆二首を書す○同月一八日午後七時四〇分長逝○同月二〇日、両陛下より祭粢料として金五〇〇円を賜う。東宮より金五〇円を賜う○同月二二日午後一時、本郷区竜岡町麟祥院において葬儀を行ない駒込千駄木林町養源寺に埋葬。法謚　宗徳院殿弘道泊翁大居士、墓表　西村泊翁先生墓

# 主要参考文献

## 一、著作及び史料

西村茂樹文書　国会図書館蔵

日本弘道会編『西村茂樹全集』全三巻（第一巻は、明治四二年五月二八日初版、第二巻は、同四五年七月一〇日初版、第三巻は、昭和五一年八月一〇日初行、これと同時に第一、二巻を復刻）

右の全集に収めてないもののうち主要のもの

『万国史略』慶応三年冬訳述　『泰西史鑑』明治二年七月訳述　『西史年表』同三年九月訳述　『農工卅種　家中経済』同六年一一月訳述　『経済要旨』同七年六月訳述　『求諸己斎講義　修身部』同七年一〇月訳述　『小学修身訓』同一三年四月訳述　『心学講義』同二五年九月発行　『徳学講義』同二八年六月出版　『日本弘道会創立紀事』同三一年出版　『儒門精言』同三六年九月出版

## 二、研究書

日本弘道会有志青年部編纂『泊翁西村先生』　大江書房　大正二年

松平直亮『泊翁西村茂樹伝』上・下二巻　日本弘道会刊　昭和八年

足立栗園『哲人西村泊翁』 文陽社 昭和九年
海後宗臣『西村茂樹・杉浦重剛』 北海出版社 昭和一二年
吉田熊次『西村茂樹』 文教書院 昭和一二年
古川哲史『泊翁西村茂樹』 文化綜合出版 昭和五一年
日本弘道会編『日本弘道会一一〇年』 社団法人日本弘道会 昭和六一年

## 三、研究論文

本山幸彦「明治前半期における西村茂樹の教育思想」（『京都大学人文科学研究所紀要』） 昭和三〇年
家永三郎「西村茂樹論」（同著『日本近代思想史研究』） 東京大学出版会 昭和二八年
河邑光夫「西村茂樹論」（『思想』五一二号） 岩波書店 昭和四二年
山田洸「西村茂樹と国家道徳論」（同著『近代日本道徳思想史研究』） 未来社 昭和四七年
高橋昌郎「西村茂樹とキリスト教」（『日本歴史』三七九号） 吉川弘文館 昭和五四年

著者略歴

大正十年生れ
昭和二十一年九月東京大学文学部国史学科卒業
東京都立北園高等学校教諭を経て
現在　清泉女子大学教授
主要著書
中村敬宇　島田三郎

人物叢書　新装版

西村茂樹

昭和六十二年十一月　十　日　第一版第一刷印刷
昭和六十二年十一月二十日　第一版第一刷発行

著　者　高橋昌郎（たかはしまさお）
編集者　日本歴史学会
代表者　児玉幸多
発行者　吉川圭三
発行所　株式会社 吉川弘文館
東京都文京区本郷七丁目二番八号
郵便番号一一三
電話〇三―八一三―九一五一〈代表〉
振替口座東京〇―二四四
印刷＝平文社　製本＝ナショナル製本

# 『人物叢書』（新装版）刊行のことば

人物叢書は、個人が埋没された歴史書が盛行した時代に、「歴史を動かすものは人間である。個人の伝記が明らかにされないで、歴史の叙述は完全であり得ない」という信念のもとに、専門学者に執筆を依頼し、日本歴史学会が編集し、吉川弘文館が刊行した一大伝記集である。

幸いに読書界の支持を得て、百冊刊行の折には菊池寛賞を授けられる栄誉に浴した。

しかし発行以来すでに四半世紀を経過し、長期品切れ本が増加し、読書界の要望にそい得ない状態にもなったので、この際既刊本の体裁を一新して再編成し、定期的に配本できるような方策をとることにした。既刊本は一八四冊であるが、まだ未刊である重要人物の伝記についても鋭意刊行を進める方針であり、その体裁も新形式をとることとした。

こうして刊行当初の精神に思いを致し、人物叢書を蘇らせようとするのが、今回の企図である。大方のご支援を得ることができれば幸せである。

昭和六十年五月

日本歴史学会
代表者　坂本太郎

〈オンデマンド版〉
# 西村茂樹

人物叢書　新装版

2020年（令和2）11月1日　発行

著　者　高橋昌郎（たかはしまさお）

編集者　日本歴史学会
代表者 藤田覚

発行者　吉川道郎

発行所　株式会社　吉川弘文館
〒113-0033　東京都文京区本郷7丁目2番8号
TEL　03-3813-9151〈代表〉
URL　http://www.yoshikawa-k.co.jp/

印刷・製本　大日本印刷株式会社

高橋　昌郎（1921～2019）



ISBN978-4-642-75118-6

文芸社セレクション

# ライト・イズ・オン

長良　直次

NAGARA Naotsugu

文芸社

# ライト・イズ・オン

「君は、夢以上の存在だ」

アキラが、そこに光があることに気がついたのはいつからだろう。

闇の中に、ただ一点、暖炉のような光がある。一週間前までは、そんな所に光はなかったはずだ。アキラは、ソバを食べ終えても、しばらく窓越しにその光を見つめていたが、最後に意を決したようにグラスに残った水を飲み干し、駅ビルの中にある立ち食いソバ屋を出た。

アキラは店を出て、駅のロータリーを見下ろせるデッキに出た。外はすっかり暗くなっていた。もう晩秋だ。寒ささえ感じる。平日の夕方の七時。東京の山手線の駅のロータリーには、巣箱の中のミツバチのように無数の人がいた。一人ひとり違う人間なのに、みな同じ顔をして同じ方向に向かって、歩いている。魔法にでも掛けられているに違いないのだが、誰もそのことに気が付いていない。アキラは、それを不思議に思う。

アキラの背は高くない。どちらかというと小柄な方だ。髪は長めで自然にウェーブがかかっている。鼻筋は通っていて、その鼻の上に度付きの色の薄いサングラスがのっかっている。服は、白いTシャツの上にカーキ色のジャンパー、それにジーンズという、いつもの格好だ。一見、大学生のようにも見えるが年齢はすでに三十歳を過ぎている。

アキラはサングラスの中からロータリーを見まわして、その光の元を見つけた。駅のロータリーの端の方に、小さな露店のような店が出ている。光は、そこからのものだった。その店の前には、小さな人だかりができていて、そこだけは、このロータリーとは違った賑やかさがあった。

（この風景をどこかで見たような気がする）

アキラは、それを思い出した。その風景は、小さい頃連れていかれた夜祭りで見た露店のようだと思った。アキラは興味を覚え、デッキからロータリーに降り、その人だかりの中に入っていった。

それは小さな花屋だった。路上の小さなスペースを使い、色とりどりの花が並べてある。赤、黄、紫、オレンジ。アキラは、その花のあざやかさに見入ってしまった。まるで万華鏡をのぞいているようだ。そこで一人の若い女の子が、その花を売っていた。その女の子は、髪はショートヘアーで、化粧気もなく、けっして美人とはいえないが、その子の笑顔には、光を灯したような明るさがあった。アキラは、その女の子の働く姿にも目を引かれた。女の子は、セーターにエプロン姿で、会社帰りのOLらしいお客から注文を聞くと、花が入ったブリキの筒から花を数本選び出し、その花を巧みに重ね合わせ綺麗な包み紙で、さっと包む。あっという間に、見事な花束となった。まるで手品を見ているようだ。そこで、アキラは不思議に思った。その花を渡されたお客の顔が、一瞬、輝いて見えたのだ。

「いらっしゃいませ」女の子がアキラに気づいて、笑顔で言った。

その時、アキラは、猫のように闇の中に消えていた。

# 1

叫び声とともにアキラはベッドから飛び起きた。アキラは荒い息で胸をおさえる。夢だ。いつも見るやつだ。頭から真っ逆さまに落ちていく。必死に何かにつかまろうとしても、つかまるものが何もない。息が出来なくなり、心臓が飛び出しそうになる。真下に地面が見えてくる。ものすごい恐怖だ。

アキラは、いつも、そこで飛び起きる。ベッドサイドの時計を手に取った。三時十分。夢を見るのは、決まってこのくらい時間だ。ベッドに入り直したが、体が強張って、なかなか眠りに入れない。窓の外の高層ビルにある警告灯の赤い点滅を見ていたら、それが救急車のライトに思えてきた。何度も寝返りを打って、朝方、ようやく浅い眠りについた。

翌朝、アキラは六時ぴったりに起きた。手早く顔を洗い、髭をそり、トレーニングウェアに着替える。そして、高速エレベータに乗って三十秒で一階に降り、マンションの裏口から外に出た。時間は六時半過ぎだ。ビルの谷間のラインが、少しだけ赤くなってきている。ようやく長い夜が明けたのだ。早出のサラリーマンがコートの襟をたてて歩いていく。

五分ほど歩くと、公園に出た。都内では有名な公園で、東京にしては緑が深い。アキラは、公園の中を、ゆっくりとジョギングを始める。ジョギングをすると、頭に雑然とある事項が順番に整理されていく。そうすると、今日やるべきことが、段々見えてくる。走るスピードを上げてゆく。公園を五周する頃には、アキラの頭の中は切り替わっていた。

アキラは公園から自宅に戻った。自宅は、四十八階建の高層マンションである。このマンションは海外のアーキテクトが基本のデザインをした。シルバー色の六角柱のタワーは、まるで鎧武者が立っているようだと思う。それを見上げると体に力が入ってくる。アキラは、マンションの玄関へのアプローチを駆け上がり、玄関のタッチパネルに指をかざす。大きな扉が開いた。

二十四時間、交代で勤務するコンシェルジュの女性が微笑む。アキラは会釈をして、広い石貼りのロビーをスニーカーで歩いていく。ロビーの奥にある滝の水音が、静かなロビーに響いている。その滝の横には、居住者専用のコンビニがあり、そこでパンとチーズとトマトを買った。次に迷路のようなメールボックスに寄って、新聞を三紙、引き抜き、エレベータに乗り込んだ。エレベータの中で新聞の見出しを、ざっと見る。今日は、大きなニュースはないようだ。

最上階でエレベータを降りて、〈4801〉と書かれた一番奥の部屋の扉を開けた。玄関には窓から秋の強い朝日が差し込んでいる。

アキラは新聞とパンをキッチンにある二人掛け用のテーブルに投げて、浴室に入った。トレーニングウェアを脱ぎ捨て、バスタブに入り、シャワーの水量を最大にして頭から浴びる。ついでにブラシで体を思いっきりしごく。体が引き締まっていく。シャワーを浴びながら今日のトレードを考えている。この時が一番、集中して考えられる時間だ。十分ほどでシャワーを浴び終えて、新しいTシャツとジーンズを身に付けて、キッチンに入った。

アキラは、キッチンで、コンビニで買ってきたトマトを輪切りにして、チーズと一緒にパンに挟み込み、簡単なサンドイッチを作った。それをキッチンのテーブルで食べながら、経済新聞を丹念に読む。世界の経済動向、各市場の環境、政治のニュースが中心だ。今日は、特に悪い材料はない。危険な匂いもしない。今日のトレードは、昨日、組み立てた通りで問題はないだろう。アキラは、最後に残ったパンを牛乳で胃に流し込んで、テーブルの上にあったサングラスをかけた。そして、一分ほどの長い深呼吸をしてリビングに入った。

アキラの部屋は、二階があるメゾネットタイプで、かつ両面に窓がある角部屋だ。広さは二階を入れると100㎡程ある。ビジネスで成功した若い独身の経営者が好む部屋だが、一つだけ大きく違う点がある。この部屋には、豪華な家具が何一つないことだ。視界を遮るものが何もないので、（窓にはカーテンさえない）リビングに入ると、まるで、自分が空にでも浮いているように、東京の街が一望出来た。この景色を見るたびにアキラは思う。東京とは、なんと醜い街だろう。単なるビルが無計画に建てられていて、それをつなぐ道路が伸びているだけだ。何の美も調和もない。

街の先を見た。そこには、丹沢の山並みに、そびえるような富士山があった。富士は、今日も泰然としている。人間が作ったこの街をあざ笑っているかのようだ。アキラは、目を細めて富士を見る。アキラが、この部屋を購入した理由は、この部屋から見えるこの富士の姿である。いろいろなマンションを見たが、これほどの富士の姿が見れるのは、この部屋だけだった。

それにしても、この部屋には何もない。家具といえば、部屋の中央に、幅が２ｍ近い机が一個と黒いイスが一脚、それに部屋の隅にエアロバイクが一台あるだけだ。ただ、机の上は少し様子が違った。机の上にはパソコンのモニターが六面あり、それがラックに組み込まれている。まるで宇宙船のコックピットのようだ。

アキラは黒いイスに座り、パソコンを起動した。二台のパソコンが同時に動きだす。次にパソコンの音楽ファイルを開き、その中の一つをダブルクリックした。机の上にあるスピーカーからバロックの音楽がごく小さな音量で流れだした。アキラは、朝はバロックのクラッシック音楽を聞くことにしている。特にチェンバロの演奏が好きだ、チェンバロの音色は人の思考を深めるのに適している。次に、アキラはメインのパソコンにインターネットを接続し、あるサイトにアクセスした。サイトが立ち上がると、慣れた手つきでログイン・パスワードを打ち込む。パソコンの画面右下の時計は八時三十分を示している。あと三十分で株式市場が開く。それまでの間に、インターネットで、最新の経済指標を、もう一度チェックしておこう。念には念を入れなければならない。これは戦いなのだ。アキラはサングラスの下から富士山を見た。

（今日も、おまえを撃ち落としてやる）アキラは心の中で、そうつぶやいて、マウスを強く握りしめた。

アキラは専業の株のトレーダーだ。それも、超短期で株を売り買いする「デイトレーダー」だった。

*

幼い頃の記憶というのは、断片的な画像としてしか頭に残っていないものだ。そして、その画像には、音も色もなく、モノクロの古いフイルムのような絵があるだけだ。ただ、その絵の中には、強いイメージを持っていて、その人間の一生を左右するものもある。

アキラは、富士山がよく見える町で生まれた。銀行員の父親と地方の名士の娘である母親のもと、幼い頃は何不自由なく育った。

アキラの幼い頃に残っている最初の記憶は、自宅の庭（と思われる）から坂道を降りていく人を見送っている場面だ。家は城のように大きく、庭は公園のように広い（と記憶のイメージには残っている）。アキラは、その庭のフェンスに、つかまっている。隣には、母親がいる。母親の顔は全く記憶にないが、背が高く、やさしい感じだった気がする。アキラは、フェンスにつかまり何かを叫んでいる。見送っているのは父親だ。父親は振り返る。父親の顔も全く思い出せないが、メガネをかけていて笑った印象がある。父親は、坂道を下って行く、その先に大きな山が見えた。その大きな山に向かって父親が歩いて行く、その姿を見てアキラは誇らしい気持ちになった（気がする）。

＊

九時。前場の取引が始まった。アキラは、パソコンの画面に、昨夜、狙いを付けておいた三銘柄の板を立上げて、待った。

今日の第一の銘柄として選んだのは大手商社株だ。昨日、この商社が中東でエネルギー関連の大口の契約を結んだとのニュースがあったので、このところの原油価格の上昇に合わせて、今日はこの銘柄が上げてゆくだろう。こういうわかりやすい流れは、一見、リスクがないように思えるが、実はとても危険だ。大手のファンドが確実な利を得ようと、続々と参入してきて、彼らの思惑一つで値が乱高下するからだ。売り買いのタイミングを間違えると、アキラのような個人投資家は大変痛い目にあう。本来、アキラが好む銘柄ではないが、このところの負けを取り戻すためには、多少のリスクを冒すこともやむをえない。

九時二分。相場が寄り付いて画面にチャートの線が表れた。予感していた以上の急上昇線だ。アキラはその線を凝視し、すばやくこの線のゆくえを考えた。これだけの急上昇の後は、必ず多くの利益確定の売りが出て、一旦、株価は下落に転ずるだろう。だが、今日のこの銘柄には、まだ上昇するエネルギーを感じる。今の金額で購入しても十分なサヤが取れるだろう。アキラは、迷わず「成り行き」での買い注文を入れた。

二つ目の銘柄に行く。二つ目は中堅の電機メーカー株だ。このメーカーは業績不振に苦しんでいて、ここ一ヶ月、だらだらと値を下げている。しかし、この会社には、工場の土地など多くの含み資産があるので、値頃になれば、必ず誰かが買いを入れてくるはずだ。アキラは、それが、今日ではないかと感じている。今日も、下げから始まっている。逐次更新される株価のチャートをじっと見た。下げは続いているものの株価の下がりが弱くなり、ほんのわずかだが岩にぶつかるような抵抗を感じる。これは底を打つ前のサインに違いない。底を打てば、この銘柄は、しばらく上昇するだろう。〈買いだ〉しかし、アキラは、もう一段、我慢して、株価が三十円落ちたところで、買い注文を入れた。

三つ目の銘柄は、海運会社、特に中国向けに強い船会社の株だ。この一週間、中国向けの荷が再び動き出しているので、今日は、この銘柄にも強い上げの線を感じる。アキラには初めての銘柄だが、今日は、ここを買ってみようと考えていた。いつもの銘柄ばかりでは利益が出なくなっているのだ。この銘柄の買い気配を見ると、ある金額から、大きな買い注文が連続で入っている。やはり、みんなが、今日は、この銘柄が〈うまい〉と感じているのだろう。幸いにも、この銘柄も下げからはじめている。(悪くない)。大きな利益を上げるチャンスだ。アキラは、瞬時に下げの底を感じとり、その金額で、「指値」の買い注文を出した。

アキラは、誰もいない部屋で、瞬きすることもなくモニター上のチャート、買い気配・売り気配、板情報、ニュース、などを確認していく。株価というものは、ほんの少しの材料でも動くものなのである。アキラの頭脳は高速で回転していた。

＊

次に、アキラが思い起こす記憶は、中学に入った時のものである。その頃は、もう、随分、大きくなっているので、これは、記憶というより映画のように色も音もはっきりと頭に残っている。場所は、アキラが入る中学の校門の前で、時刻は朝だ。アキラは新しい制服を着せられて、新しい世界に入ることに緊張を感じている。その隣には、道路を覗き込んでいる母親がいた。母親は、白いスーツ姿で、首元には、大きな真珠のネックレスがあった（と思う）。しかし、不思議と母親の顔は記憶にない。

「お父さん、遅いわね」母親が言う。

「先ほど、信用金庫の方から『副理事長は、少し遅れましたが、今、金庫を出ました』と、職員室に電話がありましたので、もうすぐお着きになるでしょう」

母親の横にいる、太ったおじさんが言う。

「教頭先生まで、わざわざ、主人をお出迎えしていただかなくても、結構ですのに」

「いえいえ、副理事長には、大変お世話になりまして、副理事長のおかげで、当校も、念願の体育館を建て替えることができました。そのお礼を申し上げないといけませんので」

「うちの山田も、『副理事長には、先日の選挙で大変な応援をいただいた。ご子息の入学式には、必ず伺う』と申しまして、先ほど、会場に入りました」

今度は、背の高い若い人が母親に言う。

そこに向こうから黒塗りの車が来て、みんなの前で止まる。車の扉が開き、父親が出てきた。父親は、黒縁のメガネに丸顔で、紺色のスーツを着ていた。車の助手席から、秘書のような人がさっと出てきて、父親にカバンを渡す。父親は、それを無言で受け取り、一目、校舎を見る。

「あなた、遅いじゃないですか。皆さん、お待ちかねよ」母親が父親に注意をする。

「すまん。どうしても、朝の会議から抜けられなくてね。みなさん、お待たせして申し訳ありません」父親が、丁寧に頭を下げる。

「副理事長、こちらこそ、本日は、大変お忙しい中、ご来校いただいて誠にありがとうございます。それと、ご融資をいただき」そう言う太ったおじさんの言葉を、父親はさえぎった。スーツの前のボタンを止めて「こちらこそ、当金庫をご利用いただきありがとうございました。これから息子がお世話になります。よろしくお願い致します」と言って、また頭を下げる。

「副理事長、うちの山田が選挙のお礼が言いたいと、中で、待っております」

「県議会議員の先生までお待たせしてしまって本当に申し訳ありません」

父親は、若いおじさんにも頭を下げた後、アキラに屈み込んで、笑顔を見せた。

「アキラ、遅くなってごめんな。おまえは、ここで、しっかり勉強するんだぞ。いいか」

そう言って、アキラの頭を撫でてくれた。アキラは、「うん」と強く返事した記憶がある。

アキラの父親は、その町の普通の家庭に生まれた。小さい頃から勉強がよく出来て、東京大学の経済学部に入学し、優秀な成績で卒業した。一般的に、東京大学経済学部の卒業生は、中央の官庁か、大手銀行に就職するものだが、父親は、自分を育ててくれた町に役に立ちたいと、生まれ故郷に戻った。普通、Uターンをした東大の出身者なら、県庁に入るか、それとも、その地方で一番の地方銀行に就職するものだが、父親は、より地元に密着している信用金庫を選んだ。その信用金庫に東大出の者が入ることは十年ぶりとのことで、大そう歓迎された。

父親は、信用金庫に入って数年後に、その地方で三代続く名門企業の娘と見合い結婚をした。アキラが生まれると、父親は少し無理をして、富士山がよく見える高台に洋館の自宅を建てた。父親は、何よりも富士山が好きだったからだ。家を建てる時には、母親の実家から、資金の援助の申し出があったが、父親は、それを断った。父親はそういうことが嫌いな性格だった。父親は、自分の信用金庫で三十年のローンを組んで、自分の力で家を建てた。父親は仕事に熱心に取り組み、アキラが中学に入る頃には、異例の若さで、信用金庫の副理事長になっていた。

*

一時間半ほど経過して、アキラは、一つ目の商社株の動きが妙なことに気づいた。どうも動きがしっくりこない。株価は、予想通り、大きく上昇した後、利益確定の売りが出て、下落に転じている。しかし、その後、一向に再上昇に入らないのだ。買い注文は多いが、株価が上がるたびに、それ以上の売りが出ているせいだ。そこで、ハッとした。これは、どこかのヘッジファンドが、今日の利益はこれで十分と、早々と見切りをつけて、ここで売り抜けようとしているのではないか。(危険だ!) ヘッジファンドの売りの圧力は強烈だ。まもなく、それに気が付いた投資家たちからも一斉に売りが出されるだろう。上昇が大きかった分、この株価は暴落する。その売りが、今、始まるかもしれない。アキラは、即座に「全株売り」を入力し、キーボードを叩いた。その直後に株価が下げだした。どこから出てくるのか、ものすごい売りの数だ。売りが、売りを呼んで、アキラの出した売り注文が成立しない。息を殺して画面を見つめる。十円、二十円と、株価が値を切り下げてゆく。アキラの心臓が強く波打つ。これは、利益どころか、大きな損が出る。十秒後、ようやく、パソコンのモニター画面に、「売りの成立」の表示が出た。アキラは、イスにもたれて大きな息を吐き出した。本当に危ないところだった。もう一分、売りが遅れていたら大きな損を出していたところだった。だが、最初に上がっていたおかげで、わずかだが利益が出た。

二つ目の電機メーカーの銘柄を見る。こちらも変だ。購入した金額から少し上げたので安心して目を離していたら、また値を下げだした。(まだ、底を打ってはいない！)この状況なら、どこまで落ちるか予測がつかない。アキラは即座に撤退と決めて、全株売った。株価は、下げ続けたが、決断が早かったおかげで、なんとか買った時と同じ金額で売れた。しかし、採算はプラスマイナスゼロ。いや、売り買いの手数料がかかった分、実質的な採算はマイナスだ。息をつく暇もなく三つ目の銘柄を追う。海運会社の株は、下げが続いていて、もう少しで、アキラの出した指値に達するところだった。それにしても、下げのスピードがきつい。買い気配に大きな買い注文が入っているのだから、もう上昇してもいいはずだ。そう思い、買い気配を見た瞬間、アキラの胃に冷たいものが走った。さっきまであった買い注文が、きれいになくなっている。(罠だ！)自分の株を売るための「見せかけの買い」が入っていたのだ。これは、このまま下げ一方になる。こっちの指値による注文も、即座にキャンセルした。四つ目の銘柄に行ったところで前場が終了した。アキラは、ようやくマウスから指を離した。マウスをずつと強く握っていたせいで、指が小刻みに震えている。

アキラはキッチンに行き、冷蔵庫からペットボトルのミネラルウォーターを出して水をラッパ飲みにしながら、前場のトレードについて考えた。前場の成績は一勝二引き分け。一勝と言っても、負けに等しく、二引き分けといっても、あやうく大きな損を負う前の撤退だ。最近、読みが外れて、損を出すことが多くなっている。でも、前場は、損を出さなかっただけでも、よしとしなければいけない。

アキラは空腹を感じたが、トレードの日には、昼飯を食べないことにしている。食べると頭の回転が落ちるからだ。房からバナナを一本ちぎり、バナナを食べながら、窓の外の富士山を見た。富士山には、もやがかかってきていた。

＊

アキラの家の様子が変わったのは、アキラが高校二年の頃のことだ。その頃、世界的な不況が発生し、それを契機に日本の銀行業界の再編が始まった。まず、中央の大手銀行が合併して、数行のメガバンクになった。次は、地方だった。地方の問題は、更に深刻だった。地方の経済は悪くなる一方で、信用金庫の経営環境は急激に厳しくなっていた。その結果、父親の勤める信用金庫は、担当官庁の号令一下、その地方で一番大きい銀行に吸収合併されてしまった。すぐに合併によるリストラが始まって、父親の勤めていた信用金庫系の人間は、県内のいろいろな支店に散らされていった。アキラの父親も例外ではない。合弁して一ヶ月後に、異動の辞令が出たのだ。

アキラは、その日のこともよく覚えている。その日、父親は、夕方の五時頃に帰ってきた。その時、アキラは二階にある自分の部屋で勉強をしていた。(アキラの部屋は玄関から階段を上がった所にあったので、玄関の音はよく聞こえた)

「あなた、おかえりなさい。今日は、随分早いわね」母親の声が聞こえた。

「ああ」父親の声にはいつもの元気さがなく、玄関でゆっくりと靴を脱いでいるようだった。

「あなた、どこか、具合でも悪いの?」

「いや、体は大丈夫だ。それよりも、今日、転勤が決まった」

「どこになったの」母親の声が高くなった。

母親は、すでに転勤は覚悟していたようだったが、その行き先を気にしていた。

「東京だ」

「東京って、県外じゃない! それって左遷人事じゃありませんか」

「仕方がないんだ。そう決まったんだから」

「元の信用金庫の理事長さんに、なんとかお願いできないの。随分、あなたのこと信頼してくださっていたようじゃないの」

「理事長は、これを機会に引退することにしたらしい」

「まあ、あの理事長さんが」母親は、一瞬、驚いたようだったが「じゃあ、あの県議会議員さんにお願いできませんか」と言った。母親は、必死だった。

「先生には、今回の転勤の話があった直後に電話を入れてみたんだが、先生は不在で、後で、議員の秘書から電話があったよ。先生から『副理事長には、くれぐれもお体に気を付けて、東京でご活躍されることを心よりお祈りしている』との伝言だってさ。つまり、何も出来ないということだ」

「みんな、薄情ね。いい時だけは、次期理事長だなんて、調子のいいことを言っちゃって」

「みんなも大変なんだ。俺なんか、東京に席があるだけありがたいんだ。わかってくれよ」

「あなた！　そんな呑気なこと言っていて、いいの。この家のローンも、まだ、だいぶ残ってるのよ。それにアキラの大学の費用はどうするの、ね」

母親の甲高い声が、玄関に響いている。

「金は、俺が、ちゃんと東京でがんばって入れるから心配するな。それに、月に一回は、銀行の費用で帰ってこれられるという約束なんだ。アキラの進路のことは、その時に考えるから、何とか、それで、やってくれ」父親は、母親をなだめるように言った。

「そんなこと言ったって、お給料なんか前の半分くらいしか出ないんでしょう。前田さんの奥さんから聞いたわよ。なんのかんのと口実を作ってお給料を減らして、信用金庫系の人を辞めるように仕向けているんだって。前田さんのご主人なんか、これで、ふんぎりをつけたって、今月で銀行を退職して、親戚の会社に再就職するらしいわよ。ねえ、あなたも東京大学卒なんだから、大学のツテで、どこか新しいところに移ったら」

「俺は、そういうのが嫌なんだよ。人に頭を下げて、人に迷惑をかけてまで生きていくようなことはしたくない」

「あなたは、それでいいかもしれないけど、私たちはどうなるの、アキラの将来はどうなるの」

母親は、声を押し殺して泣きだした。父親の「大丈夫だ」「心配するな」と言う声が聞こえてくる。アキラは、その時、生まれて初めて、社会の現実を知ったと思う。そして、その日を境に、アキラの家から光が失われていった。

*

そういえば、アキラは、この数ヶ月間、誰とも会話をしていない。アキラは、普通、人と話さなくても何も感じないのだが、今日は、この部屋が、少し静かすぎるような気がする。机に戻り、音楽をバロックからラテンに変えた。

午後十二時三十分。後場がスタートした。

後場に入っても、トレードの調子は悪かった。株価の動きが読めず、後場でもすでに二銘柄、買いのタイミングを読み違えて、結構な損を出してしまった。後場が閉まる三時までには、その損を少しでも取り戻したい。パソコンから離れて、エアロバイクにまたがり、五分ほど、猛烈な勢いでペダルを漕いだ。

アキラは、ある銘柄を選んだ。トレードがうまくいかない時に最後に選ぶ銘柄だ。ここの動きは十分わかっている。株価の動きが読みやすく、アキラにとって相性がいい銘柄だ。大きな利益は出ないが、これまで何度か、確実に儲けさせてもらっている。今日は、ここにかけることにした。その会社のチャートをざっと見た。悪くないタイミングだ。いつもより株価が安いのだ。ここからなら、後場が引けるまでに、確実に、十円は上がるだろう。思いきって、いつもの倍の注文を出した。しかし、予想に反して、アキラが注文を入れるのを待っていたかのように、株価は下げはじめた。胃が唸っていく。アキラは、後場が閉まる直前に、全株を売却した。かなりの損が出た。

アキラは後場のトレードを終了し、今日の結果を集計した。最後のトレードが大きく響き、今日の損益は大幅なマイナス。ここ一週間の中で一番の負けだ。アキラは、複数あるネット証券の口座の残額を調べて、その額の少なさに衝撃を受けた。今年に入ってから減っていることはわかっていたが、今日、あらためて集計をしてみて、その現実の厳しさを知った。

アキラは、ものすごい疲労を感じた。コツコツと積み上げてきたものが、幻のように消えてゆく、そんな絶望的な気分だ。アキラは、机からなんとか立ち上がり、キッチンに行った。棚の一番後ろに入れてあったウイスキーのボトルを取り出して、その液体を、グラスに入れ、一気に飲みほした。アキラは酒が飲めないわけではないが、めったに飲まなかった。酒は、判断力を鈍らせて株取引にはマイナスになるし、それ以上に、あの時の記憶が蘇ることが恐ろしかった。しかし、今日は、そんなことを言っていられない。もう一杯、グラスに琥珀色の液体を注ぎ込み、それを飲み込んだ。体中にウイスキーが染み込んできて全身がカッと熱くなる。あの時、部屋中に充満した、あの、すえたような酒の匂いがアキラを襲ってきた。

＊

父親は、確かに給料も入れたし、一ヶ月に一回は帰ってきた。しかし、父親の給料は、前の半分どころか、家族三人が暮らしていくのがやっとの額のようだった。それに加えて、母親が言っていた家のローンの支払いが本当に大変なようで、目に見えて、食卓に上がるおかずが少なくなり、母親の着るものが粗末なものになっていった。悪いことは重なるものだ。それからほどなく、病気で入院をしていた母親の父（アキラの祖父）が亡くなり、家業は母親の兄が継ぐことになった。以前からも、家業はうまくいっていなかったようだったが、兄が継ぐと兄の放蕩も加わり、母親の実家は、船が沈没する間際のように傾いた。母親は、兄に、お金の援助を頼みにいったが、それどころではないようだった。母親は、仕方なく家のローンなどの不足分を、母親が嫁ぐ時に祖父が持たせてくれたお金から取り崩して支払っていた。そんな時に父親は、東京に行っていていない。月に一回、父親が帰ってくると、母は父と言い争うことが多くなった。大半がお金にまつわる話だ。

あの酒の匂いを嗅いだのは、父親が、東京に転勤して一年ほどした日のことである。

その日は、父親が東京から帰る日で、母親は、夕食の準備をして待っていた。いつもなら九時には帰ってくる父親が、その日は、なかなか帰ってこなかった。外は、どしゃぶりの雨で、アキラは部屋で勉強をしていた。十二時を過ぎた頃、外から、とんでもなく陽気に歌を歌う声が近づいてきて、アキラは顔を上げた。その声が、どうも父親の声のようだったのだ。しばらくして、玄関の扉が開いて、「今、帰ったぞ」と言う、父親の素っ頓狂な声が聞こえた。

「あなた！　その恰好、一体どうしたの」母親の悲鳴のような声がした。

アキラはそっと自室から出て、玄関が見える位置まで隠れるように階段を下り、玄関を見て驚いた。

玄関には、父親が、ずぶ濡れの状態でひっくり返っていた。スーツはドロだらけで、きっちりと分けられているはずの父親の髪の毛は、雨で額に貼りつき、黒縁のメガネのレンズは雨粒であふれていて、靴は片方しか履いていなかった。

母親が父親を起こそうとした。

「お酒くさい」母親がそう叫び、顔をしかめた。父親は泥酔していた。母親が叫ぶのも無理はない、アキラも、父親が酒を飲んだところを一度も見たことがないのだ。

「酒を飲んで、何が悪い！」父親は、母親を払いのけて、体を半分起こした。その拍子に父親の顔からメガネが落ちた。

「酒でも飲まないでやってられるか。あのクソ頭取め。『東京での、君の人脈には大いに期待してるよ』なんて、うまいこと言って、俺を追い出しやがって。なにが副支店長だと。そんなの名前だけで、部下は一人もいないじゃないか。あるのは、机と電話だけで、俺が、やらされていることといえば、かつての大学の同級生や先輩たちの間を、頭を下げて回って、少しでも、いい融資案件を引き出すことだよ。人のお情けにすがって、おこぼれをいただく、情けない仕事なんだよ」父親は呂律がまわらない口でわめくように言う。

「あなた…」母親は、父親の姿に、ただ茫然としている。

「俺は、二十五年以上、信用金庫でがんばってきたんだぞ。その結果がこれか。ばかにするな！　それでも、がまんして、がまんして、仕事をして、家に帰ってくると、給料が足りない、家のローンが払えない、おまえは文句ばかりだ。聞いてるのか、おい！」

父親は母親を怒鳴りつけた。

「だって、あなた、本当に、家計が大変なのよ。わかってよ」母親が嗚咽を漏らした。

「おまえは、すぐに泣けばいいと思ってるだろう」

「思ってなんかいないわよ！」母親は顔を上げて言う。

「そんなに、金がなければ、お前の実家に行って借りてきたらどうだ。俺が、副理事長の時に、お前の実家を、だいぶ助けてやったぞ。お前の兄さんにそう言え」

「兄さんだって、今、大変なの。あなたもわかってるくせに」

母親は顔に両手をあてて泣いた。アキラの胸は強く締めつけられた。しかし、ただ、見ているしかなかった。

父親は、よろけるように立ちあがった。

「もう、俺は、あんな、みじめな仕事は、やらない。今日、あのクソ頭取に辞表を叩きつけてきてやった」父親は、誰もいない玄関を指をさしてそう言った。

母親の泣き声が止まった。父親に、にじり寄る。

「あなた、銀行を辞めて、どうするの、アキラは、これから大学に行くんですよ」

「心配するな。俺は、東京で、新しい仕事を探す」

「新しい仕事って、どこか良いところがあるの。いい仕事がみつかったの？」

母親は、期待するように父親の腕にすがりついたが、父親は、それを振りほどいた。

「そんなもん、これから探すんだ。俺は、誰にも世話になんかならないぞ。俺だって、まだ五十歳だ。まだまだ働き盛り、どこでも仕事はできる」

それを聞いた母親は、廊下にしゃがみ込んで泣きだした。

「俺ば、寝る。もう、今日は寝るぞ。そうだ、その前に、アキラは、どうした。ちゃんと勉強してるか。あいつ、もうすぐ受験なんだから、今頃、寝てるようじゃだめだ。よし、俺が見てきてやる」父親は、千鳥足で階段を上がってくる。アキラは自分の部屋に戻り、机に向かった。

「あなた、やめて。そんなにお酒臭いのに。やめて」母親が追いかけて父親を止めていた。

すぐに、アキラの部屋の扉が開いた。父親は、雨にずぶぬれの顔で笑っていた。それは愛想笑いのようだった。

「アキラ、俺は、今日、銀行、辞めたぞ。でも、おまえは、心配するな。金はなんとかするからな。おまえは、ちゃんと勉強するんだぞ。いいか」そう笑顔で言った。

きっと父親は、僕のことを心配していたんだろう。だから、安心させたかったのだろう。しかし、アキラには、それが父親の見栄にしか思えなかった。こんな時になっても、まだ見栄を張ろうとする父親に強い反発を覚えた。

「ああ、わかったよ」アキラは冷静さを装いながら、そう言うのが精一杯だった。

「なら、いい」父親は、そう言うと、あっさりと出ていった。アキラの部屋の中には、酒の、甘ったるく、すえたような臭いが残った。

＊

今月で、アキラは株のトレードを始めて、三年になる。アルバイトで貯めた二百万円を元手に株のトレードを始めて、この三年で、それを三億円まで増やした。昨年、三億の中から、一億五千万円で、このマンションを購入し、万が一の時のための生活資金を銀行の普通預金に入れて、残った資金でトレードをやっている。それが、ここのところの負けが重なり、投資資金の残額が、ついに一千万を切ってしまった。これまでも、負けが続くことは、何度かあった。しかし、そのたびに、それを何とか切り抜けて、投資資金を増やしてきた。しかし、今年に入るとなかなか勝てなくなり、この夏からの、負けはひどいものになった。負けを取り返そうとして、逆に大きな損を出している。今、アキラは、大きな壁にぶちあたっていた。それも、今回の壁は最大のものだ、今までのものとは何か質が違うように感じる。相場そのものの環境が変わってしまったのかもしれない。もし、そうならお手上げだ。

アキラは、メゾネットに続く階段を、よろよろと登り、二階にあるベッドに倒れ込んだ。ベッドにうつ伏せになり、大きな窓から空を見上げた。空にはフレスコ画に描かれたような夕日で赤くなった雲があった。あの恐ろしい夜が、またやって来る。

アキラは目をつむる。あの音が聞こえてきた。救急車のサイレンの音だ。救急車がアキラの住んでいたアパートの前で停まる。血が噴き出すような赤くフラッシュする光。アキラは、アパートの台所の窓から、その光をのぞいている。アパートの住人が出てきて、狭い路地でささやきあっているのが見える。救急隊員が、アパートの部屋に入ってきた。

＊

それから、父親は、忘れた頃に帰ってきた。父親は、帰るたびに、身なりも、人相も変わっていった。そして、いつも酔っていた。東京で満足のいく仕事が見つからないようで、酒浸りの生活をしているようだった。父親が帰ってくる目的は、ただ一つ、母親が、祖父から貰った預金を取りに来ることだった。母親は抵抗したが、いつも、父親に預金の入っている通帳とキャッシュカードを取り上げられた。そして、父親は、律儀にも、毎回、必要な額を引き出した預金通帳とキャッシュカードを、書留で送り返してきた。母親は、毎日のように泣いていた。アキラは何も出来なかった。何も出来ない自分を嫌悪するとともに、当然のことながら、父親のことを、ひどく憎んだ。

そして、決定的な、その日がやって来た。

その日、父親は、四時頃帰ってきた。めずらしく、酒に酔っていなかった。父親は、家に帰ると、一階の寝室に入り込んだ。そこに母親の預金通帳があるからだ。アキラは、父親の後ろを気づかれぬようについていった。

寝室には、母親が、通帳が入っている化粧台を守るように立っていた。

「あなたに渡すお金なんて、ないわよ」母親は、父親を睨みつけた。

「まだ、お父さんの金があるだろう。そいつを出せよ。俺が、増やしてやるからさ」

「どうせ、あなたの飲み代に消えるんでしょ。これは、アキラと私が、生活していく大切なお金なの。もう、一銭もあげない」

「そう、言うなよ。俺も、困ってるんだ。金、出せよ」

　父親はそう言うと、母親の腕を掴んで、引き出しを無理やりあけようとした。

「もう、いいかげんして」母親は取られまいと、必死に自分の体で化粧台を守る。

「うるさい！」父親は、そう怒鳴ると、母親の頬を張った。ビシッと紙を破くような音がした。アキラは衝撃を受けた。父親が初めて母親を殴ったのだ。

「あなた」母親は頬をおさえて茫然と父親を見ている。父親はかまわず化粧台の引き出しを開けた。預金通帳とキャッシュカードが出てきた。父親が嬉しそうな顔をする。

「あなた、やめて！」

　母親が、父親の腰にしがみいた。父親は、かまわず通帳のページを繰る。

「なんだ、これだけしか残ってないのか。これじゃあ足らないな。こっちの宝石も借りていく」

　父親は、化粧台にあった母親の宝石を数個、掴み、ポケットにいれた。母親は驚いた。

「それは、お母さんの形見なのよ。それだけはやめて、お願い！」母親は、父親にすがりつく。父親は、母親を払いのけて歩きだした。

「あなた、本当にやめて！」母親は必死な形相をして父親を止めるが、父親は、再び正面から母親の顔を張った。「痛い」母親が短い悲鳴を上げる。

　アキラは後ろから、父親に飛び掛かった。父親を押し倒し、父親の胸倉を掴んだ。

「母さんを、殴るな」

「なんだ、アキラか」父親は驚いたようだったが、アキラだとわかると笑顔を見せた。

「大人には、金がいる事情があるんだ。おまえも大人になればわかる。いいから放せ」

父親は笑いながらそう言った。アキラは、その作り笑いが許せなかった。母親をこんな目にあわせても、まだ余裕のようなものを見せる、その態度が絶対に許せなかった。

「笑うな！」アキラはそう叫び、父親の顔を思いっきり殴った。アキラの手に肉をとらえる感触があった。

「アキラ、冷静になれ」父親はアキラに殴られても、笑いながら起き上がろうとした。アキラの胸にこれまで、我慢してきたものが一気に爆破した。

アキラは、父親に馬乗りになって「ウオー」と叫びながら、父親の顔を殴り続けた。母親が、後ろで「アキラ、やめなさい！　やめて！　お願い」とおろおろしている。

父親は、最初は、手で顔をかばっていたが、途中から、アキラに殴られるのに任せていた。アキラは、父親を十発くらい殴ると、力も気力も尽き果てて、父親の胸倉から手を放し、荒い息で父親を見た。父親は顔を横に向けたまま、遠くを見るような、とても哀しい目をしていた。アキラは、その父親の目を見てどうしようもない気持ちになり、床に転がった。

「アキラ、すまんな」父親は、一言、そう言って、口から流れる血を腕でふいた。

しばらくして、背後で玄関の扉が閉まる音がした。アキラは、あわてて起き上がり、玄関の扉を開けた。

　正面には赤い夕陽に照らされた真っ赤な富士山があった。父親は、その富士山に向かって、坂道を、よろよろしながら降りていた。父親のその姿は負け犬だった。完全な負け犬の姿だった。しばらくすると、父親は、富士山に吸い込まれるようにして見えなくなった。この日以来、アキラは、この山を憎んだ。徹底的に憎んだ。


　それからの生活は、正に、どん底だった。すぐに、母親の預金も底をつき、自宅のローンが払えなくなって家は競売に出された。それと同じ頃に、父親が東京で作った借金の弁済請求が母親に来た。（知らない間に、父親は、母を連帯保証人とした借用書に、母親に印を押させていたのだ）母親は自己破産せざるをえなかった。アキラと母親は、町外れの古いアパートに引っ越した。母親は、今まで一度も外で仕事をしたことがなかったが、パートに出て、スーパーで一日中働いた。アキラも学校に内緒でアルバイトをやった。アキラの大学受験が近づくと、母親はパートを増やして深夜まで働いた。

　母親に異変があったのは、アキラの大学受験が始まる一ケ月まえのことだった。その日、母親は仕事から早く帰り、頭が痛いと言って布団に入った。一時間くらいして、母親は布団の中で苦しみだした。アキラは、びっくりして救急車を呼んだ。救急隊員が来て、母親を町で一番大きい総合病院に運んだ。当直の若い担当医は手を尽くしてくれたが、母親は、その日の深夜、あっけなく亡くなった。母親の荒い呼吸が次第に弱まってゆき、最後は潮が引くように呼吸が止まった。アキラは母親を呼び戻そうと必死で呼びかけたが、握りしめていた母親の手からは急速に体温がなくなっていった。

アキラは、不思議に思うことがある。なぜ、母親は、祖父が残してくれた預金をすべて現金にして父親から隠さなかったのか？　なぜ、父親は、取り上げた預金通帳から、全額、金を引き出さずに、毎回、送り返してきたのか。今、思えば、父親と母親は、あんな状態になりながらも、お互いをかばいあっていたのかもしれない。一体、夫婦とはなんなんだろう。男と女とは、どういう存在なんだろう。父親は、なぜ、あんな哀しい目をしていたのだろう。人間とは、そんなに哀しいものなのか。

アキラは薄眼を開けて、ベッドから窓の外の赤い雲を見ている。

アキラはベッド中で母親の温かみを探してみた。しかし何も見つからなかった。死んでしまった者など、どこにもいるはずがない。

## 2

夜、八時を過ぎる頃、アキラは、リュックを肩に掛けて駅に戻ってきた。アキラは、株のトレードに疲れを感じたら、時々、相場を離れて旅に出ていた。旅と言っても、東京近郊を一泊二日くらいで、ぶらりとするだけなのだが、それだけでもいい気分転換になり、これまでは株のトレードの調子を取り戻すきっかけになっていた。今回は、一週間かけて、伊豆半島を一周、回ってきた。そのおかげで、頭がだいぶすっきりとした。

アキラは駅の改札を出てマンションに戻ろうとしたが、立ち止まり、少し考えてから、マンションとは反対側の駅のロータリーに向かうことにした。

土曜日の夜、といっても、ここはオフィス街なので休日の駅のロータリーは閑散としていた。アキラは、駅のデッキからロータリーを見て、思わずほほをゆるめた。まだ、光は、そこにあったのである。アキラはリュックを背負い直して、露店の花屋に向かった。

女の子は、ちょうど店を閉めるところのようだった。路上の花はほどんど片づけられていて、女の子は歌を歌いながら、路面を箒で掃除をしていた。女の子の歌声は、明るく朗らかだった。アキラは、女の子の後ろでその歌を聞いていた。女の子がアキラの存在に気がついて、あわてて箒を持ったまま、ぴょこんとお辞儀をした。

「いらっしゃいませ」

「店、終わりかな」アキラは、そう言ってしまった。この女の子に話しかけるつもりもなかったのにである。

「お花の残りは少ないですけれど、まだ、大丈夫ですよ。今、お花、車から出してきますね」

女の子は、アキラが止めるまえに駆けてゆき、車道に停めてあった薄いピンク色のバンタイプの車の後ろ扉を開けた。車の中には、ブリキの缶が、きちんと並べてある。そのブリキの缶には花が数本残っているだけだ。今日も店は盛況のようだった。

女の子は、花が残った重そうなブリキの缶を下ろそうとしていた。アキラは困った。特に花が欲しいわけではない。あたりを見わたすと、路上には棚が一つだけ残っていて、その棚の上にポツンと一つ残った小さな包みが目に入った。そばに寄って見てみた。赤と黄色の花が一輪ずつ、セロファンのような紙で包んである。その花の前には〈幸運のブーケ〉と手書で書かれたプレートがあった。〈幸運〉とは、もう長い間、聞いていないような言葉である。

「これ、なにかな？」アキラは花の包み手に取り、車道にいる女の子に声をかけた。

女の子は、急いで車道から戻ってきた。

「それは、幸運を呼ぶブーケです。本当に幸運が来るかどうかはわかりませんが、これを買ってくださるお客様が、これがあると不思議にいいことがあると言ってくださり、その名前をいただいたんですよ。でも、今日は、小さなそのお花だけになってしまいました」

女の子は、申し訳なさそうに言った。

アキラは、「幸運を呼ぶブーケ」とつぶやいて、手の上にある花を見た。本当に小さな花の包みで、アキラの手の中に納まりそうなくらいだった。外灯の照明にあててみた。花弁が輝いて見える。その花の包みの中に、メッセージカードが差してあるのに気がついた。アキラは、そのカードを開けてみた。そこには一人の女の子がマンガで描かれていて、その女の子が、目を閉じて両手を合わせて「どうか、あなたに幸せが来ますように」と祈っている。アキラはそれを見て、ひさしぶりに笑ってしまった。そのマンガが、この女の子にそっくりだったからだ。

「これ、君が書いたの？」

「はい。下手なマンガですいません」女の子が、はずかしそうに言う。

アキラは、もう一度、花を手に取ってみた。その花が、本当に幸せを祈っているように見えた。アキラは気に入って、これを買うことにした。

「じゃあ、これください」アキラは、ズボンのポケットからサイフを出した。

「ありがとうございます」女の子は、お礼を述べ「少しだけ、お待ちくださいね」と言い、エプロンのポケットにきちんと一列に並んでいる筆記用具から、サインペンと、新しいメッセージカードを出して、アキラを見た。

「あの、大変失礼ですけど、お客様の下のお名前を伺ってもよろしいでしょうか?」

アキラは戸惑った。最近、人から名前を聞かれたことがないからだ。

「僕、アキラ」

「アキラさんですね」

女の子は明るくそう言うと、一筆書きのようなマンガを描きだした。すぐに、あのマンガの女の子が現れて、その女の子が言う。

「アキラさんのもとに、もっと大きな幸せがきますように」

女性は、そのカードをブーケの包みに差して、ビニール袋に入れて渡してくれた。アキラは、そのビニール袋を受け取って歩き出した。何だか不思議な気持ちになった。本当にひさしぶりに人と会話をしたような気がしたからだ。

アキラは、マンションに帰った。ブーケの花を包み紙から出して小さなグラスに水を入れて差し、パソコンのある机の上に置いた。本当に、小さな花だった。アキラは、その花を机の上で一回転させて「幸運を呼ぶブーケか」、とつぶやいた。

＊

アキラは、母親を亡くしてから、幸いにも母方の親戚の援助があって、何とか大学に入ることが出来た。そして、奨学金を受け取り、アルバイトに励んで大学を卒業した。アキラは、学校を卒業後、東京に本社がある食品メーカーに就職した。食品メーカーなら、まずは安定しているだろうし、それに、父親が味わった、金融関係のドロドロとした世界から最も遠く離れた場所だと思ったからだ。

アキラに与えられた仕事は大手スーパーへのルートセールスだった。ルートセールスとは、毎日、決まった客を、決まった時間に回り、食品棚を自社製品のために一センチでも多く取ることが仕事である。

アキラは、入社したての頃は、会社では、全く目立たない存在だった。アキラは、元々無口で、話かけられても挨拶程度にしか話さない。こんな人間に営業が出来るのかと、研修の担当者さえ心配するほどの新入社員だった。しかし、アキラは、研修を終えて、東京の南部を管轄する支店に配属されると、持ち前の頭の回転の速さと機敏さとで、コンスタントに売上を積み上げて、一年後には支店の中でもトップクラスの営業成績を上げるようになった。そして、四年目には、東日本の営業支店の中で一番の売上を達成し、社長賞を受賞した。この年齢で、社長賞を受賞するのは、アキラが初めてで、一躍、将来を嘱望される存在になった。しかし、アキラは、その会社を次の年の春に、あっさりと辞めた。特に、会社や仕事に不満があったわけではない。残業がとりわけ多いわけでもなく、休みは、ちゃんと取れたし、ボーナスも多くはなかったが毎回、決まった額が出た。

しかし、アキラは、社長賞を受賞した次の年の昇給額を見て、会社を辞める決心をした。昇給額が、同期と、ほとんど変わらなかったからだ。確かに、昨年のボーナスはいつもより多かったが、社長賞を取った翌年の昇給がこれでは、これから十年、どれだけがんばっても、自分の年収は、たいした額にはならないだろう。確かに、出世は早くなるかもしれない。しかし、アキラは出世にはたいして興味はなかった。会社での地位は必ずしも身を守ってくれない。それは、父親の姿を見ればわかることだ。

アキラは就職をして社会を少し見て、目標を〈安定〉から大きく変えていた。この頃、アキラは〈経済的な自由〉を得たいと強く思うようになっていた。経済的な自由とは、つまり、誰にも属さず、誰にも支配されないで生きていくことだ。これさえあれば、父親のような負け犬になることもなく、また、母親のような悲劇的な最後を迎えることもないはずだ。アキラは、そんな人生を送ることだけは真っ平だった。だが、その自由を手に入れるには、金が必要だ。

アキラは会社を辞めてから、金になるアルバイトならなんでもやった。引っ越し、ビルの窓拭き、大学の夜警、フォークリフトのオペレーターなどだ。特に、フォークリフトのオペレーターは、割が良かった。アキラは、大学時代に、このアルバイトをするためにフォークリフトの運転免許を取得していて、すでにかなりの運転経験があった。加えて、アキラの性格がこの機械に合っていたようで、いつも仕事が早くて正確なので、雇い主にも喜ばれ、最後には、三つの倉庫で、朝から晩までフォークリフトを運転して働いた。そのおかげで、アキラは会社を辞めてからも生活に困ることはなかった。それどころか、サラリーマン時代よりも年収が上がったくらいで、貯金も少しずつだが、出来るようになった。

そんな生活をしていたアキラだったが、ある日の夕方、アルバイト先から、自転車で帰る途中に、ひさしぶりに富士山を見た。その山は、夕日に浮かび上がるように目の前に現れて、アキラを驚かせた。次の週、アキラはすべてのアルバイトをやめた。年はもう二十九歳になっていた。それにアルバイトをするために会社を辞めたわけではない。幸い、一年間くらいは仕事をしなくても暮らせるくらいの貯金も出来ていた。

ともかくも、経済的な自由を手に入れる方法、すなわち、大金を稼ぐ方法を探さなければならない。試しに、インターネットで『金持ちになる方法』と入れて検索してみると「一億円を稼ぐ方法をお教えします」というたぐいのサイトに溢れていた。勿論、アキラは、そんなところに、自分が求めているものがあるとは思わなかったので、取りあえず、近くの図書館に行くことにした。

図書館は、大きな公園の一角にあり、コンクリート造りの古い建物だった。図書館の中に入ると、カビ臭い匂いがした。一階の中央には新刊の雑誌や新聞が置かれていて、そこだけは初老の男性や若い子供づれの主婦たちで混み合っていたが、平日の午前中という時間もあってか、そのコーナー以外には、ほとんど人はいなく、人混みが嫌いなアキラには、居心地がよかった。

アキラは、あてもなく一階の文学書の棚をのぞき、二階の専門書コーナーに上がった。専門書コーナーには、歴史、経済からさまざまな本が置いてあったが、アキラには何のあてもない。仕方がないので、書棚にある本をかたっぱしから目を通していった。次の日も、その次の日も、朝から図書館に行き、昼は、自分で握ったおにぎりを外の公園で食べた。夏のとても暑い頃で、高く育った木々からは、蝉の声が、やかましく降ってきた。

それから数日がたったある日のことだ、アキラは一人の男の存在に気がついた。その男は図書館の入口に置かれたイスに腕を組んで、眠るように座っていた。男は、よれよれのカッターシャツを着ていて、髪は白髪のボサボサ頭で、顔は白いひげで覆われていた。アキラはそこまで男を観察して、とても恐ろしい考えに襲われた。この男が自分の父親ではないかと思ったのだ。アキラは、恐る恐る男の顔を再び確認して、安堵した。男の顔はひげで覆われていたが、西洋人のように顔の彫りが深く、丸顔で平凡な顔をしていた父親とは、似ても似つかないものだった。アキラは安心をして、男の観察を続けた。

その男は、わずかに露出した肌も皺だらけだった。年齢は七十歳といってもおかしくないが、肌のつや具合からすると、もっと若いのかもしれない。男の隣の席には、これが全財産というように紙袋が二つとビニール傘が一本置かれてあり、男はその横で胸像のように眠っていた。この状態から判断すると、男はホームレスと考えるのが妥当なところだが、サラリーマン時代、客をよく観察するクセがついていたアキラには、それがどこか不自然に感じた。少し考えて、その理由がわかった。男が身に着けているものだ。シャツは、よれよれで襟などは擦り切れているが、生地は上質で仕立ても一流だ。それに男が履いている靴。底はかなり擦り減っているが、これは、海外の有名なブランドのものだ。ただのホームレスが身につけられるものではない。アキラは、この男に興味を覚えた。

次の日の朝も、男は同じ場所で眠っていた。よくよく見てみると、男の顔に出来た皺だが、これは年齢から来るものではないような気がした。この皺は修羅場をくぐった男にだけ出来る刻印のようだった。年は、案外、六十前後なのかもしれない。それにしても、この男の眉の太さと、それとは正反対のような唇の薄さといったらどうだろう。これは並外れた意志の強さと、傲慢さを象徴しているように感じる。アキラは、ますますこの男に興味を覚えた。図書館の帰りにも、この男を観察しようとして、外のイスを見ると、男は、きまって消え去っていた。そして、翌朝には、そこで腕を組んで眠っているといった具合だった。

そんなある日のこと、いつものように男を横目で見て、通り過ぎようとした時だ。男の低い声が響いた。

「若造、おまえの探し物は見つかったか」

アキラは驚いて足を止め、男を盗み見した。男は目をつむったままだった。アキラは本能的に危険を感じて、そのまま通り過ぎようとした。

「俺は、探し物は見つかったかって聞いてるんだ」更に大きな声がした。

アキラは、振り返えざるえなくなった。驚いたことに、男は、こちらを見ていた。

「僕のこと?」アキラは思わず声をうわずらせた。

「若造、ここには、おまえと俺しかいないだろう」男は笑っていた。

アキラに不快さがこみ上げてきた。この見ず知らずの男から、笑いながら「若造」呼ばわりされる覚えはない。アキラは男の前に立った。

「あなた、どうして、僕がここで探し物をしていると言うんですか?」

「そんなの決まってるだろ。いい若造が、毎日、こんなところにふらふらと通ってくる。

そんなのは自分の人生を探しているヤツしかいないだろう。どうだ、おまえ、会社を辞めてきたか?」

男は、まるでアキラの心が読めるようだった。それが、ますます癪にさわった。

「それは、あなたの見当違いかもしれませんよ。僕は、何かの資格試験を受けるために、ここに毎日勉強しに来ているのかもしれない」

「資格試験か、こりゃ、いい。あははは」男は大笑いをした後、身を乗り出してきた。

「おまえのその用心深い態度、そりゃあ、どう見ても資格試験を受けるヤツのものじゃねえな。おい、若造、そのサングラスを取ってみろよ」

アキラは、押し黙った。

「その仮面を取って、おまえのツラを見せろと言ってるんだ!」

男は、人からこんなにも声が出るのかというくらいの声を出した。男の、あまりの迫力に、アキラはサングラスを取った。

「ほう、おまえ、なかなかいい面構えしてるじゃないか。それに、その目は尋常じゃねえ。おまえ、何か大それたことを考えてるな。こりゃ、ますますおもしれえ」

男は、本当に愉快そうに言った。

アキラは、この男を無視することにした。この度を越えた無礼さは、やはり、どこかの変人なのだろう。かまわず図書館の中に入ろうとした。

「若造、もし、この俺が、おまえの探しているものを知っていると言ったら、おまえどうする」

アキラは思わず、振り返った。男は、値踏みするようにアキラを見ている。

「おまえには、少しは頭と度胸がありそうだな。よし、ついてこい」

男は、そう言って立ち上がり、紙袋と傘を持って勝手に歩きだした。アキラが、ついてきて当然という歩き方だった。それが悔しくてたまらなかったが、この男には、どうしても興味を感じる。この男の歩く姿が、またいいのだ。まるで軍人が歩くように、どこにも無駄がない。アキラは、つられるように男の後をついていった。

男は、公園を一直線に突っ切り、最初から、ここだと決めていたように公園の中央にある噴水の前のベンチに座った。アキラが男の隣に座ると、男はアキラの顔も見ずに、ビニール傘を振り上げて話しだした。

男が話しだしたのは、株取引についてだった。株取引の中でも超短期の取引、つまり一日で手仕舞うデイトレードというもので、資金のない人間が短期で大金を儲ける方法は、これしかないと、男は言った。アキラは、これまでに一度も株の取引をしたことがなく、男の言うことは、まるで、宇宙の出来事を聞くようだったが、その話はアキラの興味を引くに十分なものだった。男は、次の点を強調した。

「無から有を生みだす。それも大金をだ。そんな手品みたいなことが出来るのは株しかない。ばかな奴らは、株をパチンコや競馬のような並みのギャンブルと同じだと思っていやがる。それは大間違いだ。そんなもので何億もの金は作れない。でも株、特に、デイトレードでは、勝つヤツは必ず大儲けができる。それも短期にだ」そこで、男はニタッとした。

「おまえの顔に、そんなもので本当に大金が儲かるのかと書いてあるな。じゃあ、教えてやろう。ほとんどダメだ。ほとんどの人間は儲からない。儲かるどころか、たいがいヤツは、身ぐるみはがされて追い出される。それがデイトレードの世界だ」

男はそう言って、傘の先で地面を一回叩いた。

「だが、一握りのヤツは成功して大金を稼いでいる。ただし、ほんの一握りのヤツだ。用心深くて、頭の回転が速く、観察力があって、度胸のあるヤツ。まだあるぞ。精神力が強くて、苦痛に耐え続けることが出来るヤツだ。どうだ、おまえ、やってみたいか？」

男はそう言うと、アキラを見た。男のその目には凄みがあった。いいかげんな返事をしたら、おまえに取りついて殺してやるというような目つきだった。

アキラは、うなずいた。

「よし、おまえには、少しは見込みがありそうだな。じゃあ、教えてやろう」

男は、薄い唇をさらに薄くして言った。

男は、まず普通の株取引ついて二時間ばかり話をした。基礎的な銘柄選びや、株の売り買いの仕方など、初歩的なことだ。アキラは男の言うことをメモも取らずに聞いていた。記憶力には絶対的な自信があったからだ。たいがいのことは一度聞けば忘れなかった。アキラは、真夏の公園の噴水を見ながら、男の話を頭の中に刻み込んでいった。

男は、昼前になると立ち上がった。

「この続きは明日教えてやる。同じ時間にここに来い」

男は荷物をもって立ち去ろうとした。アキラも立ち上がった。

「どうして、あなたはこんなことを僕に教えてくれるんですか？」

男は、少しだけ振り返った。

「それは、おまえが俺と同じ種類の人間だからだ」

男はそれだけ言うと、傘と紙袋を持って公園を出ていった。

次の日、アキラが公園に行くと、男は、すでにベンチに座っていた。男は、今日も挨拶抜きで話を始めた。

「今日は、株で儲けをだす方法について教えてやる。一番、肝心なところだ。よく聞いておけ」

男は、傘で地面に字を書くように言った。昨日、アキラは、男と別れてから図書館に戻り、株取引の本を何冊か読んでいたので、少しは男の話がわかるようになっていた。

「世間のばかどもは、株で儲ける方法と言えばチャートのテクニカル研究だの、企業のファンダメンタル調査だのとほざいている。ばかばかしくて話にもならない。俺から言わせれば、テクニカル研究なんかは、星占いのたぐいだし、ファンダメンタル調査なんていうのは、金と時間のある、ぼんぼんのやることだ。そんな方法で、金になるには十年はかかるぞ。おまえ、そんなに待てるか？」

アキラは、首を横に振った。男はニタッとした。

「よし。おまえのように時間がないヤツが金を儲けるには、短期のトレードをやるしかない。短期のトレードには、テクニカルもファンダメンタルも関係ない。ジグザクの線さえあればいい。よく聞け。株は、わずかのことでも上がったり下がったりする。そこに、株価のジグザグの線が出来るだろう。そのジグザグに大金が隠れている。つまりだ、そのジグザグの線が次にどちらに動くかさえわかれば、おまえは大金持ちになれる。世間のばかどもは、株価の短期の動きには法則性がない。だから予測は不可能だと言う。その通り、株価の超短期の動きの予測は不可能だ。世界最速のコンピュータでも計算は出来ない。なぜなら、そのジグザクは人間どもの欲望で動いているからだ。しかし、それを感じ取ることが出来るヤツがいる。超短期の株の動きを感じ、ジグザグの先を予見することが出来るヤツが、この世にはいる。株価の動きを感じ取り、六割の確率で、その先を当てることができれば、おまえは大金持ちになれる。勿論、簡単なことではない。大きな危険もある。

だが、大金を稼ぐにはそれしかない」

男は、そう言って株の動きを瞬時に感じ取るポイントを、様々なケースを例に出して話した。男の話は、多分に独善的で直感的なものだったが、世の中は、所詮、そういうもので出来上がっていると思い出していたアキラには、極めて当を得たものに感じた。アキラは暑さなど、すっかり忘れて、夢中で男の話を聞いた。男は次の日も公園でアキラに教えた。男は教えることが生きがいのように話した。

男は、一週間で話を終えた。男は最後に、こう付け加えた。

「若造、これだけは忘れるな。おまえが相手をするのは株のプロの連中だ。プロを、けっしてなめるな。危険だと感じたら、迷わずに株から逃げろ。それと、もう一つ言つておく。これは、とても重要なことだ。よく、覚えておけ。おまえがいかに勝っていても、永遠に勝ち続けることは出来ない。おまえが満足出来るほどに金を儲け、おまえに失ってはいけない何かが出来た時には、いいか、迷わず一切の株から手を引け。そして金を安全な場所に移して、二度と株に戻ってくるな。いいな、絶対にだぞ」

男は太い眉を眉間に集めて、アキラを見た。男は、全身から力をほとばしらせていた。アキラが深くうなずくと、男は「終わった」とだけ言って、頬けたように夏の空を見ていた。アキラにはその男の顔が死人のように見えた。アキラは男に体を向けた。

「あなたは、もう株をやらないんですか」

空を見ていた男の喉仏がゴクリと動いた。

「その答えを言うまえに、少しだけ俺の身の上話をしてやろう。たいしておもしろくもない話だが、少しは、おまえのトレードの役に立つかもしれない。俺は、一年前まで会社を経営していた。会社を起業して以来、いろいろなことがあったが、俺はまがりになりも会社を大きくしてきた。しかし、この出口のない不況だ。数年前から、会社の経営がおかしくなった。その途端に、銀行の奴らは、手のひらを返したように資金を引き揚げやがった。まあ、それは、銀行も生きていくためだ。仕方がない。だから、俺は、最初は、当座の運転資金作りのために、仕方なく株をやった。若い頃、株で儲けた時があったんでな。でもな。やってみると、これが面白いようにうまくいく。いつのまにか、会社で朝から晩まで身を粉にして働いて、絞り出すように稼いでいた金を、株で一瞬にして稼ぐようになっていた。俺は株の天才だって思ったぜ。俺は、その時に株から立ち去るべきだった。でも、俺は辞めなかった。しばらくしてから風向きが変わった。やることなすことジグザグとは反対のことばかりだ。あせればあせるほど負けた。おかげで、会社は潰れ、俺は全財産と家族を失った」

男は、まるで他人事のように淡々としゃべった。が、その話を聞いていたアキラの心は動揺していた。なぜなら、この男も、結局のところ、自分の父親と同じ負け犬なのではないかと思ったからだ。負け犬の話など聞きたくもないし、関わりたくもない。しかし、アキラは考え直した。この男は、少なくとも勝負をした。その結果、勝負に負けただけだ。勝負もせずに負けた、自分の父親とは、大きな違いがある。つまり、この男の言うトレードとは、戦いのことなのだ。僕は、その戦いに勝てばいい。そうすれば、大金が手に入り、経済的自由を得ることが出来る。アキラは納得した。聞くべきことを、この男から聞き出そうと思った。

「だから、あなたは、満足出来るほどの金が出来たら株を止めるべきだと言ったのですね」

「そうだ。このトレードは、才能がある人間が、相場の環境がいい時にだけ、出来ることだ」

「どうして、あなたは、その時に株をやめなかったんですか？」

男はしばらく空を見ていたが、男にもすぐには答えが見つけられないようだった。空を見ながら、何度か、まばたきをした後に、口を開いた。

「たぶん、俺は自分の人生に嫌気がさしていたんだろうな。人生は、嫌になるくらい長くて苦痛が続く。俺は、その毎日にうんざりしてたんだろう。だから、このまま、ずっと魔法のような、株の世界にいたかったんだろう。ばかなことだ」

「もう一つだけ聞いていいですか？　あなたは、どうして、もう一度、株をやって、自分の失敗を取り戻そうとしないのですか？」

「ハハハ、おまえも相当、用心深いな。でも、その方がいい。株には用心深さが一番だ。じゃあ、教えてやろう。俺は、やりたくても、株をもうやれないんだ。医者に、最後に残ったこの命まで、残りわずかだと言われた。でも、俺は、医者にそう言われて、正直ホッとしたぜ。これで、ようやく俺は終わることが出来る。しかし、そこで、俺は、やり残したことに気が付いた。それ以来、俺は、おまえのような人間を探してきた。野心があって、傲慢で、度胸もある。そして、頭の回転がいい。つまり、俺みたいなヤツだ。俺は、そいつに株を教えて成功させ、俺は間違っていなかったと証明したい。そうじゃなかったら」男は、ビニール傘を地面に叩きつけた。「死にきれない」と、男は吐くようにそう言って、肩を震わせて慟哭した。

男は、しばらく泣くと、紙袋と傘を持って公園を出て行った。

次の日も、アキラはその公園のベンチに行って、男を待ってみた。しかし、男は現れなかった。それから、何度か図書館に行って公園の中も探してみたが、二度と男と会うことはなかった。

アキラは、男と別れた後もすぐに株取引をやることはしなかった。図書館で株の本は勿論、古今東西の経済関係の本を読みあさった。その図書館で読むべき本がなくなったら、自転車で隣の区の図書館まで行って、株や経済の本を読んだ。そして、本を読み尽くすと、部屋にこもり、インターネットで株について研究をした。

それが終わると、ようやく、アキラは、あるインターネットの証券会社に口座を開いた。だが、まだ、本格的に株取引を始めなかった。男に言われたように、自分に合いそうな銘柄を徹底的に探し出して、その株価の動きをつぶさに調べた。銘柄を決めると、まず、二万円で、初めて株を買ってトレードをしてみた。最初は、予感が外れることがほとんどだったが、一ヶ月もすると十回の取引で、負けは五回ほどに減った。三ヶ月すると、株取引で六割まで勝つことが出来るようになった。その次の週から、アキラは、本格的に株取引をはじめた。

*

アキラは、いつものようにコックピットのような机に座った。

机の上には、駅のロータリーで買った小さなブーケがある。赤と黄色のたった二輪の小さな花だが、この花が、この部屋にあるだけで、何か決定的な変化をもたらした。生きている物があるというだけで、張りつめていたこの部屋の空気を溶かしてくれた。そして、パソコンのキーボードの横には、あの女の子が書いたマンガのカードがあった。

「アキラさんのもとに、もっと大きな幸せがきますように」マンガの女の子が祈っている。それを見ていると、アキラの心に株をやる勇気と力が戻ってくる。

アキラは、サングラスをかけて窓の外を見る。そこには空に浮かび上がるような富士山があった。今日は、この富士さえ美しく感じる。もう、一分で取引がはじまる。アキラは、昨夜、選び抜いた銘柄の板を開いて、あの男の声が聞こえるのを待った。

「若造、風は出てきたか？　飛ぶに十分な風だ。風を体一杯に感じたら、勇気を出して飛べ」

九時を過ぎた。今日は、チャートに線が瞬時に現れた。下落線だ。

男の声がする。

「ジグザグの先を読め。ジグザグに群がる人間の欲望を読め。そいつらの裏をかくんだ」

アキラは画面の線を追う。チャートの線が少しずつ下がってゆく。その線が鼓動し、そこにジグザグが出来た。ジグザグに人が群がっている。ジグザグの中に人の欲望が渦巻いている。僕は勝つ。絶対に勝つ。アキラは、ジグザグの線の谷を感じた。指がマウスをクリックして買い注文を入れる。株価は上下を繰り返して、五分後、線は上げに転じた。それも勢いがある。どんどん上がっていく。まるで大空に凧が上がっていくようだ。

「あせるな。若造、銘柄をおまえの網に追い込め。慎重にだ。大きくして、ここだ、と思った瞬間に網を上げろ」

アキラはマウスに指をかけた。すでに五十五円上げているが、アキラの頭の中には、その先の上昇線が見える。画面を、獲物を狙う豹のようにじっと見つめる。一瞬の判断ミスが命取りになる。アキラの胃に焦げるような痛みが走ったが、我慢した。上昇が、ついに百円を超えた。その瞬間、ジグザグに微妙な動きを感じた。ここが山だ。百三円上げたところで、アキラは全株、売り注文を出した。かなりの利益が出た。

「おまえはデイトレーダーだ。トラになって銘柄を食いつくせ」

アキラは、クリックを続けた。その日は、先週までの不振がまるでウソのように、選んだすべての銘柄で利益を出した。

# 3

　アキラは、駅ビルにあるファミリーレストランに入った。丁度、夕食時で、レストランは客で一杯だった。先輩はすでに来ており、一番奥のボックスシートで、何かの雑誌を広げて、真剣な表情でボールペンを走らせていた。この先輩と会うのは、もう一年ぶりぐらいだ。アキラは先輩のテーブルの前に立った。

「先輩、それ何ですか？」

「おう、アキラか。ひさしぶりだな」先輩はそう言って、少しだけアキラを見たが、よほど、夢中なようで、再び雑誌に目を落とした。「これ、クロスワードパズル。一等はペアーでヨーロッパ旅行だとよ。俺、絶対に取るぜ」と言いながら、前の席に置いてあった自分のトレンチコートを、アキラのためにどけた。

「先輩にパズルを解く、なんて崇高な趣味ありましたっけ」

　アキラはそう言いながら、先輩の前の席に座った。

「人間というものは、日々進化する生き物なのよ。おまえ、そんなことも知らないの」

「そんなもんですか」アキラは、あたりを見回しながら言った。

「そんなもんですかとは、おまえは相変わらず愛想がないね」

先輩は、パズルをあきらめてボールペンを耳に掛けた。先輩の髪はくせ毛の天然のパーマで、顔はナスのように長い。その長い顔が、本当にあきれたというようにアキラを見ている。

「おまえの、その着てるものも、こないだ会った時と同じだ。大金持ちになるって会社を飛び出した男が、もう冬だっていうのに、Tシャツにジャンパーかよ。それじゃあ、おまえ、まだ必殺アルバイターだな」

「まあ、そんなとこです」アキラは、ウェイトレスが持ってきた水を一口飲んだ。

「アキラ、夢を持つことはいいことだけど、そろそろ現実を見ろよ。それじゃあ、大金持ちどころか、一生、結婚なんてできないぞ」

「先輩に結婚なんて話でもあるんですか？」アキラは、おもしろそうに言った。

「何でも先回りするやつだな。後で話してやるよ。それより、おまえ、ろくなもの食べてないだろ。今日、給料、出たから奢ってやるよ。なんでも好きなものたのめ」

アキラは、プラスチックでカバーされたメニューを開いた。

「なんでもって言っても、ここには先輩の好きなハンバーグぐらいしかないな」

「おまえは、口が減らないところも変わってないねえ。じゃあ、俺が決めるからね。あ、おねえさん」先輩は、そう言って元気よく手を上げた。中年のウェイトレスが来た。

「このアメリカンハンバーグセットと、食後にコーヒーと、チョコレートケーキ。全部、二つずつね」先輩は、そう注文するとメニューを楽しそうに畳んだ。

「言っとくけど、ここのチョコレートケーキ、半端ないからな」

　先輩はファミレス専門だが、ケーキには目がなく、どこの店にどんなケーキがあるかを、ほぼ把握していた。五分後に目玉焼きが乗った３００gもあるハンバーグステーキがテーブルに乗せられた。

「すげーだろう」先輩が顔を長くして、うれしそうに言う。

　アキラは、それに答えずにハンバーグをナイフで切りだした。

「会社どうすか？」

「まあまあだ」先輩は、ハンバーグを口に入れて言う。

「あの嫌味な課長、まだいるんですか？」

「うん、うん」

　先輩は、幸せそうにポテトを食べて、うなずいた。今は、この先輩に何を聞いても無駄だと思い。アキラも食べることに専念することにした。

郵 便 は が き

料金受取人払郵便

新宿局承認

1408

差出有効期間
2021年6月
30日まで
(切手不要)

160-8791

141

東京都新宿区新宿1－10－1

**(株)文芸社**

愛読者カード係 行

| ふりがな<br>お名前 | | 明治 大正<br>昭和 平成 年生 歳 |
|---|---|---|
| ふりがな<br>ご住所 | □□□-□□□□ | 性別<br>男・女 |
| お電話<br>番 号 | (書籍ご注文の際に必要です) | ご職業 |
| E-mail | | |

| ご購読雑誌(複数可) | ご購読新聞<br>新聞 |
|---|---|

最近読んでおもしろかった本や今後、とりあげてほしいテーマをお教えください。

ご自分の研究成果や経験、お考え等を出版してみたいというお気持ちはありますか。

ある　ない　内容・テーマ(　)

現在完成した作品をお持ちですか。

ある　ない　ジャンル・原稿量(　)

| 書　名 | | | |
|---|---|---|---|
| お買上<br>書　店 | 都道<br>府県　　　　市区<br>郡 | 書店名 | 書店 |
| | | ご購入日 | 年　　月　　日 |

本書をどこでお知りになりましたか?

1.書店店頭　2.知人にすすめられて　3.インターネット(サイト名　　　　)

4.DMハガキ　5.広告、記事を見て(新聞、雑誌名　　　　)

上の質問に関連して、ご購入の決め手となったのは?

1.タイトル　2.著者　3.内容　4.カバーデザイン　5.帯

その他ご自由にお書きください。

(　　　　)

本書についてのご意見、ご感想をお聞かせください。

①内容について

②カバー、タイトル、帯について

弊社Webサイトからもご意見、ご感想をお寄せいただけます。

ご協力ありがとうございました。

※お寄せいただいたご意見、ご感想は新聞広告等で匿名にて使わせていただくことがあります。

※お客様の個人情報は、小社からの連絡のみに使用します。社外に提供することは一切ありません。

この先輩は小林雄一と言う。アキラがサラリーマンをやっていた時の同じ営業チームの四年上の先輩だった。アキラのような新入社員は、三ヶ月間、教育係である先輩と一緒に客を回ることになっている。アキラの教育係がこの先輩だった。

この先輩に対するアキラの第一印象は、蚊のように軽い人だと思った。とにかく、お客前では、どんなことを言われてもペコペコしていた。それでも営業成績は、いつもビリに近く、毎日のように、営業グループの課長に嫌味を言われていたが、先輩はこの人にもペコペコを通して、何とかしのいでいた。おかげで女性社員にも軽く扱われているような人だったが、アキラはこの先輩を尊敬していた。それは、アキラに忘れられない出来事があったからだ。

その出来事は、アキラが営業をはじめて二年目に起こった。アキラは、二年目に入り、営業成績が上位で安定してくると、仕事にそれほどの価値を感じなくなり、午前中に、一気に客を回ってしまい、午後からは営業車の中でラジオを聞きながら、昼寝をして過ごすようになった。そんなアキラに、あるトラブルが起こった。

その朝、担当しているある大手のスーパーの商談室に行くと、驚いたことに、その日は、仕入担当のバイヤーが部長と一緒に出てきた。仕入部の部長といえば、出入りの業者にとっては雲の上のような存在である。まして、そんな部長がアキラのようなヒラの営業マンの前に出てくることは、まずない。今日は何かあると思っていると、その部長は打ち合わせテーブルにも座らず、アキラに向かって「来週、ある店のテコ入れのために大々的にセールをやる。おまえのところにも大口の注文を出してやるから、絶対に間違いないものを納めろ。絶対にだ」と絶対を二度、早口で言って、すぐに商談室を出て行った。よほど、重要なセールのようで、仕入部の部長が直々に、各納入業者に発破をかけているようだった。仕入部の部長が出ていった後でも、担当バイヤーは、そのセールの重要性をくどくどと説明した。

確かにバイヤーが言った注文は、数量も多く指示された価格は安かったが、価格が安いのはいつものことだし、商品の内容もそれほど変わらなかったので、アキラは、メモを取ることもせずに注文の内容を暗記して、午後は車で過ごし、夕方、会社に戻ってからオンラインで受注を流した。大変なことになったのは、翌週の月曜日、その注文の品物が納品された夜のことだ。

夜の七時頃、アキラは、事務所に一人残って事務処理をしていた。

そこに、そのバイヤーが血相を変えた声で電話をしてきた。バイヤーは「納品された品が全然違う」と電話でがなりたてている。アキラは、電話を取りながらパソコンで調べてみると、アキラの単純な入力ミスだった。アキラは、生まれてはじめて全身から血が引くという経験をした。スーパーのセールは明日の朝十時からだ。バイヤーは「明日の朝八時までに全品正しい商品に交換しろ」と怒鳴っているが、これだけの数量だ、今から手配をかけても、明日の朝までに納品してくれるところはない。とても無理である。アキラが曖昧なことを言っていると、バイヤーは更に怒りだして、おまえの上司を出せと騒ぎだした。しかし、支店長は勿論、課長もさっき帰ったところだった。アキラが誰もいないと言うと、バイヤーは、電話口で急に声をひそめた。

「大至急、おまえの上司を家から呼び出せ。上司も、ここに連れてこい。大至急だ。そうしないと、今後、うちのスーパーのどの店とも取引出来なくしてやる」と凄みを聞かせた口調で言った。

半分は脅しと思ったが、相手は大手のスーパーのバイヤーだ、それくらいの力はある。ましてや、仕入部の部長まで出てきているのだ。本当にやるかもしれない。アキラの支店では、そこのスーパーだけで相当の売り上げを占めている。本当に、そのスーパーの全店と取引が出来なくなると、かなりの大事になる。アキラは「わかりました」と言って電話を切った。

そこに、先輩が鼻歌を歌いながら帰ってきて、いつもの調子でアキラに冗談を言ってきた。アキラが黙っていると、先輩は異変を感じ取ったようだった。

「何かあったのか」と聞くので、アキラは本当のことを話した。先輩は、一旦、脱いだスーツを掴み、アキラに「来い」とだけ言って部屋を出た。アキラは先輩の後に続いた。

先輩は、地下の駐車場に入り、営業車の助手席にスーツを投げ入れ、アキラにそのスーパーに行けと言った。

車が走りだすと、先輩は穴をあけた商品名を詳しく聞いてきた。アキラが、その品番を言う。先輩は、携帯電話で問屋に電話をかけだした。しかし、この時間だ、担当者さえ帰って、いないところが多かった。先輩はあきらめずに、「毎度、どうも」と元気よく言って、問屋に片っ端から電話をする。先輩は驚くほど顔が広かった。電話を切っても次々に電話をするところがあった。しかし、あれだけの量の商品はそろわない。スーパーのある場所に、近づいてくる。アキラは覚悟を決めた。

先輩は、車がスーパーに着く直前に、その商品が全部そろうという問屋を見つけだした。先輩は、大声で商品の名前と数量を再確認している。相手は間違いないと言っているようだった。その問屋の担当者は以前、先輩に世話になったことがあるらしく、明日、朝一番にトラックを仕立てて、指定の場所に全品納入すると約束してくれたようだ。先輩は電話に向かって「一生恩に着ます」と言って頭を九十度に下げていた。アキラは胸が震えた。

先輩は、夜のスーパーの駐車場を、走るような速さで歩いていった。アキラも、遅れずに後ろをついていく。夜間出入り口で、手続きをして建物の中に入った。

誰もいない商談室には、バイヤーだけでなく、仕入部の部長も待っていた。

「どうしてくれるんだ！」

バイヤーはアキラの顔を見ると、アキラにつかみかかりそうになった。

「ちょっと、お待ちを」先輩が、そう言って間に入り、「私が、上司です」と言い、名刺を両手で捧げるように仕入部の部長とバイヤーに渡して、今回のことを丁重に詫びた。それで、バイヤーは少しは落ち着いたが、今度は、先輩に向かって「あんた、なんとかしくれ。物がないと、本当に大変なことになるんだ」と、すがるように言う。

先輩は姿勢を正して、「明日の朝八時までに全品、正しい商品に取り替えます」と、はっきりと言った。それを聞いた、バイヤーは、よほど安心したのか、近くにのイスに座り込んでしまった。しかし話は、そう簡単には終わらなかった。今度は、仕入部の部長が出てきたのである。

「おたくのおかげで、私は、本日、本部から厳しい叱責を受けた。私と、わが部門は、社内で大変な信用を失い、多大な損害を受けた。この損害は、基本契約に基づいて、きっちりと賠償をしてもらう」と言いだしたのだ。

アキラは舌打ちした。一般的に大手スーパーとは、あらかじめ基本条件を契約させられている。その契約書では、たいがいの場合は買い手側が有利な条件になっていて、売り手側が不利な条件となっている。万が一、何かが起きれば、多額の損害賠償金を、売り手側は買い手側に支払わなければならない。このスーパーとも同様の契約を結ばされていた。アキラは、以前、別の支店の営業担当者がどこかのスーパーの悪いバイヤーにつかまり、この基本契約を持ち出され、一千万円近くの損害賠償金を支払わされるはめになり、会社を辞めていったと聞いたことがある。

そう思っていた時、突然、先輩が仕入部の部長の前にひざまずいた。アキラは、てっきり、先輩が土下座をして謝るものだと思い、先輩の横に並んで座った。しかし、そうではなかった。先輩は、自分のズボンのポケットから、くしゃくしゃのハンカチをつかみ出して、それで仕入部の部長の靴を磨きだしたのだ。

「大部長！　ここは、ひとつ、これで勘弁してやってください。損害賠償なんかになったら、我々は、会社にいられません。こいつにも、私にも、家族がいます。会社をクビになったら、家族ともども食っていけません。大部長、何卒、何卒、お願い致します」

先輩は、「大部長」と念仏のように唱えながら、仕入部の部長の靴をハンカチで猛烈に磨いている。仕入部の部長はびっくりして、先輩を足で振り払をおうとしたが、先輩の左手はしっかりと部長の足を捕まえていて、放さない。

「大部長！　何卒、お願いします」先輩はそう連呼しながら、靴をなめるように磨いていた。仕入部の部長は、先輩のあまりの異様な姿に、薄気味が悪くなったようだ。

「わかった。もういい」仕入部の部長がそう言った。

「大部長！　本当ですか。本当に勘弁してもらえるんですね。ありがとうございます。ありがとうございます」先輩は頭を何度も下げて、明るい顔をして言う。

アキラはその時の先輩の顔を忘れることが出来ない。アキラは、ひさしぶりにあの時のことが話したくなったが、唇をデミグラスソースだらけにして、ハンバーグをうまそうに食べている先輩を見ていると言いだせなくなった。その話は胸にしまっておくことにした。

「先輩、これ、なかなかうまいですね」

「そうだろ。絶品だろ」

先輩は、３００ｇもあるハンバーグを残さず平らげた。アキラもハンバーグを完食した。普段、小食のアキラが、こんなに食べたのはひさしぶりだった。

「先輩、何か、僕に話があるんじゃなかったんですか」

「うん、そうだった」先輩は紙ナプキンで口を何度も拭いた。

「実は、俺、今月で会社辞めるんだよ」

「え」アキラは、びっくりして先輩を見た。

先輩は、あの会社のことを「給料は抜群に安いけど、仕事も抜群に楽だから辞められない」と常々、言っていたからだ。

「どうして辞めるんですか？」

「今度、俺、結婚するんだ」

「結婚！」アキラは、声を上げてしまった。

隣のテーブルのカップルが、アキラの声に驚いて、こちらを見ている。

「アキラ、そんな変な声だすなよ。俺が結婚すると、そんなにおかしいか。俺だって、もう立派な中年だぜ」先輩はムスっとした。

確かに先輩は今年三十七歳になるはずだ。一般的には結婚をしていない方がおかしい。

「そりゃそうですね。全然、おかしくありませんよ」

「実は、付き合っている彼女に子供が出来ちまってな。こうなると、男は責任取らないといけないだろう」

「それ、マジすか」

返事のかわりに先輩は携帯を取り出して、一枚の写真をアキラに見せた。

「いきつけのクラブで知り合った子だ。年はまだ二十二歳。可愛い子だろう」

携帯の画面には、金色に染めた長い髪を巻いて、金色の付けまつげをした女の子がピースサインをしていた。

「彼女の兄貴が会社やってんだ。会社って言っても、まだ出来たての超ベンチャーなんだけど、今度、営業を強化したいから、是非、俺に営業の責任者として来てくれないかって言ってくれてるんだ。出資金を積めば、俺を役員にしてくれるってさ。正直、結婚して子供まで出来たら、ウチの会社の給料じゃあ厳しいだろう。俺も、ここはひとつ、これに賭けてみようかと思ってさ」

先輩はそう言って彼女の兄の名刺を机に置いた。カタカナの長い名前の会社だった。アキラはその名刺を見ながら、先輩にしては思い切った決断をしたものだと思った。

「先輩、この会社で、何を売るんですか？」

「住宅のエコの工事かなんかのようなんだけど。正直、俺には、よくわかんない。けど、営業なんて、結局、何、売っても同じだよ。彼女も、俺に兄貴と一緒に仕事やって欲しいって言うんだ。金を貯めてお腹の子供に、いい教育を受けさせてやりたいんだってさ。俺も考えたんだけど、おまえの言う通りだな。この世の中、金だよ。第一、結婚するにも金がかかる。貯金ゼロの俺には、このクロスワードパズルでも当てないと、あいつを新婚旅行にも連れていってやれないよ」先輩は机の上の雑誌をうらめしそうに見た。

「出資金はどうするんすか？」

「それは大丈夫。ウチの会社も、今、絶不調なんだ。こないだから、早期退職の募集をしだしたんだけど、俺なんかでも、今、会社を辞めると、三百万の割増退職金が出るそうなんだよ。おまえ、信じられる」

先輩は、食後に運ばれたきた大きなチョコレートケーキをうまそうに食べながら言った。アキラは「へぇー」と言ってソファーにもたれた。アキラが会社を辞めた時は、退職金として三万円もらっただけだ。

「話ってのはそこからなんだけどさ、おまえもその会社で俺と一緒にやらない？」

「僕が？」

「実は、兄貴、営業課長も探しているんだ。いい人間がいたら紹介してくれって言われてる。おまえ、愛想はないけど、頭は切れるし営業センスもある。ぴったりだと思うんだけど、どう？　給料は、基本は歩合だけど、兄貴、最低、歩合十月二十万は保証するって言ってる。悪くないだろう」

「そうですねえ」アキラは言葉を濁した。

というのも、アキラはサラリーマンに戻る気は、さらさらなかったからだ。今の生活がいいとも言えないが、後戻りはしたくなかった。

「本当は、おまえともう一度やりたいんだよ。今思うと、おまえと一緒に回っていたあの頃が一番楽しかったなあ。それに、おまえには借りもあるし、それを返さなくちゃいけないからさあ」

「借りって、何のことですか」アキラはコーヒーを飲みながら、とぼけるように言った。

先輩が借りと言ったのは、あのバイヤー騒動以来、アキラは、先輩がノルマを達成出来そうもない月には、自分の売上をこっそりと先輩に回していたことだ。

「アキラ、おまえだって、いつかは結婚するだろ。必殺アルバイターなんかじゃあ、これから先、食えないぜ。なあ、一緒にやろうよ」先輩は机から身を乗り出すように言った。

ここは曖昧に出来ないと思い、アキラは両手を自分の膝の上に置いた。

「先輩、お話はありがたいんですが、僕、もう少しだけ、自分のやりたいことを追いかけたいんです。本当に金持ちになれるかどうかわかりません。でも、やってみたいんです。本当に、すいません」アキラは、ペコリと頭を下げた。

「そうか。残念だな。おまえならいいと思ったんだがな」

先輩は、まだ未練があるらしく、それからも繰り返しその話をした。

「あ！　大変だ」しばらくして、先輩は腕時計を見て大仰な声を出した。

「ごめん、俺、先に帰るわ」先輩は、そう言ってトレンチコートをつかんで立ち上がった。

時間はまだ夜の七時を少し回ったところだ。いつもの先輩なら、ここから、コーヒーのおかわりで一時間は、ねばる。

「先輩、これから何かあるんすか？」

「今日、彼女が、家に来てメシを作ってくれるんだってさ。これから、俺、もう一回メシ食わなきゃならない。すげーだろう。結婚てのは大変みたいだよ。あ、そうだ」

先輩はトレンチコートの袖に腕を通しながら、何かを思い出したようで、

「そういえば、おまえ、最近、引っ越した？」と聞いてきた。

アキラはぎくりとした。先輩には今のマンションに引っ越したことを言っていないのだ。先輩はカバンから一枚のハガキを出した。

「俺たち、内輪だけで式を挙げた後、近所のレストランを借りて、簡単な披露パーティやるんだけど、そのパーティの招待状をおまえに出したら、戻ってきちまってさ。はい、これ招待状」

先輩はアキラにハガキを渡した。ハガキの自分の住所の上には〈転居先不明〉と赤いスタンプが押されていた。

「で、おまえ、今、どこに住んでるの？」

アキラは、とっさに「近くにましなワンルームを見つけて、最近、引っ越した」と、ウソを言った。先輩が新しい住所を教えてくれというので、アキラは、今のマンションの住所を教えた。

「じゃあ、またな」先輩はそう言って伝票を掴んで行こうとする。

アキラは自分の分は自分で払うと言ったが、先輩は「必殺アルバイターなんかに金を払わせられるか」と言って、伝票を持って、いそいそとレジに向かって歩いていった。

机の上には、アキラが手を付けなかったチョコレートケーキだけが残った。アキラはケーキを一口食べてみた。まずくはないが、アキラが欲しい味ではなかった。

アキラは、ファミリーレストランを出て駅のロータリーに向かった。花を買うためである。あの花が部屋に来てから本当に幸運が続いている。あれだけ不調だった株のトレードが、全く信じられないことだが、花が来てからというもの勝ちが続いていた。アキラの目には以前よりも株価のジグザグの線が、はっきりと見えるようになり予感が的中するようになった。

アキラは占いや予言のたぐいを信じる方ではない。と言うより、その逆である。自分の運命は自分で切り開くしかないと考えているのだが、ともかく、あの花が机にあれば株トレードに勝てる気がした。それに、あのマンガがいい。アキラはトレードに疲れを感じた時に、キーボードの横に立ててあるカードの中のマンガをながめた。マンガを見ていると、心が明るくなってきて、トレードをやる力が湧いてくる。花とカードがあると、誰かが見守ってくれているようで、とても安心する。以前のアキラなら考えも出来ないことだが、花が枯れないように、毎日、水をやったり、花になるべく日があたるように部屋のそこらじゅうに移動させたりした。しかし、さすが一週間も過ぎると花が萎れてきた。アキラは焦った。あの花が枯れるまでに、新しい花がどうしても欲しい。

その夜、女の子が出している露店の前には、最初に来た時以上の人だかりが出来ていた。アキラが人をかき分けるように前に出ると、若い警察官が女の子の前に立っていた。

「ここは、公道なんだから、勝手に店出せないって前にも言ったでしょ。法律を守ってもらわないと、署に来てもらうことになりますよ」

若い警察官が、女の子に言っている。

「す、すいません」

女の子はエプロンに手をあてて、何度も頭を下げていた。人だかりは、それを見ている、やじうまだった。

警察官は、道路に停めてあった女の子のバンを見つけて、車の所に行ってナンバープレートをメモして戻ってきた。

「あなた、前から違法駐車もやってるね。今日は、ちょっと来てもらうよ」

やじうまの中から「大変だ」「捕まっちゃうんだ」「でも、ちょっとお花売るくらい、いいじゃないの」という声が、聞こえている。

「これからは、ここで営業は致しませんので、どうか許してください」

女の子は泣きそうな顔になり、一生懸命に頭を下げているが、若い警察官は、書類を書いているだけで何も言わない。次第に、やじうまからの中から「お巡りさん、今回だけは許してやれよ」「そんな若い子をいじめないで」「警察だからって、いばるんじゃない」という声がして、その声が人垣に広がってゆく。警察官は眉をしかめて書類から顔を上げた。

「あなた、本当に、もうここで店、出さないって約束出来る」

「はい。お約束します」女の子が大きな声で言う。

「だったら、今すぐに店をかたづけてくれるかな。この近くからクレームが出てるんでね。なにも、僕達は、あなたをいじめているわけじゃないんだ」

「はい」女の子が大きくうなずき、大急ぎで、切り花が入っているブリキの缶を車に運び始めた。しかし、女の子があまりにも急いだので、一つのブリキの缶を取り損ねて道に落としてしまった。缶は鈍い音をたてて道路に転がりながら路肩に花と水をまいてゆく。

「公道を汚しちゃだめじゃないか」警察官が怒ったように言った。

「すいません！」

女の子は、あわてて車の中から箒を出してきて、道に流れ出た水を箒で掃いた。あまりにも、あわてて掃いたので道路に散乱した花までが泥水にまみれてボロボロになってゆく。アキラは見ていられなくなった。路肩に飛び出して、女の子の手から箒を取った。その時、アキラの目と女の子の目とが合った。女の子は、とてもびっくりした目をしていた。

「僕が水を始末するから、君は落ちた花をしまったら」

女の子は驚いて、声が出ない。

「早く。せっかくの花でしょう」アキラは短く言って、箒で泥水を掃いた。

そう言われた女の子は気持ちを取り戻して、花を拾い集めてブリキ缶に戻してゆく。二人でやったために十分もかからずに路肩がきれいになった。警察官は花が路上からなくなるのを見届けると、自転車に乗って立ち去った。やじうまも自動的に消えた。

「本当に、ありがとうございました」

女の子は、頭が膝に付くくらい下げて言う。アキラは気まずくなった。この女の子を助けようとしたわけではない。ただ、花が、ボロボロになっていくのが見ていられなくなっただけだ。しかし何か話さないといけない気がした。

「君、もう、ここで店を出さないって言ってたけど、どこか、ほかで店、出す所あるの？」

女の子は、首を小さく横に振った。

「さっきの警官が、この近くでクレームが出てるって言ってたけど」

「それは、この駅ビルのお花屋さんからだと思います。だいぶ、そこのお客さんを取ってしまっていますから」

「そういうこと」アキラは、様子がわかってきた。

女の子はぴょこんと体を浮かした。

「お客さん、わたしは大丈夫ですから。お客さんは、もうお帰りください」

女の子は、また深いお辞儀をした。

「いや。僕は、全然、大丈夫じゃないんだ」

女の子がきょとんとした表情をしている。

「ここの花が買えなくなると、大変、困るんだ。幸運が来なくなる」

「お嬢さん」闇の中から声がした。

二人は、同時に声の方を見た。暗闇から一人の男性が現れた。

「今、警察が来ていたみたいですが、どうかしましたか？」

「はい」女の子がつり込まれるように答えた。

女の子も知らない人物のようだった。男性は六十歳くらいで、カジュアルなスポーツシャツの上にジャケットを着ていた。髪は、きちっと分けられていて、ふくよかな顔立ちをしている。その男性があたりをぐるりと見渡した。

「いつものお花がないようですが、もうお店は閉店ですか？」

この男性は、この女の子がここで花を売っているのを知っているようだった。

「警察の方が、ここで営業をしてはダメだと言われますので」女の子が戸惑いながら言う。

「そうですか。でも、お嬢さん、ここで花屋さんが出来なくなると困るのではないですか？」

女の子は、返事が出来ない。

「私、怪しい人間ではありませんよ」男性は、穏やかな微笑みを浮かべた。

女の子は、そう言われてますます困惑した。それはそうだろう。見ず知らずの人間から「怪しくない」と言われてどう返事をすればよいのだろうか。それにしてもこの男性は、不可解だ。ただの通行人にしてはお節介すぎるし、この男性のしゃべる言葉には独特のイントネーションがある。アキラはこの人物を警戒した。

「お嬢さん、私に、一つご提案があります。よかったら、こちらに来てもらえませんか。どうぞ、こちらへ。こちらへ」男性がそう言って歩きだした。

女の子は、戸惑った表情でアキラを見たが、これ以上、アキラに迷惑を掛けてはいけないと思ったようで、緊張した顔をして男性の後をついていった。アキラは考えた。どうも気になる。アキラは、元々、お節介なことは大嫌いで、いつもなら絶対に深入りはしないのだが、この女の子を一人で行かせていいものかと考えた。大いに迷った末に、今回はついていくことにした。こんなことをするのは生まれて初めてのことかもしれない。

男性はロータリーの端まで歩き、国道に面した中規模のビルの前で立ち止まった。ビルの玄関が、ひときわ明るく浮かび上がっていた。

「これは私のホテルです」男性はそう言った。

アキラは少し驚いて、そのビルを見上げた。駅のデッキから見えるビジネスホテルだ。あまり聞いたことのない名前のホテルだったが、駅から徒歩二分という好立地の上に安い料金で、いつも宿泊客で満杯のホテルだ。アキラも、会社員時代に、仕事の関係で、何度かこのホテルを予約しようとしたが、そのたびに部屋が取れなかったことを思い出した。この男性がこのホテルの所有者であると言う。アキラは興味を持った。

男性が、その玄関の横にある小さなスペースを手で示した。

「お嬢さん、ここで花屋さんをやりませんか？」

アキラは驚いて、その男性を、じっと見てしまった。この男性は、いきなり、この女の子に、ここで花屋をやらないかと言うのだ。女の子は隣で言葉を失っている。

「ここは、小さな所ですが、私のホテルの敷地内です。ここなら警察も文句が言えません。それに、ここはあなたがいつも店を出している所から、とても近いです。だから、あなたのお客さんもこれまで通りに花が買えます。どうですか？」

男性は、女の子をのぞき込むようにして言った。

その時、ホテルの玄関から、一人の男が走り出てきた。

「社長！　電話、電話です。すぐに来てください」

その男は、手を電話機のように耳にあてながら走ってきて、男性の前に立った。

「張、お客さんの前だ」男性は、叱りつけるように言った。

「あ、これは大変、失礼致しました」

男性に一喝された男は、女の子とアキラに向かって、敬礼するように直立不動の姿勢を取った。その男は、背が高く痩せており目がぎょろりとしていた。

「張課長。ちょうどいい。ここをこのお嬢さんに貸すことにした」

「え、ここを。では、いつも、ここを貸している宝くじ屋さんは、ど、どうしましょうか？」男は、どもった。

「私は、あんなギャンブルのようなものは嫌いです。今年からは契約しないと言っておきなさい。さあ、お嬢さん、中で賃貸契約を結びましょう。最近は契約書がないと、税務署がうるさいですから。張課長、すぐに契約書の準備をしなさい」

「社長、わかりました。あ、それより、電話です。北京からです」

男性は北京と聞いて、一瞬、嫌な顔をした。その会話を聞いていたアキラは、この二人は中国人ではないかと思った。

「わかった。すぐに行く。張課長、私の代わりにお二人を応接室にご案内しなさい」

男性はそう言い残して、ホテルに入っていった。

「どうぞ、どうぞ」

張課長と呼ばれた男が自動ドアの前で、ホテルマンのように二人に頭を下げている。

「どうしましょう」女の子は、初めてアキラに助けを求めた。

アキラは、あの男性を、ずっと観察をしていた。きわめて不審な話ではあるが、あの男性は、どうも悪い人物のようには感じられない。それに、この女の子にとって、ここで花屋をやるということは、満更、悪い話でもないようにも思える。この女の子には、ここ以外に店を出すところはないようだし、ここで花屋をやってくれれば、アキラは、いつでも、この子の花が買えるようになる。大助かりだ。話くらい聞いてもいいのではないだろうか。問題があれば、そこで話を打ち切ればいい。

「ともかく話を聞いてみましょう」アキラは女の子に言った。

女の子の表情が光をつけたように明るくなった。

「お客さんも、一緒に行ってくださるのですか？」

（ここまで立ち入ったのだ。行くべきだろう）アキラは、うなずいた。

「本当に、本当に、ありがとうございます」女の子は、何度もお辞儀をして言った。

二人は、張課長とホテルに入った。

ホテルのロビーは豪華ではなかったが、清潔で、すっきりとしていた。

張課長は、ホテルのフロントを通りすぎ、突き当りのドアを開け、中に入った。そこは、ホテルのバックヤードだった。通路のいたる所にはベッドのシーツが山積みになっていて、制服を着た従業員が、きびきびと通り過てゆく。廊下の行き止まりにあったエレベータで、最上階の十二階に上がり、まっすぐ行き、つきあたりの小さな事務所に入った。

事務所は、事務机が四個とコピー機が一台あるだけのこじんまりとしたところで、人はいなかった。その事務所の奥にある応接室に、アキラと女の子は通された。

応接室の中央には、大きなソファーがあり、壁には水墨画や漢詩の書が掛けてある。部屋には、かすかにお香のような匂いがした。アキラは、この人たちが中国人であることを確信した。

張課長がお盆にお茶を載せて持ってきて、テーブルに蓋がついた湯飲みを三個置いて「どうぞ、飲んで。飲んで」と手でお茶を飲むまねをした。

「ここは中国の会社ですか？」

アキラはお茶を一口飲んで、張課長に聞いた。

「そうよ」張課長は、ウエイターのようにお盆を脇に抱えて、ニコニコしている。

「先ほどの方は……」女の子が、とても遠慮がちに聞いた。

「あの人は胡社長。ここのホテルの社長さん」

張課長は、さきほどの男性が、まるで自分の父親かのように胸を張って言った。

「大変お待たせして申し訳ありません」

そこに、さっきの男性が入ってきて、ソファーの中央に座った。

「それでは、賃貸契約書を取り結びましょう。張課長、契約書は？」

「あ、社長。申し訳ありません」張課長はそう言って、あわてて部屋を飛び出していった。

「あのー」

女の子は、ようやく口を開いた。本当に困惑しているようだった。困惑して当然だ。この子は、こんなことになるとは考えてもいなかっただろう。アキラも何故こうなるのか、さっぱりわからない。この人達がこのホテルを所有している中国人で、それほど悪い人たちではなさそうなことは、わかった。でも、この会社がどんな会社で、そして一番の謎だが、何故、この男性が、この子にあの場所を貸そうとしているかが理解できない。何か、裏があると考えるのが自然だ。そこを、よく確かめなければならない。

「こちらは、どういう会社ですか？」アキラが社長に聞いた。

「これは、申し遅れました」

胡社長はそう言って、隣の事務所から自分の名刺と会社案内を持ってきた。

「私、華日実業株式会社の胡と申します」胡社長は、アキラに丁寧に名刺を渡した。

「僕は名刺を持っていません。アキラと言います」

「かまいませんよ。アキラさんですか。はじめまして」

社長は、アキラに一礼すると、今度は女の子にも名刺を渡した。

「わたしは春絵と申します」女の子は、あわてて立ち上がって名刺を受取り頭を下げた。

「春絵さん。どうぞ、よろしくお願いします」

胡社長は二人に名刺を渡して、二人にソファーを勧め、テーブルに会社案内を広げた。

「私どもは中国資本の会社で、主要な事業としては日本のいろいろな都市でビジネスホテルを経営しています」

　アキラは、渡された会社案内を見た。東京以外にも、横浜、名古屋、神戸に、ここと同じようなホテルを持っているようだ。

「私どもの親会社は、中国の大きな国営企業です。私たちは、その日本法人として、ホテル事業の他にも、中国と日本とを橋渡しをする、いろいろな事業をやっています」

　社長は、会社案内を使って、自分たちが行っている事業内容を説明した。アキラは、意外な感じを受けた。こんな小さな事務所を持つ会社が、紹興酒の輸入・販売から、日本企業と中国企業の合弁事業の仲介までやっているのだ。アキラは、世の中には、自分がまだ知らない世界が山のようにあるものだと思った。

　張課長が戻ってきて契約書をうやうやしくテーブルに置いた。

「この賃借契約書は、我々のホテルに入ってもらうテナントさんと結ぶ、ごく一般的なものです。こう言ってはなんですが、我々の契約書はとても公平なものです。どうぞ、内容をご確認してください」

　アキラは、ざっと、その契約書を読んだ。アキラには不動産の賃貸契約についての知識はほとんどないが、一般的に考えてこの契約書は、アキラが以前スーパーと結ばされた基本契約とは比べものにならないほどフェアなものだと感じた。ビルに入るテナントとしては悪くない条件だと思い、女の子にうなずいて、その契約書を渡した。ただ一つ気になることがある。話がうますぎるのだ。

「契約期間は一年として、お互いに異議がなければ自動更新とすることで、どうですか？」

社長は女の子に聞く。女の子が困ってアキラを見る。アキラは女の子にうなずき返すと、女の子は社長に向かってうなずく、そうやって社長は一項ずつ二人に確認を取りながら、契約書の空欄を埋めていった。問題になりそうな点はなさそうだった。最後の項目になり、社長の手が止まった

「さてと、賃料はどうしましょうか？」社長は二人を交互に見て言った。

アキラも賃料のことは何とも判断できない。アキラは、花屋の家賃相場などは何も知らないし、ましてや、この女の子の懐具合になると見当もつかない。アキラが、女の子に首を傾げると、女の子はうなだれてしまった。どうやら高い賃料は払えないようだ。

「それでは、賃料として、当ホテルに飾る、お花をいただくことにしましょう。それでどうですか？　春絵さん、アキラさん」社長が明るく言った。

アキラは全く驚いてしまった。賃料に〈花〉などとは聞いたことがない。女の子は、ただ、あっけにとられている。

「花と言っても、売れ残ったものでも何でも結構ですよ。税務所が何か言ってくるかもしれませんが、その時は、また考えることにして。取りあえず、これで、あそこを借りてい

ただけますか？」胡社長は念を押すように、女の子に聞いた。

　女の子がアキラを見る。アキラはこの社長の考えを推し量りかねたが、この人物には、何か人を引きつけるものがある。この男性は信用してもよいのではないかと判断して、女の子にうなずいた。女の子は立ち上がって、社長に「よろしくお願い致します」と言って、お辞儀をした。社長は微笑み、契約書の賃料の欄に「花」と書いて、最後に自分の名前を署名し、張課長が会社の社印を押して、その契約書を女の子に渡した。女の子は契約書に自分の名前を書き、拇印を押した。

「さあ、これで、あなた方は我々の大切なテナントさんです。明日から、あそこをご自由にお使いください。そういえば、お嬢さんは、ライトバンをお持ちでしたね。このビルには地下の駐車場がありますから、どうぞ、そこをお使いください。もちろん、テナントさんには無料です。張課長、お嬢さんに駐車場の場所を教えてあげなさい」

　この社長は、女の子のことは何でもよく知っていた。アキラは、それが、とても不思議に感じた。女の子が張課長に案内されて部屋を出ていった。

「アキラさん、お茶のおかわりはいかがですか？」社長がアキラに言った。

「結構です。それより、花で場所を貸すとは、一体、どういうことですか？」

　二人だけになり、アキラは、単刀直入に聞いた。

「あなたは、そのことが気になりますか。では、こちらに来てください」

社長はアキラを応接室の窓際に連れてゆき、窓のブラインドを開いた。その窓からは駅のロータリーが手に取るように見えた。女の子の露店があった場所もここからよく見える。

「私は、ここから毎日、あのお嬢さんを見ていました。お嬢さんはとてもよく働きます。それに、あの笑顔がいいですね。中国で言う福顔です。中国では福顔の働き者は縁起がいいとされています。そんなお嬢さんに、うちのホテルの店先で花屋さんをやってもえたら、このホテルにも、ここに泊まるお客さんにも、たくさんの福が来るでしょう。だからですよ」社長はそう言って、微笑んだ。

「それにしても、賃料が花とは？」アキラは、まだ納得がいかなかった。

「アキラさん、失礼ですが、あなたはいくつにおなりですか？」

「三十三です」

「三十三歳ですか。私が初めて日本に来たのが、今のあなたより少し若いくらいの年です。その頃は、親切な日本人がたくさんいましたよ。何の経験も、お金もない私をいろいろと助けてくださいました。私は、その人たちのおかげでビジネスを大きくできました。私は、今の日本の若い人に、その時のお返しをしたいのです。ほんの少しだけですが」

社長はそう言って再び微笑んだ。この社長の微笑みには、まるで真冬に太陽に出会ったような温かさがあった。アキラは、今まで人に接してきて、こんなに温かみを感じたことがない。

　そこに、一人の男がノックもせずに応接室に入ってきた。その男は、年齢は、アキラと同じくらいで、三つ揃えのスーツを着て銀縁のメガネをかけていた。男は、一瞬、アキラを見て、躊躇した様子だったが、かまわず胡社長に近寄った。

「社長、北京の董事長のご指示がある北海道のホテルの買収の件ですが、社長が取りやめにしたと聞きましたが、本当ですか？」

「本当です」

「どうしてやめるのですか。今なら相手が、資金に困っているので、こちらの言い値で買い叩けます。これは、我々が、日本の北海道に進出する絶好のチャンスです」

「石部長。今は来客中です。その話は後にしてくれませんか」

「私には理解出来ません。明日、董事長が成田に着かれます。成田で出迎えの際、董事長にホテルの買収を進めると言うべきです」

「部長。来客中です。出ていきなさい」

　胡社長は、アキラが驚くほどの厳しい口調で言った。

　それに対して、男は中国語で胡社長に何か言い、胡社長は、それに対して、とても強い口調の中国語を返した。男がまた言ったので、胡社長は、今度は日本語で「ここは私の部屋だ。今すぐ出て行くんだ！」と怒鳴った。

男はキッとした顔を胡社長に向けて、部屋を出て行った。ほんの一瞬の出来事だった。それと入れ替わるように、女の子と張課長が戻ってきた。女の子はここを借りられことが、信じられないというように顔を上気させて、胡社長に繰り返し御礼を言っていた。胡社長は、今、人を怒鳴りつけた人物とは思えないほど、穏やかな表情で「どういたしまして」と言っている。アキラには、そのアンバランスさがとても印象に残った。

「また、いつでもおいでください」胡社長は、そう言って二人を送り出した。

外に出ると、ロータリーはすっかり夜の闇に包まれていた。小さな街灯が二人を照らした。

「お客さん。今日は、本当に、本当にありがとうございました。お客さんの、おかげで、あんないいところを、無料で借りられるようになりました」

女の子は、よほど嬉しいようで、アキラにも繰り返しお礼を言った。アキラは、あそこで花屋をやることがそんなに嬉しいことなのかなと思ったが、この女の子の喜ぶ顔を見ることに悪い気はしない。それどころか、この女の子の嬉しそうな顔を見ると、アキラも楽しい気分になった。ただ、この子の視線は妙に照れくさい。

「僕は、何もしてないよ」アキラは、ボソリと言った。

「そんなことないですよ。全部、お客さんが、いてくれたおかげです。どうお礼をすればいいのか。あ、ちょっと待ってくださいね」

「お礼なんていいって」

アキラは、そう言ったのだが、女の子は駆けて行ってしまった。アキラは、ホテルを見上げた。さっきまでいた応接室の明かりが見える。アキラは、こんなところにも、あんなに明るい光があることを知った。

「すいません」女の子が駆け戻ってきた。両手にブーケが入ったビニール袋を持っている。

「お客さん、前にブーケを買っていただきましたよね。よろしかったら、これをどうぞ」

「これは、どうも」アキラは、それを遠慮なく受け取った。

アキラにとって、今は、これが何よりも必要だからだ。中をのぞくと、二つの袋に、前のブーケとは比べものにならないくらい大きなブーケが、合計、四個も入っている。

「わたしにはこんなものしか差し上げられませんが、他に何かできることはありませんか？」

アキラは、一つだけ思いついた。

「それなら君に頼みがあるんだけど」

「何でしょうか？」女の子が緊張した顔をしてアキラを見る。

「また、これにマンガを書いてくれないかな」

アキラは、ブーケの入った袋を持ち上げて言った。

「マンガ？」女の子がきょとんとした顔をした。

「こないだ『幸せがきますように』って、カードに書いてくれたおかげで、仕事がとてもうまくいってるんだ」

女の子の顔がすばらしい笑顔になった。

「そうですか。それは、本当に、よかったです。あの続きですね。はい。わかりました」

女の子は、ロータリーを見まわし、歩道の脇にあるテーブルとイスを見つけた。女の子に誘われて、アキラは、そのテーブルに座った。女の子は肩にかけてトートバッグから花に添えるメッセージカードを何種類か机に出して、その中から一番大きなカードを選んだ。

「お客さんのお名前は、アキラさん、でしたよね？」

「え、うん」

「お仕事は何をされてるんですか？」

職業を聞かれて、アキラは言葉に詰まった。適当に言ってもいいのだが、今夜は、そうはしたくなかった。

「僕は株のトレーダー」

「株のトレーダーさんですか。それは大変なお仕事ですね」

アキラは、明らかに、この子が株のトレーダーの仕事を理解していないと思ったが、それでいいと思った。この子には、僕が何をしているかは関係ない。ただ偶然に知り合っただけなのだ。女の子は、少し考えていたが、その手が動きだした。女の子は真剣な表情でマンガを書いている。アキラは、その真剣さに引き込まれた。一分ほどでマンガは書き上がった。

「はい」女の子はマンガを書いたメッセージカードを、ブーケの袋に入れて、アキラに渡した。

「はずかしいから、後で読んでくださいね」と言った。

女の子は、駅のデッキに一緒に上がってアキラの姿が見えなくなるまで、両手を振って見送ってくれた。

アキラは、道端で立ち止まり、ブーケの袋から、女の子が書いたカードを取り出した。そこには、サングラスをかけたアキラと、頬を赤くしている女の子が描かれていた。その下に、メッセージがあった。

『アキラさん。今日は、本当に、本当にありがとうございました。わたし、こんなに幸せな気持ちになったのは初めてです。すべて、アキラさんのおかげです。アキラさんのトレーダーのお仕事が、もっと、もっとうまくいきますように、毎日、お祈りしますから、今度、出させてもらえるお店に来てくださいね。待っています。春絵』

## 4

アキラの机の上には、春絵がくれたブーケが載っていた。

色とりどりの花で埋まったブーケが四つもあるので、机の上が花畑のようになっている。トレードは順調そのもので、毎日、確実に利益が出るようになった。

アキラは、三時に後場がひけて、明日のトレードの準備を一通りやってから、いつものように駅ビルの立ち食いそば屋で夕飯を食べながら、いろいろ考えた。やはり、これから、春絵が出している店に寄ってみようと思った。

アキラがソバ屋を出て、ロータリーに降りようとした時、胡社長が駅のデッキからロータリーを見ている姿に出くわした。胡社長の後ろ姿には、先日、会った時とは違う、何か近づきがたいものがあった。アキラは、迷った末、社長に声を掛けることにした。

「社長、こんばんは」

胡社長が振り返り、アキラだとわかるとあの温かい微笑を浮かべた。

「これは、アキラさん。こんばんは」

「何をされてるんですか?」アキラは、我ながら愚問だと思いながら胡社長の横に並んだ。

前には、ライトアップされた東京タワーが見えた。

「気晴らしに、外の空気を吸っています。いつも、この季節になると思うのですが、日本の秋の空気は気持ちがいいですね。心が引きしまってきます。ところで、春絵さんの新しいお店はもう見ましたか?」

「いえ。まだです」

「では、是非見てください。本当にいいお店になりましたよ。春絵さんのお店は、ホテルのお客さんにも、とても評判がいいです。味気のないビジネスホテルの玄関が華やかになったとか、若い女性に出迎えてもらえて東京の出張にはりが出来たとか、常連のお客さんが、そう言ってくれるんですよ。うれしいことです。やっぱり、春絵さんは、うちのホテルと、お客さんに福を運んでくれてますよ」

「そうですか」アキラも嬉しくなって、元気よく答える。

「だからですね。春絵さんには、今度、うちのホテルのフロントに、本当に花を置いてもらうことにしましたよ。今日、試しに春絵さんに花を活けてもらいましたら、フロントが見違えるようになりました。春絵さんは、花を活ける才能もおありなんですね。すばらしいことです。帰りにフロントものぞいていってください」

「はい。そうします」アキラは快活に言った。

アキラの言葉にうなずいた社長の顔に、ほんの一瞬だが、疲れたような表情が浮かんだ。アキラの頭に、あの時の銀縁メガネの男の顔が現れた。

「北京の方は、もうお帰りになったのですか？」

「アキラさん、それをよく御存じですね。昨日、帰りました。私、少し疲れました」

アキラは意外な感じを受けた。いつも穏やかな社長の口から、そんな言葉が出るとは思わなかったのだ。

「こんなこと聞いて、もし失礼なら、そう言ってください。社長は、あの時、あの男性と何か口論をされていたようですが、何か問題でもあったのですか？」

社長の顔が、一瞬で、いつもの温和な表情に戻った。まるで、今、言ったことは忘れてくれというような変わりようだった。

「どんな会社にでも問題はありますよ。ところで、アキラさんは何のお仕事をされているんですか？」

アキラは、突然、仕事を聞かれて暗い気分になった。普段なら適当に答えるのだが、この社長には、それは通用しないだろうと考えた。

「トレーダーです」

「トレーダーといいますと、何をトレードするのですか？」

「株です」

「ほう、株ですか。株とは長期のトレードですか、中期ですか？」

胡社長はそう聞いてきた。アキラは覚悟を決めた。

「短期です」

社長の顔が、少し曇った。

「短期ですか。短期とは、どんなトレードをするのですか？」

「株価の変動を見て、毎日、売り買いをしています」アキラは、そう言った。

胡社長は、まっすぐにアキラを見た。

「アキラさん、あなた、どうして、そんなギャンブルのようなことをするのですか？」

「金を儲けるためです」

「金儲け、大いに結構です。私もお金を儲けることは大好きです。でも、アキラさん、お金儲けに、ギャンブルはいけませんよ。ギャンブルからは何も生まれません。誰も幸せにしません。ギャンブルは勝つか負けるかのどちらかです。勝った人の反対側には必ず、負けた人がいます。次は、あなたが負ける番かもしれませんよ。アキラさん、悪いことは言いません。そんなことはすぐにおやめなさい。あなたは、まだ若い。他にやるべきことがあるはずだ。いいですね」

胡社長は、念を押すようにそうと言うと、ロータリーへ降りていった。アキラも少し時間を置いてから、ロータリーに降りた。

ホテル玄関の横には、本当に花の店が出来ていた。

先日、見た時は、ただの小さなくぼみだった所に、一番前には、女の子の手書きの看板が出されていて、その後ろには色とりどりの花や植物が実にセンスよく、工夫をこらして置いてあり、見違えるような立派な花店に変わっていた。それ以上に、アキラの心を強くとらえたのは、春絵の明るく働く姿である。春絵は、働くのが楽しくて仕方がないというように花を並べていた。アキラは、心を決めた。

「いい店になったね」アキラは、春絵に声をかけた。

「まあ、アキラさん。いらっしゃい」春絵の顔が、花のようにほころんだ。

「本当に、いい店だ、本当にいい」アキラは、店を覗き込みながら言った。

「アキラさんのおかげで、こんないい場所で、初めてお店を出せるようになりました。ここにお店を出せて、前以上に、たくさんのお客さんが来てくださるようになったんですよ。わたし、嬉しくて、嬉しくて。ちゃんとしたお店があるって、本当にいいですね」

春絵は夢を見ているように言った。春絵のその表情を見るとアキラの心も明るくなる。

「それは、よかった」

「これも、アキラさんのおかげです。わたし、アキラさんに出会えたことを、神様に感謝してるんです」

そう言われて、アキラはとまどった。狼狽したと言ってもいい。そんな事を言われたのは生まれて初めてのことだったからだ。

「僕は、特別、何もしていないよ」

「また、そんなことを言う。ともかく、わたしは、アキラさんに、とても感謝しているんですから。あ、ブーケですね。今日は、どのブーケがいいですか。今日は、沢山ありますから、どれでも好きなものをお選びください」

春絵は、ブーケが並んでいる棚をアキラの前に出した。

「今日は、ブーケじゃないんだ」

「それじゃあ、切り花ですか？」

「切り花でもない」

「じゃあ、鉢植え？」

「それでもない」

「じゃあ？」春絵は、とても不思議そうな顔をした。

アキラは思いきって言うことにした。恐らく、アキラがこれまでの人生の中で一番思い切った瞬間かもしれない。

「今日は君に用がある」

「わたしに？」春絵がアキラを見た。

「今度の日曜日、空いているかな？」

「日曜は、お店はお休みにしていますので、空いてはいますが」

春絵はそう言って、最後の言葉を濁した。

「今度の日曜日、どこかに行かない？」アキラは、一息でそう言った。自分でも驚くほど心臓が早く動いている。

それに対して、春絵は何も言わず、じっとアキラの顔を見ていた。アキラは、あわてた。きっと、自分の言い方が悪くて、意味が通じていないのだと思った。

「僕は、君をデートに誘っているんだけど」アキラは、はっきりと言い直した。

それを聞いた春絵はうつむいてしまった。アキラは、とても失望した。やっぱりダメなのだ。突然、僕なんかから、こんなことを言われても、きっと迷惑だったのだろう。アキラが「気にしなくていい」と言おうとした時、

「わかりました」春絵はうつむいたままで、そう言った。

〈わかりました〉とは、どういう意味なのだろう。僕の意図は理解したが、答えはノーということだろうか。もう一度、聞くしかない。

「デート、いいの？」アキラは、ゆっくりと春絵に聞く。

「はい。こんなわたしでよければ」

春絵は顔を上げてはっきりと笑顔で、そう言った。花のような笑顔だった。その笑顔を見て、アキラの心から暗い雲が吹き飛んだ。考え抜いた末の答えが、イエスだったのだ。

アキラは、急に前が開けたような気分になった。

「日曜日、ＯＫなら、君に、もう一つお願いがあるんだけど」

「なんでしょうか？」春絵は照れたような表情をした。アキラもつられるように微笑んだ。

「僕に大きなブーケを作ってくれないかな。僕にもっと大きな幸運が来るヤツ。今度の日曜日に持ってきてもらえるとありがたいんだけど」

「はい。わかりました。大きなブーケですね。ところで、日曜日はどこに、連れて行ってくださるんですか？」

春絵はとても楽しそうに聞いた。

アキラは、しまったと思った。この子からの答えばかりを考えていて、行くところを考えていなかったのだ。今とっさに考えてみたが、アキラは、女の子と行くような場所は一つも知らなかった。

「ごめん。行くところを考えていなかった。どこか、いいところはあるかな？」

春絵は笑った。

「それなら、海の公園に行にきませんか？」

「海の公園？」アキラは、救われたような気がした。行く場所はどこでもいい。

「この近くに、海が見られる公園があるんですよ。わたしの車で行けば、ここから近いです。少し寒いかもしれませんけど」

「ＯＫ。じゃあ、日曜日。ここに朝の十時でどう？」アキラは、はやく話を決めたかった。

「はい。ここに、朝の十時ですね」

「うん、それじゃ」

アキラは、それだけ言うと、春絵の方を振りむきもせず足早に歩いた。「やっぱり行けない」と言われるのを恐れたのかもしれない。

＊

日曜日の朝。春絵は、駅前のロータリーで待っていた。

車を近くに駐車してあるというので、二人でそこまで歩いた。春絵は、歩きながら、東京湾の台場に、花の仕入れの途中に寄る公園があるという。海の前にある公園のわりに、人が少なくて落ち着ける場所だと春絵は言った。

アキラは春絵の車に初めて乗った。春絵の車は、かなり年季が入っていた。外見は、淡いピンク色で新しく見えたのだが、室内は、それとは対照的に、いたるところに古い傷があり空席のシートは所々で破けていた。

「汚い車ですいません。この車、十五年落ちのものを譲ってもらったんですよ。それを乗って二年になるのでもう十七年目なんです」

春絵はシートベルトを締めながら明るく言った。

「十七年」アキラは驚いて、もう一度、車の中を見回した。

アキラは、車には興味がないし、車を欲しいと思ったこともない。だから、車が古くても一向にかまわないが、十七年とは、前の会社で営業車を運転してきた経験からして、車の寿命としてはもう限界だろう。その時期になると、車は故障が多発して、普通の女の子の手には余るはずだ。アキラの関心は、どうしてこの子がこんな車に乗っているのかという点に移った。

「どうして、君は、こんな古い車に乗っているの?」アキラもシートベルトを締めて言った。

「アキラさんて、なんでも、はっきりと言うんですね」

春絵は笑いながら、ギアーをローに入れた。

確かに、そうかもしれない。アキラは元々、無口な上に、この三年間は、ほとんど人と話をしてこなかった。だから、言葉を飾ることが出来ないのだろう。でも、春絵のことには興味があるし、春絵のことはもっと知りたいと思う。

「聞いて、悪かったかな？」

「いいえ。全然」春絵は車道の交通を確認しながら、笑顔で話を続ける。

「こんな車に乗っているのは、ただ、お金がないからです。この車、友達が廃車にするというのをただで譲ってもらったんです。ギアーはオートマじゃないですし、燃費は悪いし、よく故障するし、とにかく大変ですが、車の色もかわいい色だし、お花を積むにはちょうどいいサイズでなんとか動いてくれていますから、贅沢は言えません」

春絵がそう言って、ハンドルを回しながらアクセルを踏む。車はゆっくりと車道に出た。

五分もしないうちに、車は東京湾岸沿いの道路に入った。ほとんど車の交通がない道路で、道の両側には倉庫や古いビルが連なっている。時々、窓から東京湾らしきものが見えた。アキラが口を開いた。

「もう一つ聞いていい？」

「いくつでも、どうぞ」春絵はハンドルを握りながら笑って答えた。

「なぜ、君、路上でお花を売っているの？」

春絵は吹き出した。

「アキラさんて、本当にストレートな方なんですね」

「ごめん。言いたくなければいいんだ。ただ、ちょっと興味を持っただけだから」

「普通なら答えませんけど、アキラさんになら、いいですよ。実は、わたしの家は、むかし横浜でお花屋さんをやっていました。その影響で、こんなことをやっています」

「君は、なぜ、実家のお花屋さんをやらないの？」

「そのお花屋さん、潰れてなくなってしまいましたからやれないんです」春絵はそう言って、笑った。

　アキラは自分が聞いたことをひどく後悔した。〈この子の実家が潰れた〉とは思ってもみなかったのだ。車内がきまずい沈黙になった。春絵は、その沈黙が自分のせいだと思ったようで、また明るい笑顔を浮かべた。

「ごめんなさいね。つい、暗い話をしちゃって。でも、この車も、もうすぐ本当に廃車かもしれませんね。最近、ギアーの調子まで悪くなって、うまく入らないんです。えーい」

　春絵はそう言って、ギアーをトップに入れた。

　中古のピンク色のバンは、二人を乗せて、レインボーブリッジの大きなループを、巨大なルーレットの上を回る玉のように懸命に走った。窓からは真っ白な雲が見え、橋の下には紺碧の海が見えてくる。アキラは、こんなダイナミックに動く景色を最近、見たことがない。

車は、あっという間にレインボーブリッジを渡りきり、海辺にある公園の駐車場で停まった。まるで、並木が定規で測って植えられたような整然とした公園で、ほとんど人がいなかった。アキラは気に入った。

公園を進むと、東京湾が現れた。埋め立て地に囲まれた細長い湾には、屋形船からレジャー用の水上ボートまで、いろいろな船が浮かんでいた。今、目の前を、観光客を乗せた水上バスが白波をたてて走っていく。対岸を見ると、恐竜のような巨大な鉄のクレーンが並ぶコンテナーヤードが、いくつもあり、その先には、東京の高層ビル群が見えた。波の音と、潮の香りがする。アキラは、東京にも海があるということを知った。

アキラと春絵は、日なたのベンチに座った。日なたでも、少し寒いくらいだった。春絵は、トートバッグからステンレス製の魔法瓶とプラステックのコップを二つ出して、お茶を注いでくれた。

「しょうが入りのお茶です。とても温まりますよ。それと、よかったらクッキーもあります。コンビニで買ったものですけど」

アキラは礼を言って一口飲んだ。しょうがの味がきいていて、本当に体の芯まで温かくなった。クッキーを、一口かじった。ほのかなバターの香りがして、お茶とよく合った。

「とても、うまい」

「本当ですか。アキラさんのお口に合って、うれしいです。昨日、何を持って行こうかと、さんざん迷ったんですけど、いつものものを持ってゆくことにしました。わたし、お店を開ける前に、ここで、こうして一人のティータイムを楽しんでいるですよ。そうすると、よーし、今日も、がんばるぞって気持ちになるの」春絵は元気な声でそう言って、笑う。春絵は、よく笑った。アキラは、その笑顔がとてもいいと思った。

アキラも、毎日、東京の街を見て、株のトレードをしているが、〈よし、がんばるぞ〉などという気持ちになったことがない。デイトレードは、勝つか負けるかの戦いで、負ければ終わりだからそれどころではないのだろう。しかし、花を売るということは、そんなに楽しいものなのだろうか。そうすると、アキラは先ほどの話の続きを聞きたくなった。

「さっきの、君の実家の花屋さんの件だけど、さしつかえがなければ、もう少し聞いていいかな？」

「はい。いいですよ。アキラさんになら、なんでも教えてさしあげます」

春絵はクッキーを食べながら明るく言う。

「どうして、君の実家のお店、潰れてしまったの？」

「それはですねえ。うちの父が、親友の借金の保証人になってしまって、その人が、お金を返せなくなり、父が、店と土地を売って返すことになったからです。わたしの父って、底抜けのお人よしなんですよ」そう言って、また笑った。

アキラの手が止まった。春絵の境遇が、自分のものと重なるところがあるのではないかと思ったからだ。

「アキラさんは、なぜ、わたしが露店でお花を売っているか知りたいでしょう」

「知りたい」アキラは、コップをベンチに置いた。

「女だてらに、露店なんかで、お花を売っているんですものね。普通、びっくりしますよね。実は、わたしの父は、お店を手放してからも、まだ花屋をやりたいって言って露店でお花を売り始めたんですよ」

「そう、君の、お父さんが」アキラは、露店で花を売る春絵の父親を想像した。

「父は、家の近くの公園で、お花を売り始めたんですけど、わたしは、そのとき中学生で、父の、その仕事がはずかしくて、中学の友達に見られるのが嫌で仕方がなくて『どうして、そんなにまでしてお花屋さんをやりたいの』と聞いたんです。そうしたら、父は、『花を必要としている人に花を届ける。それが、俺の一生の仕事なんだ。俺は、がんばって、もう一度、店を出すんだ』って言うんですよ。わたし、ばかじゃないかって思ったんですよ。人の保証人になって、お店をなくして、貧乏になって、まだ、そんなこと言ってるなんて」

「それで、君のお父さんは、お店出せたの？」

「お店は出せませんでした。父は、私が、高校生の時に病気で亡くなってしまいましたから」

アキラは会ったこともない春絵の父親を気の毒に思った。

「また、悪いことを聞いたね」

「ううん。そういう人は、わたしだけじゃないですから」

春絵は、そう言ってベンチに両手をついて足を少し上げた。

「でも、わたし、高校を卒業して、なんとなく、大きなお花屋さんの会社に就職したんですけど、そのお花屋さんの支店で、お花を売るようになると、信じてもらえないかもしれませんが、父の言っていたことが、少しずつわかるようになったんですよ。お店で、お花を売っていると、お客さんが笑顔で、また、買いに来てくださるの。『本当に、あのお花よかったわよ』『あの花に助けられたよ』って言って、また来てくださるんですよ。その方たちのお話しをうかがっているうちに、みなさん、本当に、いろいろなご事情があり、お花を必要としているんだとわかったんです。そういう人たちにまたお花を買っていただいて感謝の言葉を言われると、天にも昇るような嬉しい気持になるんです。これが、きっと父がやりたかったことじゃないかってわかってきたんです。それで、わたしも、自分の手でお花を届けたいと思いだしたので、会社を辞めて、父のように露店でお花売りを始めたんです。わたしも、ばかみたいですね。でも、露店でお花売っていると、こないだアキラさんに助けていただいた時のような嫌な目にも遭いますが、お客さんには喜んでもらえますから、今は、毎日がとても楽しいですよ」

「毎日がとても楽しい、か」

アキラは、そうつぶやいた。春絵の話が、なんとなく理解できる気がした。なぜなら、アキラ自身も春絵の花に助けられている一人なのだから。アキラも、花があるだけで、株のトレードをやる力がわいてくる。

「アキラさん、わたし、夢があるんです。聞いてもらえますか？」

アキラは、〈夢〉という言葉に新鮮な驚きを感じた。こんな若い子の口から、そんな言葉が出るとは思わなかった。是非、聞いてみたくなった。

「うん」アキラは、うなずいた。

「わたしね、お金を貯めて、父がもう一度出したいと言っていたお店を出して、父が言ったように、お花を必要としている人に、毎日、お花を届けたいの。みんなを笑顔にしたい。それが、わたしの夢なんです。わたしは、アキラさんに出会って、胡社長のホテルの軒先でお店をやらせてもらえるようになって、その夢に一歩近づけた気がするんです。わたし、本当に嬉しい」

そう話している春絵の瞳は、目の前の海のようにキラキラと輝いていた。アキラは、その瞳がまぶしく感じた。

「そうなると、いいね」アキラは本心から、そう思った。

「アキラさんには、どんな夢があるんですか？」春絵はアキラを見て言った。

今度は、春絵の方から、〈夢〉と聞かれて、アキラは意表を突かれた気がした。アキラは、今まで自分の夢なんて考えたことがない。金持ちになって、誰からも指図を受けない暮らしがしたい、という気持ちは今でもある。しかし、それは夢とは、だいぶ違うような気がする。夢とは、たぶん、もっと根本的なものだろう。アキラは考えた。〈自分の夢〉とは、一体何だろうか。しかし何も思い浮かばなかった。今まで夢など考えたことがないのだ。すぐ、思いつくものではない。アキラはあきらめた。

「僕に、夢なんてないよ」アキラは、残りのお茶を一気に飲んで言った。

「そうなんですか」春絵は、少しがっかりしたようだった。

アキラは、春絵をがっかりさせてしまい、とても悪いことをしたような気がした。それと同時に、なぜ、これまで、自分の夢を考えてこなかったのかと不思議に思った。

「でも、そうだな、僕も、一度、考えてみるかな」アキラは自分に問いかけるように言った。

「本当ですか！　きっと、アキラさんにも、ぴったりの夢が見つかりますよ。わたしも、一緒に考えますから、二人でがんばりましょうよ」

春絵はそう言って、あふれるような笑顔でアキラを見た。春絵にそう言われると、アキラも、自分にも夢が必要なのかもしれないと思った。

家まで送ると言う春絵に、アキラは駅まででいいと言って、駅前のロータリーで車を降りた。別れ際に、春絵は特大のブーケをくれた。いつもの倍はある豪華なブーケだ。春絵は、車の中で、またメッセージカードを書いてくれた。

アキラは、その特大のブーケを、とても大切なもののように家に持ち帰った。部屋に戻り、それをキッチンのテーブルの上で、新しく買った花瓶に入れた。そして、ブーケの中のメッセージカードを手に取った。カードには、大きな赤いハートマークが一個あった。アキラは、そのカードを開いた。あのマンガの女の子が現れた。その女の子が頬を赤らめて手に携帯電話を持っている。そこに、こんな言葉があった。

「アキラさん、今日は、とっても楽しかったです。わたしも、アキラさんの夢を一緒にさがしますので、わたしに、出来ることがあったら、いつでも、ここにお電話ください。この番号はアキラさんの専用ダイアルにしておきます。春絵」

と言って、その下にカラフルな色で電話番号が書かれていた。

*

アキラは後場の取引が終わって茫然としていた。

風が完全に止んでしまった。ジグザグ線の先が何も見えない。ジグザグの先を、無理に感じようとすると、線はそれと反対に動く。ここに、春絵の特大のブーケがあるから、必ず、上昇の風が吹くからと信じて、この数日間、トレードを続けたが、その結果は、ほとんどが負けだ。今日はその負けを取り戻そうと大きく買ってみたが、惨憺たるものになった。この数日で、証券口座の残高が大きり減り、ついに投資資金が100万円を切ってしまった。これまでのトレードで積み上げてきたものが、嘘のように、なくなってしまったのだ。あとは万が一のための生活資金しかない。しかし、これを使ってしまうと正に無一文になる。

窓には、夕日に照らされた富士山があった。やはりこの世の中に幸運などはないのだ。アキラは、二階のメゾネットに昇り、ベッドに倒れ込んだ。体が鉛を抱いたように重い。布団にくるまり、少し眠ったが、あの落ちてゆく夢を見て、ベッドから飛び起きた。夢と理解するまでに、いつも以上に時間がかかった。白い天井を見て、ようやくここが自分の部屋だとわかり安心をした。外は真っ暗で、枕元の時計を見るとまだ夜の八時だった。こんな時間に、あの夢を見るのは初めてのことだ。

相当な寝汗をかいている。起き上がると頭が割れるように痛んだ。壁によりかかるようにして下に降り、バスルームですべての服を着替えた。体がだるくて寒気がする。これは、風邪かもしれないと思い、体温計で熱を測ってみると、三十九度を超える熱があった。熱を知ると、一層、体が重く感じる。アキラは、引き出しにあった風邪薬をひと山飲んだ。

アキラはパソコンの前に座って考えた末、最後の生活資金を使ってでも、明日、トレードをする決意をした。それしか今の状態を挽回する方法がないのだ。何としても、この状況を脱しないといけない。アキラは、明日、トレードをする銘柄を選ぼうとパソコンに向かったが、画面を見ていても頭に石が詰まっているようで何も考えられない。あきらめて、二階に上り、再びベッドに倒れ込んだ。

それにしても静かだ。この部屋は静かすぎる。あの男の声が何も聞こえない。あの男は一体どこに行ってしまったのだろう。あの男がいないとトレードが出来ない。明日のトレードのことを考えるだけで怖い。本当に怖い。それに、寒い。この寒さと言ったらどうだ。冷蔵庫の中にいるようだ。アキラは、頭から毛布をかぶり背中を丸めて震えた。こんな僕に、この先、何が待っているというのだろう。僕は、これから何十年も、一体どうやって生きていったらいいのだろうか。そう思うと、ものすごい不安に襲われた。しかし、アキラは必死で考えた。ここから抜け出すには、何かを考えなくてはいけない。僕は、今、一時的に気が弱くなっているだけだ。春絵の顔が浮かんだ。それにしても、あの子はいいな。あの明るい笑顔は本当にいいな。あの子の全身からは生きるエネルギーがあふれている。あんな子が、そばにいてくれれば心から安心出来るのに。こんな不安から、僕を救ってくれるのに。そこで、アキラは頭を振った。人をあてにしてはいけない。人を頼ってはいけない。自分の父親が受けたような目に合うだけだ。睡魔が襲う。僕は眠りたくない。もう、あの夢は見たくない。アキラは毛布を抱きしめた。あの夜、布団の中で苦しんでいた母親が現れた。「母さん、ごめんよ。僕は、母さんを、守ってやることが出来なかった」その母親が遠ざかってゆく。「僕を一人にしないでくれ！」アキラはそう叫んで、毛布を投げ捨て、落ちるように二階から階段を下り、机の上にあった携帯電話をつかんで、ブーケの包みに差してあるカードを開けた。そして、マンガの女の子に電話をした。

電話はすぐにつながった。

「アキラさん？」確かめるような春絵の声だった。

「僕を助けて欲しい」

「どうしたんですか？」

「一人でいられないんだ。とても恐ろしい。それに、寒い。寒くてどうしようもない」

アキラの喉から叫び声が出ていた。これまで誰にも見せなかった最も弱い部分をさらけ出していた。

「アキラさん、体の具合が悪いの？」

「体の具合が悪いかさえ、僕にはわからない」

春絵は、とても驚いたようだった。春絵が、詳しく様子を聞いてきたので、アキラは今の状況を話した。春絵は、「今、ちょうど店を閉めているところだから、すぐに行ける」と言って、アキラのいる住所を聞いた。アキラはうわ言のように住所を言った。春絵は携帯電話の地図でアキラの住所を確かめているようだったが、しばらくして「ここから近いみたい。急いで行くから、がんばれる?」と聞いてきた。アキラは「うん」とだけ言って電話を切った。アキラは、春絵と話ができてとても安心した。電話機を握りしめたまま床にくずれ、そのままの状態で眠ってしまった。

マンションの来客を告げるインターフォンの音で、アキラは目が覚めた。アキラは、よろけながらもインターフォンまで行って、ゲートの解錠キーを押した。

ドアの向こうにエプロンをつけた春絵が立っていた。

「アキラさん、もう大丈夫よ」

「君…」アキラはそう言うと、春絵の腕の中に倒れ込んだ。春絵は、アキラの体をささえながら、アキラのおでこに手をやった。

「まあ、大変な熱」

春絵は部屋を見まわして、二階のベッドを見つけた。

「アキラさん、あそこまで行ける?」

アキラはうなずいた。アキラと春絵は二人三脚のようにして二階に登り、アキラはベッドに寝かされた。春絵は自分のトートバッグから魔法瓶を出した。

「ホテルの厨房を借りて、しょうが茶、作ってきたの。アキラさん、飲む？」

アキラは、うなずいた。春絵は、しょうが茶を飲ませてくれた。それは、とても温かくアキラの体の中に入ってきた。正に、生きかえるようだった。アキラは、それを続けて三杯飲んだ。アキラの全身から汗が噴き出した。春絵は、バスルームからバスタオルを二枚持ってきた。

「着ているものを全部脱いで」

春絵はアキラを起こして、アキラのTシャツとジーンズも脱がせた。アキラは、下着だけになりベッドに寝かされ、春絵が、バスタオルでアキラの体を拭いてくれる。とても、心地がいい。アキラの体が真っ赤になっていく。春絵は、そのアキラの体を毛布で二重にくるみ、アキラの口に体温計をいれた。すぐに電子音が鳴った。春絵は目を細めて体温計を見て、驚いた。

「熱が四十度もある。アキラさん、救急車呼ぶ？」

春絵が聞く。アキラには、その春絵の顔が二重に見える。

「救急車はダメだ。救急車はやめてくれ」

「わかったわ。アキラさん、薬、飲む？　駅前のドラッグストアで買ってきたの」

アキラは、うなずいた。

「今、お水持ってくるね」

アキラは下に降りようとする春絵の手を取った。

「僕を一人にしないで欲しい」

春絵は驚いたようにアキラを見ていたが、アキラの手を握った。

「大丈夫よ。アキラさんを一人になんかにしないわ」

春絵は、とても優しい笑顔でそう言った。アキラはその春絵の笑顔を見て、自分がまるで子供の頃に戻ったような気分になり、安心してベッドに横たわって目を閉じた。

春絵は薬と水を持ってきてくれて、アキラに薬を飲ませた。布団を首までしっかりと掛けてくれる。

「僕は眠りたくない」アキラは、うなされるように言った。

「眠りたくなかったら、無理に眠らなくてもいいよ。わたしがついていてあげるから」

「君、ここにいてくれる？」

「はい」

「本当に、僕を一人にしないかい？」

「はい。わたし、こんな優しい目をした人を、放っておかないわ」

春絵はアキラのサングラス取って、汗に濡れた額をバスタオルで拭いてくれた。

「こんなきれいな目をしてるのに、どうしてサングラスなんかで隠すの」

アキラの目に、春絵の顔がはっきりと見えてきた。アキラは、春絵の体を強く引き寄せた。

「アキラさん、ダメよ」

春絵は、アキラの体を離した。アキラは春絵を見つめる。

「僕のことが嫌いかい？」

「ううん。だけど、アキラさん、今は病気だもの。ゆっくりと寝てないといけないわ」

「君と一つになれるなら、僕は、今、ここで死んだっていい。僕は本気だ！」

アキラは弓のように上半身を起こして、叫ぶように言った。

春絵は立ち上がった。アキラは、おびえた目で春絵を見る。

「君、帰っちゃうの」

春絵は、それに答えず服を脱ぎはじめた。全部、脱ぐと、春絵はアキラのベッドに入ってきた。

「わたしが、アキラさんを温めてあげる」

春絵は、アキラの体を抱きしめた。春絵の体は暖炉のように暖かかった。そして、アキラの全身を包み込んでくれた。このやわらかさ、この暖かさはなんていいのだろう。いままで感じたことのない感触だった。アキラの体が、それを確かめるように動いていった。

そこには、生きている人の命の暖かさがあった。自分がずっと求めていたものは、こういった〈人のぬくもり〉なんだと、それが初めてわかった。アキラは春絵を強く抱きしめた。アキラの体に波のように血が戻ってくる。二人は、静かな部屋で抱き合い、一つになった。その後、アキラは眠ってしまった。今まで味わったがないような深い眠りだった。まるで、森の中で眠っているような、どこまでも深く安らかな眠りだった。

アキラが目を覚ましたのは、夜中だった。ハッとしてベッドサイドの時計を手に取って、息をはいた。四時を過ぎている。あの夢を見なかったのだ。

「アキラさん。気分はどう？」

春絵が隣にいた。心配そうな春絵の顔が見える。これは夢なのだろうかと一瞬、疑ったが、体を起こそうとしたら、頭が痛んで記憶が戻ってきた。

「無理しちゃ、だめよ」

アキラは頭を枕に沈めて、さっき起こったことを思いだしながら、自分の心を探ってみた。信じられない。頭はまだ痛むものの、あの底なしのような不安がなくなっている。

「少しはよくなった？」

「とても、よくなってるよ」アキラは、春絵を見つめて言った。

「本当によくなった？」

「ああ、本当さ。君のおかげだ」

「本当にわたしのせい？」春絵は、明るい顔でそう聞く。アキラは、春絵の笑顔を見て、とても幸せな気持ちになり、強くうなずいた。

「間違いなく、君のおかげさ」

「アキラさんのお役に立てて本当によかった。わたし、とても嬉しい。ね、アキラさん、お腹すかない？　雑炊たべる？　お台所にあるもので作ってみたの」

そう言えば、いい匂いがする。アキラは、自分がとても空腹なことに気がついた。

「食べたい」

「すぐに用意するね」

十分もかからず、春絵は、アキラの唯一の食器である茶碗に雑炊をよそってきた。一応、スプーンもある。

「男の人の台所って本当に何もないのね。レトルトのご飯とおしょうゆと卵があったから、それで作ってみたの。勝手に作ってごめんなさいね。おいしいといいけど」

春絵は、ふうふうとスプーンの上の雑炊を吹いて、食べさせてくれた。胃袋が鳴るくらいうまかった。

「うまい」アキラは、食べ物とは、こんなにうまいものかと思った。

「よかった。はい、もう一つ」

アキラは、こんな深夜に、ほんの一ヶ月前までは全く知らなかった女の子が、僕の所に来てくれて、こんなごはんを作って、食べさせてくれる。その不思議さを考えていた。

「アキラさん、今、何を考えているの？」

天井を見つめて、ただ黙っているアキラに、春絵はそうに聞いてきた。

「君が、どうして、こんなことをしてくれるのかを考えていた」

アキラの心に浮かんだ普通の疑問だ。それは、アキラにとっては株価の先を考えるのと同じようなことだった。

春絵の手が、急に止まった。スプーンをお盆の上に置き、じっとアキラを見ている。

「それ、どう意味ですか」

「特に、意味はないんだけど」

「わたしが、こんなことを誰にでもすると思ってるの」

春絵はものすごい剣幕でそう言って、ベッドの横に置いてあったトートバッグを肩にかけて階段を下りて行こうとする。アキラはベッドから飛び出て、春絵のトートバッグをつかんだ。ようやく見つけた大切なものが、今、自分の前から消えてなくなってしまうと思ったからだ。アキラは強く春絵のバッグを握った。春絵は、トートバッグを離してでも行こうとする。

「君、待ってよ！　僕が悪かった。謝るよ。ごめん」

アキラは、春絵の両腕を取って大声で言った。

「本当にひどい」春絵は涙声だった。

「ごめん。そんなつもりじゃなかったんだ」アキラは、後ろから春絵を抱き締めた。

「アキラさんが、助けて欲しいって言うから来たのに。一人になりたくないって言うから、いてあげたのに。寒いって言うから、温めてあげたのに。本当にひどいことを言う」

「ごめん。僕は、きっと一人でいすぎたんだ。だから、人の気持ちもわからないし、自分の気持ちもうまく表現出来ないんだ。だけど、僕は君に、ずっとここにいてもらいたいし……君のことが、とても好きだ」

アキラはそう言って、春絵に長いキスをした。


アキラと春絵はベッドの中で抱き合いながら、夜が明け始めた東京の街を見ていた。空が薄紫色のスクリーンのようになっている
アキラは春絵に、自分の両親のこと、あの怖い夢のこと、デイトレードのことを話した。春絵は、アキラの胸の上で、その話を聞いていた。

「だから、アキラさん、夢がないって言ったのね」

アキラは目をつむり、うなずいた。

「でも、大丈夫。夢が見つからない人なんていないわ。夢は、探せばきっと見つかる。アキラさんにも必ず、ぴったりの夢が見つかる。これから二人で、アキラさんの夢を探しま

しょうよ」

　春絵がそう言う。アキラは、その言葉を聞いて心の底から安心をした。本当にそうなるといい。自分の夢が見つかれば、これからの自分の人生を生きていけるような気がする。アキラは、春絵を抱き締めながら、再び眠りに入っていった。あの豊かな森の中に入っていくような深い眠りだった。

　次に、アキラが目を覚ました時に、太陽は窓の高いところにあり、春絵は、自分の胸の中にいなかった。アキラは飛び起きて、あたりを見回した。枕元に、アキラのTシャツとジーンズが丁寧にたたんで置いてある。アキラは安心した。春絵は、間違いなくここにいたのだ。それでは、春絵は下にいるのだろうかと、階段を下りて、春絵を探したが、春絵の姿は、どこにもいなかった。よく見ると、パソコンの机の上に、一枚のレポート用紙が置かれてあった。いつも、アキラがトレードの時に使う用紙だ。そのレポート用紙を手に取った。そのレポート用紙にはマンガの女の子が描かれていた。女の子は、敬礼して、こう言っていた。

「アキラさん。おはようございます。少しは元気になりましたか？　わたしは、仕事があるのでこれで帰ります。アキラさん。今日は、病院に行って診てもらって、しばらくは、おとなしくしてないといけないよ。また、何かあったら、いつでも電話してください。アキラさんにだけは、特別に介抱をしてあげます。ぶっきら棒で無神経だけど、本当は、照れ屋で優しい、アキラさんへ。わたしも、アキラさんのことが大好きです。春絵」

## 5

月曜日の夕方、アキラは、いつものようにソバ屋で夕食を食べ、その後、ホテルに寄ったが、その日は、春絵の店が出ていなかった。何かおかしいと思い、ホテルに入ろうとしたが、ホテルのドアも閉められていて、ホテルの中が暗い。よく見ると、ホテルの扉に、驚くような案内文が貼ってあった。

『ホテル閉館のお知らせ。当ホテルは、都合により十一月三十日をもって営業を終了しました。長い間、当ホテルをご愛顧いただき、誠にありがとうございました』と簡単に書いてある。

十一月三十日とは昨日のことだ。アキラは、信じられない思いで立ちつくしていると、張課長が向こうから走るように来て、アキラの前を通り過ぎようとした。

「張さん」

「アキラさん」張課長は、急ブレーキをかけた車のように止まった。

「これは、一体どうしたんですか」アキラはドアの貼り紙を指さした。

「あいつです。全部、あいつのせいなんだ」

張課長は拳を振り上げ、アキラに近づいてきた。

「あいつ？」

「石です。石部長です」

胡社長と言い争っていた男である。

「あいつが、北京に密告したんだ」

「北京に密告？」

「石は、胡社長が日本人からワイロを貰っているから、北海道のホテルの買収の話を進めようとしないって、北京の本社に告げ口をしたんだ。あいつの告げ口は、それだけじゃないよ。胡社長が、毎年、会社の売上の一部を懐に入れて、そのお金で自分の息子と娘をカナダに留学させていたって報告したんだ」張課長は口の中につばを溜めて言う。

「それ、本当のことですか？」アキラには、とても信じられなかった。

「本当のわけないよ。胡社長は誰よりも立派な人だ。絶対そんなことしない。あいつは、自分が胡社長の地位を取りたいから、嘘ついたんですよ。全部、あいつのでまかせなんだ」

「でまかせ？」

「アキラさん、聞いてくださいよ。胡社長は、先週、突然、日本の社長を解任されました。その後任に、石がなることになりましたよ。それに、このホテルも売却されることになりました。うちの社長が二十年もかけて育てたホテルですよ。それを信じられないくらい安い値段で、北京の幹部の親戚に売られるんだ。やっぱり、石は、北京の回し者だったんだ」

「北京の方はどうして石さんの言うことを信じるんですか？」

「それは、あいつの親が北京の中央政府のお偉いさんだからですよ。石は、親のコネと、汚い金を使って会社の幹部に取り入ったんだ。私、あいつがやってきたこと、全部、知ってるんだから」張課長は、ますます興奮してきた。

「それに対してですよ、うちの社長は、北京の幹部からお金の要求を断り続けてきました。お客さんからいただいた大事なお金を、そんなことに使いたくないって言ってね。だから、こんなことになってしまったんだ。私は、とても心配でしたよ。こんなことになるくらいなら、お金を出すべきだったんだ。私は、ずっと社長にそう言ってきましたよ」

「胡社長はどうなるんですか？」

「中国の田舎の支店に回されます」

〈胡社長が、田舎の支店に回される〉アキラは衝撃を受けた。

「張さんは、どうなるんですか？」アキラは、かろうじてそう聞いた。

「よく聞いてくださいました。私は中国にすら帰れません。インドネシアに行くことになりましたよ。私、ずっと日本にいたから、インドネシアのことなんて、何も知らないよ」

張課長は泣きそうだった。

「社長は、今、どちらに？」

「社長は事務所で荷造りしています。これから、私も荷造りします」

アキラは興奮している張課長に、ホテルのドアを開けてもらった。


胡社長は、部屋の電気も付けず窓の外を見ていた。もう日も落ちて、部屋がすっかり暗くなっていることにも気がつかないようだった。アキラが声をかけると、社長はまるで旧友に会ったような笑顔を浮かべて暗い部屋のライトを付けた。部屋には空のダンボールがたくさん作ってあった。

「これはアキラさん、ようこそおいでくださいました。あいにくこの通りですから、何もおかまいができませんが、どうぞ、こちらへお掛けください」

社長はアキラに、唯一、部屋に残った応接のソファーを勧めた。

「中国に帰られるそうですね」アキラはソファーに座ると同時に聞いた。

「そうです。張に聞かれましたか。私は、来週、中国に帰国することになりました。今、お世話になったこの駅前にお別れをしていたところです。長いお付き合いでしたから。アキラさんとは短い間でしたが、いろいろとお世話になりましたね。それから、春絵さんには大変申し訳ないのですが、もう、ここでお店を出してもらえなくなりました。春絵さんには、本当に悪いことをしました。春絵さんには、アキラさんから、よく謝っておいてください」胡社長は、アキラに頭を下げた。アキラの胸に熱いものがこみ上げてきた。

「このホテルも売られるそうですね。社長、悔しくないですか」

「それは仕方がないことですよ。この世に起こることは、自分の思う通りにはなりませんからね」と胡社長は、そう答えたが、少し考えた後「でも、そうですね。このホテルは私の子供のようなものですから、次の方に大切にしてもえなかったら、悔しいというより、悲しいですね」と言った。

「あの部長のせいだそうですね」

「いいえ。石部長のせいではありません」胡社長は、きっぱりとそう言った。

「じゃあ、どうしてですか？」

「それは、私が、これまで本国の人間との付き合いを怠ってきたせいです」

「嘘の報告をされたんでしょう」

「アキラさん、お互いを理解し、信頼し合うというのは、個人の間でも、会社の間でも、国同士でも、大変むずかしいものです。でも、どんなにむずかしくても、理解をしてもらう努力はしなければいけません。私はその努力を怠ってきました」

「それはそうですが」アキラは、とても同意は出来なかったが反論も出来なかった。ただ、聞くべきことを思い出した。

「社長は、中国の地方の支店に転勤されることになったそうですね。そこに行かれるのですか？」

「行きますよ」社長は、あっさりと言った。

「そこは、社長にとって、不本意なポジションなんですよね。どうして行くのですか？」

「アキラさん、天気は自分で変えられますか？」

「変えられません」社長は何を言いだすのかと思った。

「私は、こう考えているのですよ。人生は、晴れることもあれば、雨が降ることもある、まるで天気のようです。変えられない天気を、考えても仕方がありません。私に出来ることは、それに従うだけです。でも、雨の日は、ずっとは続きません。雨の日の次は晴れです。晴れの日にそなえて、雨の日でもがんばってやっていく、それが私の考えです」

「確かに、そうですが」アキラはまだ釈然としなかった。

「アキラさん、株の取引はやめましたか？」

社長はアキラの目をしっかりと見て言った。アキラは黙った。

「アキラさん、是非、これだけは覚えておいて欲しい。お金だけでは、あなたは幸せになれませんよ。あなたを幸せにするのはお金ではなくて、人です。どうか、ギャンブルのような、何も生まないものに、あなたの若い貴重な時間を使わないでください。あなたは、あなたにふさわしい目標を見つけて、しっかりと働いて、あのお嬢さんを幸せにしてあげてください。そうすれば、あなたは、きっと、あのお嬢さんから大きな幸せがもらえるでしょう」胡社長は、そう言って立ち上がった。

「アキラさん、あなたとお話するのは楽しかったですよ。三十年前の私に会ったようでしたからね。アキラさん、私もがんばりますから、あなたも是非がんばってください」

胡社長はそう言うと、満面の微笑みを浮かべてアキラに握手を求めてきた。アキラは涙がこみ上げてきそうになったが、それを我慢して、両手で社長の手を握った。胡社長は、それ以上の力でアキラの手を握り返してきた。その時、アキラの心に、胡社長のとても熱い想いが入ってきた。

*

その夜、一本の電話があった。先輩からだった。先輩は、どことなく落ち着きのない声だった。

「アキラか？　元気か？」

アキラが、いつも通りだと言うと、先輩は返事もそこそこに切りだした。

「実は、困ったことになったんだ」

何か良くないことが、先輩に起こったのだと思った。

「先輩、何があったんですか？」

「新しく入った会社なんだけど…倒産しちまったんだ」

「倒産？　まだ会社は出来たばかりでしょう」

あまりのことに、アキラは電話機を握り直した。

「うん。だけど、先週、突然、倒産したんだ。資金繰りが苦しいとは聞いていたんだが」

「先輩の出資金はどうなるんですか？」

「それが出資金どころじゃなくてさ。俺は役員で入っただろ。会社に入った時に、会社の借金の保証人になっちまったんだよ」

「借金て、いくらくらいですか？」

「それがさ……二億円」

「二億！」アキラは声を上げた。

「来月になれば、大口の工事代金が入るから大丈夫だって兄貴に言われてたんだけど、その前に会社が逝っちまってさ。それでさ、アキラ。少し、金貸してくれないかな」

「金ですか」

「俺、今、変な奴らに追いかけられてるんだ。少しでも金返さないと、やばいことになりそうなんだ」

アキラは絶句した。

「勿論、二億なんかじゃなくていい。二百万。いや百万でもいい。なんとかならないかな？」先輩の声は、せっぱつまっていた。

しかし、アキラは返事が出来ない。アキラは、あれからも株のトレードを続けていて、ついに、万が一の時の生活資金にも手を付けていた。トレードは相変わらずの不調続きで、その生活資金もだいぶ減らしていた。そこから、先輩に、金を貸すと、もう株どころではなくなる。

アキラが返事が出来ないでいると、先輩は口調を変えた。

「そうだよな。百万なんて言っても大金だよな。ごめん。アキラ、このことは忘れてくれ」

「先輩、どうするんですか？」

「もう一度、田舎の弟に頼んでみるわ。こないだ電話で断られたんだけどね。こうなったら、一度、田舎に行ってくる」

「結婚するお相手はどう言ってるんですか？」

「うん。うん。また、電話するよ。じゃあな」

先輩の電話は、そこで切れてしまった。

*

次の日曜日、アキラは春絵と、台場の公園のベンチに座っていた。

季節は、確実に冬に変わっていた。東京湾からの北風が二人を吹きつける。春絵は、長めのダウンジャケットを着ていたが、アキラは相変わらずのジャンパー一枚だ。さすがに寒くて、アキラは、ジャンパーのジッパーを首まで上げて、胡社長のことを春絵に話した。

「胡社長さんに、そんなことがあったんですか。それにしても、ひどい」

春絵は怒っていた。

「お店、残念なことになったね」アキラは、これ以上、胡社長のことを話したい気分ではなかったので、話題を変えようとした。

「そんなの、胡社長さんに比べれば、なんでもありません」春絵はまだ怒っていた。

「また、路上で営業するの？」

「いいえ。今の胡社長のお話を聞いて、わたし決めました」

春絵は、ベンチから立ち上がった。

「何を決めたの？」アキラは、いつもと様子が違う春絵を見た。

「わたし、いつ、お花が売れなくなるかわからない露店売りはやめます。胡社長のご恩に報いるためにも、わたし、これからアルバイトを増やして、小さくてもいいから絶対に自分のお店を持ちます」春絵は自分に宣言するように言った。

アキラは、その言葉に春絵の覚悟を感じた。春絵は、今でも生活するのがやっとで、なかなか貯金が出来ないと言っていたからだ。店を出すほどの貯金をするには、かなりのアルバイトをしなければならないだろう。そうなると、春絵の体が心配になる。春絵は、今でも、いくつかアルバイトをしている。

「今のバイトだけでも大変なのに、もっと増やして、大丈夫？」

「自分の夢のためだから、大丈夫。でも、しばらくはアキラさんにお花をあげられないな」

春絵は、ダウンジャケットに両手を入れて言った。

「そんなことなら、全然、いいよ」アキラは、春絵がそばにいてくれさえすればいい。

春絵はベンチに戻り、アキラの手を取った。

「アキラさん。株の取引きをやめてもらえませんか」

「え」

「わたしがこんなこと言ってはいけないのかもしれませんが、アキラさんこそ、とっても無理をしてるような気がするの。アキラさんには、もっと違う生き方があるような気がする。ね、もう、株はやめましょうよ」

春絵の手は冷たかった。その手を、少しでも温めてやりたいと思った。アキラは春絵を引き寄せた。

「違う生き方ってどんな生き方？」

「それは、わたしにはわかりませんが」

「それじゃあ、約束出来ないな。僕にどんな生き方があるかを教えてくれたら、今すぐにでも株、やめるよ」アキラはそう冗談のように言って、春絵を抱きしめた。

「アキラさんのいじわる」春絵はアキラの胸を小さく叩いた。アキラは春絵を抱きしめながら、自分に違う生き方が、本当にあるのだろうかと考えた。

それから二人は、台場のパレットタウンで遅い昼食を取り、ウィンドウショッピングを楽しんだ。アキラは、ある店で桜色のワンピースを見つけた。この服は、きっと春絵に似合うだろうと思い、今度、こっそりと買いに来ようと考えた。来年の四月に春絵の誕生日が来る。その時のプレゼントにしようと思ったのだ。

＊

アキラは、朝のジョギングを終えてマンションのエントランスに入ろうとした時、呼び止められた。その声の方を向いて息をのんだ。先輩が、そこに立っていたのだ。

「アキラ、随分、ご立派なマンションに住んでるんだな。どうりで俺のハガキが届かないわけだ」先輩は高層のタワーを見上げた。

「先輩、どうしてここが」

「そんなの、おまえの書いた住所と地図さえあれば誰だってわかるさ。おまえ、ここの最上階に住んでるんだって。さっき、マンションの受付の女の子から聞き出したよ。おまえさ、どうして隠すんだよ」

「隠してなんかいませんよ」アキラは、そう言いながらも、後ろめたい気持ちになった。先輩には、今の自分の姿を知られたくないと思ったから言えなかったのだ。

「おまえが、オンボロアパートに住んでいるとばかり思い込んでいた俺がバカだったのか」

先輩はそう言うと、アキラの前に土下座をした。

「アキラ！　この通りだ。頼む。金を貸して下さい」

先輩はエントランスの歩道に額をすりつけて言った。

「先輩、やめてくださいよ！」アキラは、驚いて先輩の腕を取った。

「アキラさん、お願いします」先輩は頭をつけたままだ。

「申し訳ないんですが、僕も金ないんですよ」

先輩はアキラを、上目で見た。

「こんなマンションの最上階に住んでいて、金がないヤツなんていないだろう。おまえ、本当は金持ちになったんだろう」

「違います。僕も、今は、本当に金の余裕がないんですよ」

「わかった。おまえ、俺をバカしてるんだな。あんな連中に騙されて、バカな男だと思ってるんだろう。だから金を貸してくれないんだな」

「先輩、何を言うんですか」

アキラは、サングラスの中の目を倍ほどにして言った。目の前にうずくまっている人物が先輩とは別の人物に見える。

「アキラ、俺を軽蔑してもいい。バカにしてもいいから、頼む。金を貸してくれ。もう、おまえしかいないんだよ。弟には、兄弟の縁を切るから、もう二度と来ないでくれって言われちまってよ。もう、俺、ダメなんだよ」

先輩が土下座をして、アキラを見上げている。アキラはしゃがみ込んだ。

「先輩の奥さんになる人は、何て言ってるんですか？」

「会社が倒産して以来、あいつと連絡が取れない。俺は騙されたんだ。あいつもグルだったんだ。クソー、クソー」

先輩は右手の拳で、歩道の地面を殴った。肉が石にぶつかる鈍い音がした。アキラは、目をそらした。

「アキラ、俺たち仲間だろ。今週中に少しでも金を入れないと、俺、本当に半殺しにされるかもしれないんだ。俺を助けてくれ。この通りだ」

先輩は両手を合わせて、アキラを拝んだ。その手は小刻みに震えていて、先輩の目は、恐怖で一杯になっている。アキラの胸は苦しくなってきた。しかし、最後の金を貸すと、自分も完全にゲームオーバーになる。それに、少しぐらいの金では、この先輩の問題は解決しない。アキラは、迷った。大いに迷ったが、ついに先輩に金を貸すとは言えなかった。

しばらくすると、アキラを拝んでいた先輩の手が止まった。先輩は、ズボンをはらいながら、ゆっくりと立ち上がる。

「わかった。よくわかったよ。おまえは、こんなマンションに住んでいても、こんな俺には一円も貸したくないんだな。やっぱり、会社のみんなの言ってた通りだった。あいつは何を考えているかわからない男だ。きっと冷酷で恐ろしい男だって、みんなが言ってた。

俺は、違うと言ってきたけど、その通りだったよ。おまえを信じていた俺がバカだったぜ。まったく」

先輩はそう言って、アキラをにらんだ。その目は真っ赤になっている。

「チクショー！　覚えていろよ」先輩はそう叫んで、走り去った。

アキラの胸に、太いナイフが突き立てられた。

*

アキラは、二週間ぶりに、パソコンの前に座った。たった二週間しかたっていないのに、それが、もう一年も前のことのよう感じる。でも、今日を最後に、もう二度とここに座ることはないだろう。これを最後のトレードにするからだ。アキラは、心を整えて、机の上のブーケに向かって、そうつぶやいた。

今日のトレードはこれまでのものとは、根本的に違う。今日は明確な目的があるからだ。今日は、先輩の借金と春絵の店の開店資金を作るためにやる。特に、先輩の借金だ。二億円は無理にしても、出来るだけなんとかしたい。それには大きなトレードをやる必要があり、そのためには大きな元手がいる。この二週間、その元手を集める方法を考えてきた。アキラが思いついたのは、このマンションを抵当に入れて金を借りることだった。金融機関を何軒か回った。銀行は、ほとんど相手にしてくれなかったが、意外にも、電車の中に広告を出していた消費者金融に行くと、あっさりと金を貸してくれた。簡単な手続きだけで、数日後に、かなりの額の金がアキラの口座に振り込まれた。今日は、それを保証金にして、これまで手を出さなかった信用取引をするつもりだ。そうすれば相当な額のトレードが出来る。このトレードに勝てば、必要な金が手に入り、今後、一切の株のトレードから手が切れる。負けた場合のことは考えていない。勝てばいいのだ。アキラは、リビングルームに入る時に、天井を見上げて、いつもの倍以上の長い深呼吸をした。

パソコンを立ち上げて、窓の外に目をやった。そこには雪をかぶった富士山があった。今日の富士も息を飲むほどに美しい。まるで、おまえなんか、どうあがいても俺の足元にもおよばないと言っているようだった。心に大きな不安の波が押し寄せてきたが、アキラは、ブーケの包みに手をやり、目を閉じた。大丈夫だ。春絵がここにいる。

風が吹いてきたように感じる。じっとあの男の声を待った。

(若造、風を体全体で感じろ)

あの男だ。あの男が戻ってきてくれたのだ。アキラは目を開けた。いつものサイトにログインをして、昨夜、練りに練った銘柄の板を三つ、パソコンのモニターに表示した。

九時。前場が開いた。

今日も揉み合いが激しく、なかなかジグザグの線が現れない。ようやく九時六分に、ジグザグの線が画面に現れた。アキラはその線を凝視し、思考した。三銘柄とも、昨日、予想したように、下げている。しかし、その下がりの角度は、予感よりも、やや緩やかだ。

（さあ、若造、そのジグザグは、次にどっちに動く。頭から汗が出るくらい考えろ。正しければ、おまえは大金が手に出来る。間違えれば、おまえは破滅だ）

アキラは、大きく息を飲み、一つ目の銘柄の株価を見つめた。現在の経済状況からすると安すぎる、これは反転上昇すると感じた。〈買いだ〉そうつぶやいて、いつもの数倍の買い注文を出した。二つ目の銘柄の板を見る。こちらも、一時は、株価を下げていたが、今は、価格をどんどん上げている。しかも、その線は一直線だ。これは、一度、踊り場で足踏みするが、その後は更に上昇する線だと感じた。だが、踊り場から反転急落する危険も感じる。アキラは迷った。ならば、ジグザグが踊り場から上げた瞬間を狙おう。あの男が教えてくれた手だ。そう決めて、ジグザグの線を見入る。アキラが感じた通り、株価はあるラインで上げがピタリと止まった。売りと買いが交差する踊り場だ。画面を焼き尽くすほど見た。

（若造、しっかりと獲物を狙え。相手の腹が見えたところで飛びかかるんだ）

ジグザグの線にかすかな乱れが現れた。それは、大河に小石を投げ込んだ程度の乱れだったが、アキラは見逃がさなかった。次の瞬間、線が上に顔を出たところで、即座に大量の買い注文を入れた。

三つ目の銘柄の板を見る。こちらの銘柄は、一旦、下げた後、複雑な動きをしていた。上昇と下落を繰り返している。その線の振れが激しく、かつ、ランダムである。今まで見たことがない動きだった。

（若造、見たこともない動きには十分に気をつけろ。罠が仕掛けられているかもしれない。百戦錬磨の漁師も見知らぬ潮を見たら網を上げる。相場は海と同じくらいに恐ろしい。相場をなめるな。しっくりこない線を見たら、迷わずその銘柄を捨てろ）

男は、あの公園でそう言った。しかし、僕には時間がない。僕には明日の漁はもうないのだ。アキラが頭の中でジグザクの線の動きを、幾パターンか、瞬時にシュミレートした。シュミレートしたパターンを心に思い描いて、その中から直感的に、ある線を選んだ。アキラは、ここはという時には、自分の直感を信じるようにしている。それで、これまで、幾たびもトレードに勝ってきた。あの男は言った。『株価の短期の動きに根拠はない。そこにあるのは、人間の欲による売りと買いの注文の交差だけだ。それを、直感的に読み取る才能があれば、おまえは勝てる』と。そして僕には、その才能がある。アキラは、そう自分に言い聞かせた。買い気配が強い。盛り上がるような買いの厚みが気配値にある。しかし、これは、男が言うように罠かもしれない。相場には、時に恐ろしい罠が仕掛けられている。アキラは用心して、予定の三分の一の買い注文を入れることにした。

九時四十二分。一つ目の銘柄の板に戻る。ジグザグの線が完全に止まっている。売りと買いのエネルギーが完全に拮抗していて、どちらに行くのか全く予想が出来ない。ちょうどシーソーのバランスが、かろうじて取れているような状態だ。シーソーが上に動けばいいが、下に動くと一気にいくかもしれない。一時撤退と心を決め、売り注文にポインターをあてたが、その瞬間、先輩の恐怖で一杯になった目が浮んだ。自分の店を持ちたいと言う信念にあふれた春絵の顔も浮かぶ。今日はいつものように安全な道を行っていられない。今日の僕の進む道は、前にしかないのだ。大丈夫だ。ここまではかなりうまくいっている。今日は勝てる。自分の才能とブーケの幸運を信じるんだ。アキラは、マウスを握り直して、風を待った。

一分後、アキラは目を疑った。何と、一つ目の銘柄の線が下げに転じた。それも、かなりの下げだ。今すぐに売ればマイナスにはならない。しかし、儲けもゼロだ。それは今のアキラにとって負け以上のものだ。前場が開いて、すでに一時間以上が経っている。時間がない。弱気になるな。株のデイトレードでは、一瞬の弱気が致命傷になる。すばやく二つ目の銘柄を見て、ほっとした。こちらは上げている。こちらで利益が出れば、万が一、一つ目で負けても、なんとかカバーできるだろう。昨日のニューヨークダウは大きく上げているし、為替も悪くない。こんな環境下で、この銘柄がこのまま終わるはずがない。誰かが空売りを仕掛けているのだ。これは必ず反転する。ここは我慢だ。待とう。

（若造、相場に期待を入れるな。冷徹な計算だけがおまえを守ってくれる。危険なポジションは即刻、手じまいするんだ）

アキラは、男の声を無視し、一つ目、二つ目の銘柄をそのまま保留することにした。三つ目の銘柄に戻る。アキラの心臓が波打った。こちらもかなり株価を落としている。今日の経済環境でこの下げはないはずだ。これは売りが売りを呼んだ一時的な下げだと、判断した。こんな時こそ、逆張で大きく儲けるチャンスだ。アキラはこの銘柄にナンピン買いを入れることにした。

（若造、相場が見えない時のナンピン買いは厳禁だ。命取りになるぞ）

アキラには、もはや男の声が聞こえない。先輩と春絵の顔だけがある。今日は小さな勝ちでは意味がない。大きく儲けなくてはいけないのだ。

十時四十七分。最初の銘柄に戻り、恐る恐る板を見た。驚いた。ものすごく下げている。これまで見たこともないような下げだ。

（若造、ただちに損切れ！　今すぐ全株売れ。破滅するぞ）

男が叫んでいる。アキラは、その声を黙殺した。今さら損切りは出来ない。反転してくれ。株のトレードで、初めて祈るような気持ちで待った。しかし、それとは反対の方に、ジグザグの線は下がってゆく。ハッとした。これは、この銘柄に何か悪材料が出たのかもしれない。いつもは、トレードの最中でも、頻繁に銘柄のニュースをチェックしているのだが、今日は、前場が開いてから一度も見ていない。アキラは、銘柄のニュースをクリックして衝撃を受けた。そこに目を疑うことが書いてある。「本日、○○株式会社は大型の増資を発表した」とある。この急激な下げはこれだったのだ。このタイミングでの増資は最悪だ。もう、この株価が戻ることはないだろう。アキラは、目をつぶつて、全株売却をクリックした。

大変な額の損が出た。アキラの額には脂汗がにじんでいる。いやいや、まだこれからだ。損は取り戻せばいい。相場には魔法使いが住んでいるのだ。

アキラは二つ目の銘柄に戻り、息を飲んだ。さっきまでわずかばかり上げていたのだが、こちらも大きく下げに転じている。急いで銘柄のニュースを開けるが、この銘柄には何もない。そのままにして三つ目の銘柄を見て、心臓が止まりそうになった。ナンピン買いを入れた後、更に価格を落としていた。購入数量が大きいだけに、とんでもない損になっている。もはや、立ち直れないほどの額だ。

(若造、おまえの負けだ。俺は言ったはずだ。おまえに失ってはいけないものが出来たら、株から手を引けと。これで、おまえは破滅だ。そして、おまえに掛けたこの俺も、破滅だ)

男の声がそこで消えた。

前場が無残に終わった。アキラはエアロバイクにまたがって必死でペダルをこいだ。目に前に富士山がある。その山を睨んだ。

「おまえなんかに負けるか。僕は負けない」

アキラは低い声で、そうつぶやいた。僕は、負けるわけにはいかない。僕には、助けるべき仲間がいる。守らねばならない人がいる。そのために株をやる。僕は、単なる金儲けのためのデイトレーダではないのだ。僕は、僕の愛する人たちのために株のトレードをやる。フローリングにアキラの大粒の汗が落ちた。アキラはフラフラになりながら、エアロバイクから降りて机の引き出しをあけ、一番奥にあったトレードをまとめたノートを出した。このノートを手にするのはトレードを初めた時以来だ。そこの最後のページを開けた。そこに、アキラが、いままで手を出さなかったセクターが書いてある。とても、値幅の上下が激しい株が並ぶセクターだ。読みが当たれば、リターンはとても大きいが、逆に出ると、とんでもない損が出る株だ。アキラは、これまで、どれだけリターンが欲しくても、このセクターにだけは手を出さなかった。あの男は言った。「これは麻薬のような株だ。一度、当てると忘れられなくなる。絶対に手をだすな」と。でも、今の僕には、これで当てるしかない。まだ、後場がある。これで、大きく当てて資金を増やしてから、安全な銘柄に戻ればいい。それから最後の勝負をかけるのだ。アキラは、ノートを見て考え抜いた末、ある銘柄に指値を入れた。そして、目を閉じた。もう、あの男の声は聞こえない。それでいい。僕はもうあの男とは関係ない。これは、僕のトレードなのだ。アキラは、後場が始まるのを、まんじりともせず待った。

後場が開いた瞬間に線が出た。

（来た！）アキラは、心の中で叫んだ。株価が、出した指値のすぐ上まで値が落ちている。僕の読んだ通りだ。もうあと少しだ。しかし、そこで線は反転上昇した。

ここで、勝負から降りるわけにはいかない。アキラは、指値を上げた。株価は、アキラの指値を見越したように上がる。（誰かが僕と競争しているように買いを入れている）。すでに危険なレベルだが、アキラは指値をまた上げた。普段は、絶対にやらないことだ。しかし、絶対に、この銘柄は逃がせない。アキラは指値を上げて入れ直す。もう百円以上、値が吊り上っている。アキラは、今までにないくらい熱くなっていた。株価の指値が百四十円上がった時に、アキラの注文が成立した。

（やった）アキラは、欲しい玩具を手に入れた子供のように、無心に喜んだ。ここから三十円上げたら売ろう。そうすれば、前場の負けを一気に取り戻せる。アキラは、パソコンの画面を、焼けるように見つめた。十円上がった。（上がれ。上がれ）。二十円上げた。もう少しだ。あと一息だ。二十五円上げた時に信じられないことが起こった。いきなり株価が二百円も下がったのだ。

「ウソだろう！」アキラは、初めてこの部屋で大声を発した。

株は、まだ下げている。つるべ落としのようだ。アキラの指は、恐怖から逃れるため〈全株売り〉をクリックした。二百三十円下げた時に売りが成立した。アキラの手から、すべての資金が消えうせた。残るは、信用借りした資金だけだ。

「僕には、才能がある。絶対に幸運が来る！」アキラは、パソコンの画面に向かって叫びながら、その後も狂ったようにトレードをやったが、それは損を更に大きくしただけだった。その日の三時に、アキラの株のトレードが終わった。

## 6

誰にでも運命的な年というものがある。アキラと春絵にとって、二人で迎えた新しい年が、その年にあたると、アキラは、後年、考えた。

アキラは、最後のトレードに失敗をしたが、それが破滅にはつながらなかった。デイトレードが好調な時に購入しておいたマンションがアキラを救ったのだ。

東京には金持ちというものがいるものだ。アキラの部屋が最上階の角部屋のメゾネットタイプで富士山がよく見える、ということを気に入ったある資産家が、部屋を一度も見ることもなく、とても高い金額、（アキラが購入した時の約1・5倍の金額）それも現金で部屋を買ってくれた。そのおかげで、アキラは消費者金融から借りた金だけでなく、株の信用取引で出た損失まで、すべて返済することが出来た。全く皮肉なことだが、アキラの行ってきた投資行為の中で、唯一、成功したのは、購入し、ただ保有した、このマンションだけだったのである。

アキラは、収支を正確に計算してみた。その結果、すべての損金を支払い、来年、マンションの売買で得た利益に対する税金を支払っても、わずかだが現金が手元に残る勘定になった。

これで、アキラは、経済的自由という点では、会社を辞めた時と同じ状態に戻ったわけだが、それが前と同じかというと、そうではないと思った。今は、春絵がいるからである。そして、春絵のおかげで、自分が、やるべきことが見つけられそうだったからだ。アキラが、やるべきこと。それは、春絵と一緒に花店を出して、それを大きくしていくことだった。

マンションを売却した後、アキラには新しい家を借りる余裕はなかったので、春絵の誘いもあり、春絵の部屋に居候させてもらうことになった。春絵は、東京の郊外にある古い公団住宅に住んでいた。築四十年で、エレベータもない住宅だったが、部屋は、静かで日当たりがよく、おまけに近くには便利な商店街があり、住むにはよい所だった。

アキラは、そこで、これまでになく充実した日を送ることが出来た。春絵といれば、心から安心することが出来たし、春絵といれば、自分の未来が明るく思えた。いつの間にか、両親のことも富士山のこともアキラの前に現れなくなり、あの恐ろしい夢を見ることもなくなった。

花店の開店資金を貯めるために、アキラは、また倉庫でフォークリフトのアルバイトをはじめた。やはり、この仕事は性に合っていて、気持ちがよい上に、いい金になる。アキラは、朝から晩まで倉庫で働いた。二人でアルバイトに励んだので、思ったよりも早く、小さな店なら出せるくらいのお金が貯まり、二人はアルバイトの休みが合うと、花店を出せそうな店舗を探しはじめた。

四月の初旬のうららかな日、アキラと春絵は、ある物件を見にいった。二人は、これまで以上に真剣だった。アキラが、たまたまインターネットで見つけた物件で、ＪＲの駅ではないが、東京で人気の私鉄沿線の駅前にあり、大きさも賃料も理想的だったからだ。

春絵は、めずらしくおしゃれがしたいと言って、めったにしない化粧をした。その日が、偶然にも春絵の誕生日の前日で、物件を見た後、台場にあるレストランで春絵の誕生祝いをすることになっていたからだ。

春絵のバンで出かけた。物件のある町には、車の方が、便利だったし、それにそこから台場まで行くには、車が必要だった。アキラは、こっそり買った桜色のワンピースが入った紙袋を、春絵のバンの後部座席に押し込んだ。

車に乗って三十分もしないうちに現地に着いた。近くのコインパーキングに車を止めて物件を見に行った。その物件を見た瞬間に、春絵は「ここがいい」と言った。その物件は、まさに駅の真正面にあって、人通りが多い上に、そこを歩いている人の層がいいと春絵は言うのだ。（春絵によれば、花屋は、そこを通る人の数と層で決まると言う）その点で、そこは恰好な場所だった。それに、物件のあるビルがかなり古いことと、貸す面積が小さいため、なかなか借り手が付かないようで、賃料も格安だったのである。二人は、その足で、不動産屋に出向き、手付金を支払って、その店を借りる仮契約をした。

不動産屋から出ると、春絵はついに夢が叶うと、とても幸せそうだった。そんな春絵を見て、アキラも今までにない幸福を感じた。春絵は、ますます輝いて見えたし、二人の将来は、ますます明るくなったような気がした。二人は手をつないで、駐車してある車まで歩いた。時刻は、すでに夕方の五時になっていたので、このまま、春絵の車で台場のレストランに行くことにした。

運転席に乗ろうとした春絵を、アキラはとめて、今日は、自分が運転すると言った。春絵は、昨夜も、深夜までコンビニでアルバイトをしていたので疲れているだろうと思ったことと、これから花店を出すことになれば、アキラの仕事は、当面、花の仕入れや配達がメインになる。だから、少しは、この車に慣れておきたかったからだ。そういうアキラも、昨夜は、倉庫の棚卸があり、朝方までフォークリフトを運転していたので、ほとんど寝ていなかったが、一晩くらいの徹夜なら平気だった。

アキラは春絵を助手席に乗せて、車を出した。最初は、ギアーチェンジなどにとまどったが、この車は、慣れると運転席が高くて見晴らしのよい車だった。首都高速を降り、台場の公園に行く時に、よく通る倉庫街の道を走った。道路は、いつものようにすいていて、車は順調に進んだ。しばらくすると春絵が歌を歌いだした。あの明るくて朗らかな歌だ。アキラも一緒に歌った。アキラは、ふと、レストランで春絵に言うつもりだったことを、今、ここで、春絵に言おうと思った。今、ここで言わなければいけないと思った。

「君は、まえに、僕の夢を聞いただろう」アキラはハンドルを握りながら言った。

「うん」春絵は明るく肯きながらも、まだ歌っていた。

「僕にも、ようやく夢が見つかったよ」

「アキラさん、なに?」春絵は驚いたようで、ハンドルを握るアキラの腕を取った。

「僕の夢は、君と日本一の花店を作ることさ。春絵。結婚しよう」

アキラは、照れくさくて前を向いて言った。しばらくしても春絵から何の返事もないので、アキラは不安になり、横を向いた。春絵は、目に一杯の涙をためて前を見ていた。どうして春絵は泣くんだろうかと考えて、アキラも前を見た。その瞬間、フロントガラス越しに夕日に照らされた巨大な富士山が見えた。その大きさ圧倒され、アキラは思わず目をつむった。

「アキラさん、前!」春絵の鋭い声がした。

アキラが目を開けると、前方には、コンテナーを引いた一台の大型トラックが、倉庫から出てきて道路をふさいでいた。そのトラックは、道路を横断して右折をするようで、右折のウインカーをだして、ゆっくりと動いていた。アキラは、ブレーキペダルに足をかけながらも、あのトラックは、このバンが、あそこに到達するまでに、この道路を曲がりきれるだろうかと考えた。反対車線を見ると、反対車線を走る車は、一台もなかった。あのトラックは、あと数秒もするとあそこを右折するだろう。そう思って、アキラはブレーキペダルから足を放した。しかし、トラックは曲がるどころか、道路の中央で止まってしまった。トレイラーの運転手が、タバコを吸いながら、隣の人間と話をしているのが見えた。アキラは、力一杯、ブレーキを踏んだ。みるみる間にトラックが迫ってくる。トラックがフロントガラスに一杯になった。

「キャー！」

春絵の悲鳴が聞こえ、次に雷が落ちたかのような大きな音とともに、グシャッと何かがつぶれる音がした。その瞬間、アキラの体に激痛が走り、目の前が真っ暗になった。

意識が戻ってきたアキラに、最初に聞こえてきたのは、耳をつんざくような車のクラクションの音だった。それに何かが焦げる匂いもした。その音も臭いも、自分の周りからしている。そうだ、車だ、と思って、アキラは目を一杯に開けた。バンは完全につぶれていて、自分は、その中にいた。とっさに助手席を見る。助手席はペシャンコになっていて、春絵は、車の天井と助手席のダッシュボードとの間に体を挟まれていた。

「春絵！」アキラは驚いて大声を出した。

春絵は、全く反応しない。アキラは動転して身を乗り出し春絵の腕を取った。

「春絵！　春絵！」アキラは春絵の腕をつかんで叫んだ。

しかし、春絵の目を閉じたままで、体はぐったりとしている。春絵を引き寄せようとしたが、車の中央部分がつぶれていて、これ以上、春絵の体に近づけない。（この車から出なければいけない）アキラはそう思いドアノブを押したが、ドアは、大きくへこんでいてビクともしない。ドアを蹴破ろうと、右足を上げた。その瞬間、右足に激痛が走った。かまわず右足でおもいっきりドアを蹴った。ドアが吹き飛ぶように開いた。アキラは歩くことは出来そうもなかったので、運転席から転げ落ち道路を這いながら進み、助手席に回って、助手席のドアを開けた。春絵の上半身がアキラに倒れ込んできた。アキラは、なんとか春絵の体を抱きとめた。春絵の顔は真っ青になっていた。アキラは、今、何が起こっているのかさえわからなかった。

「春絵！」春絵の体を激しく揺するが、春絵は、まるで人形のようにぴくりとも動かない。その時、アキラは自分の手に、何か、生温ったかいものが流れるのを感じた。自分の手を見ると、真っ赤な血だった。それが、春絵の腹部から流れている。アキラは（これは現実ではない、ただの悪い幻だ）と思い、春絵の体を強くつかんだ。

「春絵！　起きてくれ。目を覚ましてくれ！」そう繰り返し叫んだ。いくら叫んでも、春絵は動かず、閉じられた春絵の瞼には、化粧のアイシャドウだけが光っていた。アキラは気が狂いそうになった。

「僕のせいだ！　全部、僕が悪いんだ！」

アキラは春絵の体を抱き寄せて、空に向かって絶叫した。

遠くからサイレンの音が近づき、その音が、アキラの絶叫を消していった。

著者プロフィール
長良 直次（ながら なおつぐ）
1960年、岐阜県生まれ。
関西学院大学商学部卒業。
インテリアコーディネーター。
著作に『ロング・ドライビング』（2014年 文芸社）がある。

ライト・イズ・オン

2020年10月15日　初版第１刷発行

著　者　長良 直次
発行者　瓜谷 綱延
発行所　株式会社文芸社
〒160-0022　東京都新宿区新宿１－10－１
電話　03-5369-3060（代表）
03-5369-2299（販売）

印　刷　株式会社文芸社
製本所　株式会社MOTOMURA


ISBN978-4-286-21672-0